淺木 愼一

商法学通論 Ⅶ

信山社
SHINZANSHA

はしがき

　生来、根が不器用であるから、一度に並行して仕事を進めることが出来ない。仮に画家に譬えるならば、同時に複数の絵を描くという技量を持たない。1枚ずつ描いて行くしかないのである。
　したがって、平成26年（2014年）会社法改正への対処も、本巻の第4帖・下の巻を書き終えてからの作業となった。6巻の草稿の仮脱稿が、前巻のはしがきで述べたように、平成26年6月20日。それから、草稿を確定稿へ仕上げる作業、ゲラの校正、索引の作成、というように順序立てて仕事を続け、8月中旬にやっと6巻を校了。そこから、本格的に本巻の執筆に入ったのである。
　大学の夏季休暇が終わる頃には、「世の商法研究者は、今頃おそらく改正会社法の読み解きに没頭しているに違いない」と思いつつ、わが国ではまったくといって良いほど利用されていない為替手形の「参加」の部分を書き連ねていた。この時期にこのような内容を執筆していたのは、わが国の商法研究者では、おそらく私1人であったろう。当然、内心では焦っていた。
　「外の帖」に取り掛かったのは、大学の後期講義が開始してからである。改正法に合わせるための補訂は、本書の記述をご覧になればお分かりのように、弥縫策と評価されてもやむを得ない形式となっている。そうしたのは、やはり改正法を既巻の内容に反映させるには、スピードが命だと思ったからである。したがって、今回だけは、これまでと違って、少しだけ無理を重ねてみた。元々、体力に自信がなく、体幹が丈夫なほうではないので、途中で体調さえ崩さなければ、もう半月程度は早く書けていたはずである。
　中長期的に仕事をする場合に、私は、まず頭の中にある程度の骨子を持った設計図を作成し、その設計図に、自己の能力と体力を勘案した時間を配分して、一応の進行計画を練り上げる。そして、なるべく進行計

はしがき

画を狂わせないように、片方の端からもう一方の端へと、作品を作り上げて行くという方法を執る。時々、主観的要因により、進行計画の見直しを行うことがある。最も嫌うのは、望みだにしない外的要因によって計画が狂うことである。このような事態が訪れると、そもそも神経が脆弱なので、ちょっとした恐慌に襲われる。改正会社法の成立という事態は、途中認識して折込済みではあったが、1巻を書き始めた時点では、設計図中に含まれていなかったので、設計図の手直しを余儀なくされ（愚図愚図と書いていた自分が悪いのではあるが）、やはり大きく精神的に動揺してしまった。それが、本巻の筆先にも現れてしまっていると思う。

もっとも、既述箇所に関連する、新たに創設された諸制度については、ある程度まで書き込んだつもりである。今次の改正に心血を注がれた立法者の方々には申し訳ないけれども、改正法に対する私の感想は、真田信之（1566年～1658年）の言葉を借りれば、「常に法度の多きは宜しからず」というに尽きる。立法者の方々は、わが企業に、過度の完璧さを求め過ぎているように思われる。なるほどと納得できる改正も少なくはない。しかし、今次改正は、肩に力が入りすぎているのではないかと感じる。例えば、会社法327条の2を置かなければならない理由が分からない。この条文は、天下りを狙う官僚を利するだけではないか。本文に触れたように、確かにわが会社は、海外と比較しても、これまで社外（独立）取締役を擁することに消極的であった。そうであっても、ほとんどの会社は、大きな過誤なく舵取りを行って来たはずである。オリンパス事件や大王製紙事件が、あれだけ世上の注目を浴びるというのも、これらの事件が、わが社会にとって異常な例外的事象に属するからこそである。あの事件当時に、いかなる法制を提供してあったとしても、彼等のごとき役員ならば、それに関係なく、あのような事件を起こしていたであろう。松本烝治曰く「問題ハ世道人心ニ在リ、法抑モ末ナリ」と。「飛ばっ散り」を被るのは、いつも真面目な企業である。わが国の企業が、社外（独立）取締役の手を煩わせなくとも、充分な舵取りが可能な理由を探るのは、（法）社会学者の役目である。その分析結果を是非世界に向けて発信して欲しいものである。第2次大戦の敗北、バブル経済の崩壊という2度の大きな挫折を経たわが国は、自らの長所、世界観、

行動理念を外に向けて発信するという気概を失ってしまっているように思える。歴史問題、領土問題また然りである。

＊　　　＊　　　＊

　前巻のはしがきでは、取締役に触れたので、今回は「監査役」について。

　山本周五郎（1903年〜1967年）の短編時代小説などを読むと、小説中に、この単語が使われている。やはり武家用語のようである。江戸時代の各藩には藩の財政に与る勘定方が置かれていたが、勘定仕切り（決算）に際しては、当然に監査が行われたようであり、この監査を担うのが監査役であったように書かれている。周五郎の小説には、未だ妻帯もしない若輩の武士が、このような監査役として描かれているものがある。もっぱら勘定方として会計の監査に専念し、職階としても、さほど高くない感じを受ける。

　歴史にイフ（if）は禁物であるが、もし仮に、明治の立法者が、会社会計に重きを置く「監査役」なる用語を用いることなく、監督という側面を重視して、この用語に代えて「目付役」という用語を採用していたなら、会社法の歩みは変わっていたかも知れないと思う。「取締役」は、前巻のはしがきで述べた起源が正しいならば、江戸幕府に臨時的に設けられた役職名であったようである。それならば、「取締役」より遥かに格が高く、幕府の常設機関であった「目付役」の語を今日の監査役に宛てていれば、立法当初の監査役の蹉跌はなかったかも知れない。これまた詮なき事ではあるが。

＊　　　＊　　　＊

　さて、この通論を長々と書き綴ってきたが、次巻の第8巻をもって、おそらく完結する見込みである。手形法・小切手法分野についても、本巻を以って終了した。公約通り、この分野もすべて民法債権法見直しまでに書き上げることが出来た。よって、本通論で言及すべきは、商法総則の営業の譲渡と、会社法分野の資金調達・再編を残すのみとなった。廃業や清算については、あまり紙幅を割かないつもりである。冗漫は避けるべきであるし、何より定年までに残された時間が少ない。現在の本務校は65歳定年であるから、もう直ぐ4年を切ってしまう。それゆえ、

はしがき

出来れば、残りの部分は、一気に仕上げたいと考えている。ただし、西条高校が、春夏通算13度目の甲子園に出場するようなことにでもなれば、また別である。一気に仕上げたいと思う反面、嬉しい誤算が生じて欲しい思いもある。どちらの思いが強いかは、この場では、ちょっと言えない。

　　平成27年1月

　　　　　　　　　　　　　　　　　　　　　淺 木 愼 一

目　次

◆ 第4帖 ◆ 「商」の取引〔下の巻：有価証券編〕

◆ 第13章　為替手形 —— 3

1　緒　言 —— 3
2　為替手形の振出し —— 4
　2-1　手形要件 —— 4
　　2-1-1　為替手形文句（手1①）—— 4
　　2-1-2　支払委託文句（手1②）—— 4
　　2-1-3　手形金額（手1②）—— 4
　　2-1-4　支払人の名称（手1③）—— 4
　　2-1-5　満期の表示（手1④）—— 4
　　2-1-6　支払地（手1⑤）—— 6
　　2-1-7　受取人（手1⑥）—— 6
　　2-1-8　振出日（手1⑦）—— 6
　　2-1-9　振出地（手1⑦）—— 6
　　2-1-10　振出人の署名（手1⑧）—— 7
　2-2　有益的記載事項 —— 7
　　2-2-1　第三者方払文句（支払場所）（手4）—— 7
　　2-2-2　拒絶証書作成免除文句（手46）—— 7
　　2-2-3　一覧後定期払手形の提示期間の変更（手23Ⅱ）—— 8
　　2-2-4　為替手形に特有の有益的記載事項 —— 8
　　2-2-5　その他の有益的記載事項 —— 8
　2-3　無益的記載事項 —— 8
　2-4　当事者資格の兼併 —— 9
　　2-4-1　自己指図手形（自己受手形）—— 9
　　2-4-2　自己宛手形 —— 9
　　2-4-3　受取人と支払人との兼併 —— 10
　　2-4-4　3当事者資格の兼併 —— 10
　2-5　振出しの法的性質 —— 10

vii

目　次

　　　2-5-1　二重授権説とこれに対する批判……………………………10
　　　2-5-2　振出人と受取人との関係……………………………………14
　　　2-5-3　振出人と支払人との関係……………………………………15
3　為替手形の流通等──────────────────────16
4　引　受　け────────────────────────16
　4-1　意　義………………………………………………………………16
　4-2　法 的 性 質…………………………………………………………17
　4-3　引受けのための提示………………………………………………18
　4-4　引受提示の自由と例外……………………………………………19
　　　4-4-1　引受提示自由の原則…………………………………………19
　　　4-4-2　例　外…………………………………………………………20
　　　　　4-4-2-1　引受提示の命令（20）
　　　　　4-4-2-2　引受提示の禁止（21）
　　　　　4-4-2-3　一覧後定期払手形（23）
　4-5　熟 慮 期 間…………………………………………………………24
　4-6　引受けの方式………………………………………………………25
　4-7　引受けの抹消………………………………………………………27
　4-8　引受けの効力………………………………………………………29
　4-9　不単純引受け………………………………………………………29
　　　4-9-1　意　義…………………………………………………………29
　　　4-9-2　例　外…………………………………………………………30
　　　　　4-9-2-1　一部引受け（30）
　　　　　4-9-2-2　第三者方払いの記載（31）
5　為替手形になされる手形保証──────────────────31
6　為替手形の支払い────────────────────────32
7　為替手形の遡求─────────────────────────32
　7-1　遡求制度に係る立法主義…………………………………………32
　7-2　引受拒絶等による遡求……………………………………………33
8　参　加──────────────────────────────35
　8-1　意　義………………………………………………………………35
　8-2　種　類………………………………………………………………36
　8-3　当事者………………………………………………………………36

8-3-1　参　加　人 ·· 36
　　　　　8-3-1-1　参加人の区別（36）
　　　　　8-3-1-2　予備支払人（36）
　　　　　8-3-1-3　狭義の参加人（37）
　　　8-3-2　被参加人 ·· 37
　　8-4　参加の通知 ·· 38
　　8-5　参加引受け ·· 38
　　　8-5-1　総　　説 ·· 38
　　　8-5-2　条　　件 ·· 39
　　　8-5-3　効　　力 ·· 40
　　8-6　参加支払い ·· 42
　　　8-6-1　総　　説 ·· 42
　　　8-6-2　条　　件 ·· 42
　　　8-6-3　効　　力 ·· 43
 9　複本および謄本 ·· 44
　　9-1　複　　本 ·· 44
　　　9-1-1　意　　義 ·· 44
　　　9-1-2　発　　行 ·· 44
　　　9-1-3　形　　式 ·· 45
　　　9-1-4　効　　力 ·· 45
　　　　　9-1-4-1　原　則（45）
　　　　　9-1-4-2　例　外（46）
　　　9-1-5　引受けのためにする複本の送付と遡求 ···································· 47
　　9-2　謄　　本 ·· 47
　　　9-2-1　意　　義 ·· 47
　　　9-2-2　作　　成 ·· 47
　　　9-2-3　形　　式 ·· 48
　　　9-2-4　効　　力 ·· 48
 10　為替手形の喪失・時効・利得償還請求権等 ·· 49
 11　荷為替手形 ·· 49

◆第14章　小　切　手 ─────────────────── 51

 1　緒　　言 ·· 51
 2　小切手の振出し ·· 52

目　次

 2-1　小切手資金および小切手契約···52
 2-2　小切手の記載事項··53
  2-2-1　小切手要件···53
  2-2-2　受取人の表示··54
   2-2-2-1　記名式または指図式（小5 I ①）(54)
   2-2-2-2　指図禁止小切手（小5 I ②）(54)
   2-2-2-3　持参人払式（小5 I ③）(56)
 2-3　当事者資格の兼併··56
 2-4　小切手振出しの法的性質··56
3　小切手の流通··58
4　小切手の支払い··60
 4-1　支払のための提示——とくに提示期間·································60
 4-2　先日付小切手と提示期間···62
 4-3　支払提示期間経過後の提示··64
 4-4　支払委託の撤回··64
  4-4-1　意　義··64
  4-4-2　立法の主義··64
  4-4-3　撤回の制限··65
 4-5　振出人の死亡または制限行為能力者となること·······················67
 4-6　支払人の調査義務··67
5　遡　求··69
6　小切手保証··70
7　支 払 保 証··71
 7-1　意　義··71
 7-2　方　式··72
 7-3　効　力··72
 7-4　支払保証の代替手段··73
8　自己宛小切手（預手）の法理··74
 8-1　預手の意義および機能···74
 8-2　預手発行の法律関係··75
 8-3　発行依頼人による預手支払差止請求······································77
  8-3-1　緒　言··77

8-3-2　事故届け提出の意義··77
　　　8-3-3　事故届けある預手の支払提示期間内の扱い················78
　　　8-3-4　事故届けある預手の支払提示期間経過後の扱い――従来の
　　　　　　　構成···79
　　　　8-3-4-1　支払委託説による構成（79）
　　　　8-3-4-2　売買説による構成（81）
　　　8-3-5　事故届けある預手の支払提示期間経過後の扱い――考究······86
　　　　8-3-5-1　預手支払禁止の仮処分（86）
　　　　8-3-5-2　預手発行銀行による供託（88）

9　線引小切手──────────────────────92
　9-1　意義および沿革··92
　9-2　種　　類··92
　9-3　線引をなしうる者··93
　9-4　線引の効力··93
　　　9-4-1　一般線引の効力···93
　　　9-4-2　特定線引の効力···94
　　　9-4-3　数個の特定線引···95
　　　9-4-4　線引の変更および抹消································95
　　　9-4-5　線引違反の効果···96
　　　9-4-6　線引の効力を排除する特約――裏印の慣行·······96

10　補遺――入金証明───────────────────97

────── ◆ 外の帖 ◆　平成26年（2014年）改正会社法と通論既巻 ──────

◆ **第1章　総　論** ─────────────────101

1　緒　言──────────────────────101
2　改正の経緯────────────────────101
　2-1　編年体による事実の羅列·····································101
　2-2　改正の背景··104
　2-3　補遺――各政党の取組み····································111

◆ **第2章　各　論** ─────────────────113

1　記述の原則────────────────────113

目　次

2　第1帖関係 ─────────────────────113
3　第2帖関係 ─────────────────────115
3-1　設立プランとしての株式会社の機関設計 ････････････115
3-1-1　緒　言 ･･････････････････････････････････････115
3-1-2　機関設計の起点 ･････････････････････････････115
3-1-3　非公開・非大会社の機関設計 ････････････････115
3-1-4　非公開・大会社の機関設計 ･･･････････････････116
3-1-5　公開・非大会社の機関設計 ･･･････････････････116
3-1-6　公開・大会社の機関設計 ･････････････････････116
3-2　株式会社の設立の手続 ･････････････････････････････117
3-2-1　発起人の意義 ･････････････････････････････････117
3-2-2　定款の絶対的記載・記録事項 ･･････････････････117
3-2-3　発起設立の設立時役員の選任 ･･････････････････117
3-2-3-1　設立時取締役の選任（117）
3-2-3-2　他の機関の選任（119）
3-2-4　募集設立 ････････････････････････････････････119
3-2-5　設立の登記 ･･･････････････････････････････････120
3-2-6　設立関与者の責任 ････････････････････････････120
3-2-6-1　出資の履行を仮装した場合の責任（120）
3-2-6-2　擬似発起人の責任（122）
3-2-7　設立の無効 ･･････････････････････････････････123
4　第3帖関係 ─────────────────────123
4-1　株主名簿の閲覧・謄写等 ･････････････････････････････123
4-2　所在不明株主の株式の取得 ･･･････････････････････････124
4-3　株券発行会社の株式の譲渡 ･･･････････････････････････125
4-4　株式の譲渡制限 ･････････････････････････････････････125
4-5　株式質権者の物上代位権・優先弁済 ･･･････････････････125
4-6　自己株式の取得関連 ･････････････････････････････････126
4-6-1　株主との合意による自己株式の取得 ･････････････126
4-6-2　市場取引・公開買付けによる取得 ･･･････････････127
4-6-3　全部取得条項付種類株式の取得 ･････････････････127
4-6-3-1　緒　言（127）
4-6-3-2　事前開示手続（128）
4-6-3-3　価格決定の申立期間（128）

　　　　4-6-3-4　通知・公告（129）
　　　　4-6-3-5　仮払制度（129）
　　　　4-6-3-6　対価の交付の留保（129）
　　　　4-6-3-7　事後開示（130）
　　　　4-6-3-8　差止請求（130）
　　4-6-4　自己株式の消却 …………………………………………… 130
　4-7　株式の併合 ………………………………………………………… 131
　　4-7-1　緒　言 ………………………………………………………… 131
　　4-7-2　併合の手続（主として既述関連） ………………………… 131
　　4-7-3　併合の手続（主として追加関連） ………………………… 134
　　　　4-7-3-1　事前開示（134）
　　　　4-7-3-2　事後開示（134）
　　4-7-4　株式買取請求 …………………………………………………… 135
　　4-7-5　差止請求 ……………………………………………………… 137
　　4-7-6　併合の瑕疵 …………………………………………………… 137
　4-8　種類株主間の利益調整 …………………………………………… 137
　4-9　株式買取請求権 …………………………………………………… 138
　　4-9-1　買取請求が認められる場合 ………………………………… 138
　　4-9-2　買取請求の撤回制限の実効化等 ………………………… 138
　　4-9-3　買取請求の効力発生時期 ………………………………… 139
　　4-9-4　仮払制度 ……………………………………………………… 140
　　4-9-5　振替株式と株式買取請求──追加 ……………………… 141
　　　　4-9-5-1　緒　言（141）
　　　　4-9-5-2　買取口座の開設（142）
　　　　4-9-5-3　買取口座の公示（142）
　　　　4-9-5-4　買取口座への振替申請（142）
　　　　4-9-5-5　買取口座に記載・記録された振替株式の扱い（143）
　4-10　特別支配株主の株式等売渡請求（第3帖第2章関連新設制度）　144
　　4-10-1　緒　言 ……………………………………………………… 144
　　4-10-2　制度の概要 ………………………………………………… 146
　　　　4-10-2-1　特別支配株主（146）
　　　　4-10-2-2　新株予約権売渡請求（147）
　　　　4-10-2-3　売渡請求手続(1)──特別支配株主による対象会社への
　　　　　　　　　通知と対象会社による承認（147）
　　　　4-10-2-4　売渡請求手続(2)──売渡株主等に対する情報の開示（149）
　　　　4-10-2-5　売渡請求手続(3)──売渡請求の撤回の場合（150）

目　次

　　　　4-10-2-6　売渡請求手続(4)——売渡株式等の取得（150）
　　　　4-10-2-7　事　後　開　示（151）
　　4-10-3　売渡株主等の救済 …………………………………… 151
　　　　4-10-3-1　売買価格決定の申立て（151）
　　　　4-10-3-2　差　止　請　求（151）
　　　　4-10-3-3　売渡株式等の取得の無効の訴え（152）
4-11　株式会社における機関の分化の進展 ……………………… 154
4-12　会社法が定める株主総会の決議事項 …………………… 154
4-13　株主総会の招集の時期 ……………………………………… 154
4-14　株主等の権利行使に関する利益供与の禁止 …………… 155
4-15　株主総会の特別決議事項 …………………………………… 155
4-16　種類株主総会の特別決議 …………………………………… 156
4-17　株主総会の決議取消しの訴えに係る原告適格 ………… 156
4-18　代表訴訟関連 ………………………………………………… 159
　　4-18-1　既　述　関　連 ………………………………………… 159
　　4-18-2　多重代表訴訟（新設） ……………………………… 163
　　　　4-18-2-1　意　　義（163）
　　　　4-18-2-2　導入の背景および経緯（163）
　　　　4-18-2-3　制度の概要（166）
　　4-18-3　株式会社が株式交換等をした場合における株主代表訴訟
　　　　　　（新設） …………………………………………………… 172
　　　　4-18-3-1　意　　義（172）
　　　　4-18-3-2　制度の概要（173）
4-19　株主による違法行為差止請求関連 ……………………… 176
4-20　章題の変更 …………………………………………………… 178
4-21　取締役の選任・終任関連 ………………………………… 178
　　4-21-1　単純な誤植 ……………………………………………… 178
　　4-21-2　兼任の禁止 ……………………………………………… 178
　　4-21-3　員　　数 ………………………………………………… 179
　　4-21-4　社外取締役規整 ………………………………………… 179
　　　　4-21-4-1　議論の経緯（179）
　　　　4-21-4-2　改正会社法327条の2（183）
　　　　4-21-4-3　社外取締役の定義（184）
　　4-21-5　選　　任 ………………………………………………… 186

4-21-6　任　　期 ……………………………………………… 186
　　　4-21-7　欠員の場合の措置 ……………………………………… 187
4-22　取締役会非設置会社関連 ………………………………………… 187
4-23　取締役会設置会社の取締役会・代表取締役関連 ………………… 188
4-24　代表取締役の代表権関連 ………………………………………… 189
4-25　取締役の報酬関連 ………………………………………………… 189
4-26　取締役の責任の一部免除 ………………………………………… 190
　　　4-26-1　緒　　言 ……………………………………………… 190
　　　4-26-2　改正前の責任限定契約 ……………………………… 190
　　　4-26-3　改正前の責任限度額係数 …………………………… 190
　　　4-26-4　改正の必要性 ………………………………………… 190
　　　4-26-5　本通論の記述の変更 ………………………………… 192
4-27　章題の変更・2 …………………………………………………… 195
4-28　監査役・監査役会関連 …………………………………………… 196
　　　4-28-1　監査役・監査役会の設置 …………………………… 196
　　　4-28-2　監査の範囲の制限 …………………………………… 196
　　　4-28-3　社外監査役 …………………………………………… 197
　　　4-28-4　監査役の選任 ………………………………………… 197
　　　4-28-5　監査役の終任 ………………………………………… 198
　　　4-28-6　取締役・会社間の訴えにおける代表権 …………… 198
　　　4-28-7　会計監査人の選解任等に関する議案および報酬の決定 …… 198
　　　　　　4-28-7-1　緒　　言（198）
　　　　　　4-28-7-2　背　　景（199）
　　　　　　4-28-7-3　中間試案（200）
　　　　　　4-28-7-4　要綱案（200）
　　　　　　4-28-7-5　改正法（201）
　　　4-28-8　監査役会 ……………………………………………… 201
　　　4-28-9　監査役の報酬等 ……………………………………… 202
　　　4-28-10　監査役の責任 ………………………………………… 202
4-29　会計参与関連 ……………………………………………………… 202
4-30　会計監査人関連 …………………………………………………… 203
4-31　指名委員会等設置会社関連 ……………………………………… 207
　　　4-31-1　緒　　言 ……………………………………………… 207
　　　4-31-2　意　　義 ……………………………………………… 207
　　　4-31-3　取締役の選任・終任 ………………………………… 207

目　次

　　4-31-4　取締役会関連……………………………………………208
　　4-31-5　各委員会関連……………………………………………208
　　4-31-6　執行役関連………………………………………………210
　4-32　監査等委員会設置会社の体制（新設）………………………211
　　4-32-1　緒　言……………………………………………………211
　　4-32-2　制度創設の背景…………………………………………212
　　4-32-3　意　義……………………………………………………215
　　4-32-4　取締役および取締役会…………………………………216
　　　4-32-4-1　取締役の選任（216）
　　　4-32-4-2　取締役の任期（218）
　　　4-32-4-3　取締役の終任（219）
　　　4-32-4-4　取 締 役 会（220）
　　4-32-5　監査等委員会……………………………………………225
　　　4-32-5-1　構　成（225）
　　　4-32-5-2　運　営（226）
　　　4-32-5-3　職務・権限等（228）
　　　4-32-5-4　職務執行の費用等（233）
　　　4-32-5-5　監査報告の作成（233）
　　4-32-6　取締役の責任および報酬等……………………………233
　　　4-32-6-1　取締役の責任（233）
　　　4-32-6-2　取締役の報酬等（235）
　　4-32-7　登記事項…………………………………………………236
　　4-32-8　評　価……………………………………………………237
　4-33　計算関連…………………………………………………………238
　　4-33-1　事業報告…………………………………………………238
　　4-33-2　決算手続…………………………………………………238
　　4-33-3　臨時計算書類……………………………………………238
　　4-33-4　連結計算書類……………………………………………239
　　4-33-5　剰余金の処分……………………………………………239
　　4-33-6　取締役会による配当の決定……………………………239
　　4-33-7　結　語……………………………………………………240

──── ◆第5帖◆　「商」の資金調達 ────

◆第1章　短期資金の調達────────────243
　1　緒　言────────────────────243

xvi

1-1　資金調達のあり方 ·· 243
　　1-2　銀行業務と貸付け ·· 243
　2　銀行による貸出し ─────────────────────244
　　2-1　意義および種類 ·· 244
　　2-2　手形貸付け ··· 245
　　　2-2-1　意　義 ··· 245
　　　2-2-2　性質および成立 ·· 247
　　　2-2-3　効　力 ··· 247
　　2-3　商業手形担保貸付け ·· 248
　　　2-3-1　意　義 ··· 248
　　　2-3-2　方　式 ··· 249
　　　2-3-3　担保手形の取立て ·· 250
　　　2-3-4　銀行の有する権利行使の順序 ···································· 250
　　2-4　証書貸付け ··· 251
　　2-5　当座貸越し ··· 252
　　　2-5-1　意　義 ··· 252
　　　2-5-2　方　法 ··· 252
　　　2-5-3　法的性質 ·· 253
　　　2-5-4　効力その他 ··· 254

◆ **第2章　株式会社の資金調達序論 ────────────── 255**

　1　緒言──資金調達の主役「株式」「新株予約権」「社債」─────255
　2　新株予約権の概念 ────────────────────255
　　2-1　意　義 ··· 255
　　2-2　沿　革 ··· 256
　　　2-2-1　平成13年(2001年)法律第128号改正・改正法律案要綱中間
　　　　　　　試案 ·· 256
　　　2-2-2　新株引受権 ··· 257
　　　　2-2-2-1　意　義（257）
　　　　2-2-2-2　株主の新株引受権（257）
　　　　2-2-2-3　第三者の新株引受権（259）
　　　　2-2-2-4　株主に対する新株引受権の付与──平成13年(2001年)
　　　　　　　　　法律第128号改正前当時の手続（261）
　　　　2-2-2-5　新株引受権の行使──平成13年(2001年)法律第128号

xvii

目　次

　　　　　　改正前当時の手続（263）
　　　　2-2-2-6　新株引受権の譲渡――平成13年(2001年)法律第128号
　　　　　　改正前当時の手続（264）
　　　　2-2-2-7　転換社債および新株引受権附社債（265）
　　　　2-2-2-8　取締役・使用人に対する新株引受権の付与（269）
　　　　2-2-2-9　小　括（271）
　　2-2-3　再び法律案要綱中間試案そして法律案要綱……………… 271
　　2-2-4　法律案要綱に示された新株予約権………………………… 272
　　2-2-5　平成13年(2001年)法律第128号改正法…………………… 275
　　2-2-6　「新株引受権」という用語の廃棄………………………… 276

3　社債の概念 ───────────────────────── 277
　3-1　意　義………………………………………………………………… 277
　3-2　普通株式と社債との対比…………………………………………… 279
　3-3　社債と株式との接近………………………………………………… 280
　3-4　資金調達手段としての社債………………………………………… 280
　3-5　社債の種類…………………………………………………………… 281
　　3-5-1　緒　言………………………………………………………… 281
　　3-5-2　無担保社債と担保付社債…………………………………… 282
　　3-5-3　振替社債とそれ以外の社債………………………………… 283
　　3-5-4　普通社債とエクイティ・リンク債………………………… 283
　　3-5-5　金融債と事業債、利付債と割引債等……………………… 283
　3-6　社債法の変遷………………………………………………………… 283
　　3-6-1　明治および昭和の改正……………………………………… 283
　　3-6-2　平成の改正…………………………………………………… 286

『商法学通論Ⅰ～Ⅴ』補訂（290）

凡　例

◆ 法令名略語表（通論Ⅶ）

会	会社法
会施規	会社法施行規則
改商附	改正商法附則
旧有	旧・有限会社法
拒絶	拒絶証書令
小	小切手法
国税徴	国税徴収法
国際海物	国際海上物品運送法
社債株式振替	社債、株式等の振替に関する法律
商	商法
担信	担保付社債信託法（担保附社債信託法）
手	手形法
東京細則	東京手形交換所規則施行細則
民	民法
民執	民事執行法
民訴	民事訴訟法
民保	民事保全法

第4帖

「商」の取引
〔下の巻：有価証券編〕

(「商法学通論Ⅵ」〔第4帖(下)〕より続く)

第13章　為替手形

● 1 ● 緒　言

　すでに述べたように（第3章1）、現在の手形制度に連なる諸制度は、為替手形の発達とともに形成されてきた。それゆえ、今日にあっても、欧州における手形の利用は、為替手形が中心である[1]。ジュネーブ統一手形法が、まず為替手形について詳細な規定を設けた理由はここにある。

　しかし、これまたすでに述べたように（第3章2-3-2、2-3-3）、国際取引にあっては、わが国においても例外なく、為替手形が大いに用いられている。

　為替手形は、振出人が支払人に宛てて、受取人またはその他の手形正当所持人に対し、一定の金額を支払うべき旨を委託する証券である（支払委託証券）。したがって、基本手形券面の当事者には、振出人・受取人・支払人の3者が登場することになる。

　為替手形にあっては、振出人は支払義務者ではなく、単に支払人による支払いおよび引受けを担保する最終遡求義務者の地位にとどまる。支払いをなすのは、支払人であるが、支払人は、支払人のままでは何ら手形責任を負わず、この者が「引受け」という手形行為をして初めて、手形債務者となる。すなわち、引受けは、為替手形に特有の手形行為である。

　為替手形に関しては、主として、約束手形と異なる点を記述するにとどめる。

---

(1)　川村正幸『手形・小切手法(第3版)』(新世社・2005年)315頁、田邊光政『最新手形法小切手法(5訂版)』(中央経済社・2007年)240頁。

●2● 為替手形の振出し

◆ 2-1 手形要件

2-1-1 為替手形文句（手1①）

約束手形の約束手形文句に相当するものである。記載の方法等は、約束手形文句の説明を参照のこと（第5章3-2）。

2-1-2 支払委託文句（手1②）

為替手形の本質は、支払委託証券たることにある。したがって、支払委託文句は、為替手形の中核をなす意思表示であって、約束手形における支払約束文句に対応する[2]。この文句の単純性については、約束手形の支払約束文句の説明を参照のこと（第5章3-3）。

2-1-3 手形金額（手1②）

約束手形の手形金額の説明を参照のこと（第5章3-4）。

2-1-4 支払人の名称（手1③）

支払いをなすべき者、すなわち支払委託の名宛人の名称である。そのための記載としては、一般に人（自然人・法人・権利能力のない社団または財団を含む）の名称と認められる程度でよい。実在すると否とを問わない。

支払人の重畳的記載（AおよびB）が許されることについては争いがない。この場合には、1人の引受拒絶があれば遡求しうるが、支払拒絶による遡求は、全員の拒絶があって初めてこれをなしうる[3]。選択的記載（AまたはB）については、通説は、かかる記載を許さない。このような記載は、手形関係の単純性や、償還条件の一定性を害するからである[4]。

2-1-5 満期の表示（手1④）

約束手形の満期の説明を参照のこと（第5章3-5）。ただし、為替手形にあっては、一覧後定期払い（手33Ⅰ②）にいう「一覧」とは、引受けのための提示をいう。すでに引受けがなされているときは、日付を付

---

[2] 鈴木竹雄『手形法・小切手法』（有斐閣・1967年）319頁。
[3] 大隅健一郎・河本一郎『注釈手形法・小切手法』（有斐閣・1977年）5頁。
[4] 田中誠二『新版手形・小切手法（3全訂版）』（千倉書房・1969年）399頁。

第13章　為替手形

統一手形用紙、為替手形振出例

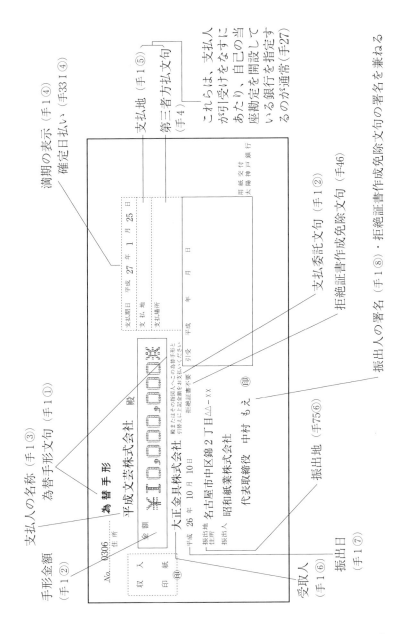

せしめるために提示する。この種の手形の満期は、引受けの日を基準にして決定されるからである[5]。支払人が、引受けの署名をなすのみで、引受けの日付を記載しないときは、日付拒絶証書の作成日付が基準となり、支払人が引受けを拒絶するときは、引受拒絶証書の作成日付が基準となる（手35Ⅰ）。日付拒絶証書の作成は免除しえないが、これを作成しないときは、手形所持人は満期における支払拒絶による遡求権を失い（手25Ⅱ後段）、主たる絶対的義務者たる引受人に関する限り、引受提示期間の末日に引受提示がなされたものとして、満期が定められることになる（手35Ⅱ）。支払人が引受けを拒絶した場合に、引受拒絶証書の作成が免除されているためにこれを作成しないときは、手形所持人は、引受拒絶により満期前に遡求権を行使しうるが、満期を特定するためには日付拒絶証書の作成を要し、かかる場合の日付拒絶証書の作成も免除しえないものと解すべきであろう[6]。

　為替手形にも、統一手形用紙制度（第5章2-1）が採用されているが、統一為替手形用紙にあっても、統一約束手形用紙と同様に、その満期は、確定日払い（手33Ⅰ④）を前提に調製されている。

2-1-6 支払地（手1⑤）

　約束手形の支払地の説明を参照のこと（第5章3-6）。為替手形にあっては、支払地の記載を欠くときは、支払人の名称に付した地（肩書地）の記載があれば、当該肩書地が支払地にして支払人の住所（引受提示をなすべき地）であるとみなされる（手2Ⅲ——なお、約束手形に係る手76Ⅲ対照）。

2-1-7 受取人（手1⑥）

　約束手形の受取人の説明を参照のこと（第5章3-7）。

2-1-8 振出日（手1⑦）

　約束手形の振出日の説明を参照のこと（第5章3-8）。

2-1-9 振出地（手1⑦）

　約束手形の振出地の説明を参照のこと（第5章3-9）。ただし、振出地が支払地かつ振出人の住所とみなされることはない（手76Ⅲ対照）。

---

[5]　大隅・河本・注(3)前掲273頁。
[6]　以上、平出慶道『手形法小切手法』（有斐閣・1990年）502頁。

2-1-10 振出人の署名（手1⑧）

署名の意義および方式等は、約束手形におけるそれと同様である（第5章6）。

◆ 2-2 有益的記載事項

2-2-1 第三者方払文句（支払場所）（手4）

第三者方払いの記載をなしうること、約束手形の場合と同様である。その意義については、約束手形の説明を参照のこと（第5章4-2-1）。

為替手形に第三者方払いの記載がなされると、引受けの提示は、支払人の住所地において、支払人自身に対してなされるが（手21）、支払いの提示は、第三者方払いの記載に従ってなされることになる。第三者方払いの記載は、振出人がこれを記載しなかったときは、支払人が引受けをなすに当たって、これを記載することができる（手27）。

統一為替手形用紙を取引銀行から交付されるのは振出人である。統一為替手形用紙の支払場所（支払地も）は、空欄にて調製されている。これは、通常、支払人が引受けをなす際に、自己が当座勘定を開設している銀行の店舗を、支払場所として記載できるようにするためである。

2-2-2 拒絶証書作成免除文句（手46）

為替手形の振出人は、遡求義務者であるから、当然に拒絶証書の作成を免除することができるが（手46Ⅰ）、その免除は、一切の署名者に対してその効力を生じる（手46Ⅲ第1文）。すなわち、振出人は、当然に、基本手形として、拒絶証書作成免除手形を作成することができるわけである。

統一為替手形用紙も、「拒絶証書作成不要」との文字をあらかじめ印刷し、この文句の署名と振出人の署名とが兼ねられるように調製されている。したがって、統一為替手形用紙の裏面の裏書欄に印刷された「拒絶証書不要」の文字は、本来なくても差し支えない。

拒絶証書の作成免除は、支払拒絶証書の作成の他、引受拒絶証書の作成も免除するが、いずれか一方のみを免除する記載も認められ、免除の対象が明確でない記載の場合には、両者をともに免除するものと解される[7]。ゆえに、統一為替手形用紙の表面に印刷された拒絶証書作成免除

文句は、両者をともに免除する趣旨である。

なお、為替手形の場合には、振出人は、引受無担保文句を記載しうる（手9Ⅱ前段）。為替手形にあっても、手形が支払人によって支払われるという信用がその流通を支えているからである[8]。しかし、この記載は、記載者たる振出人にとって有益的記載事項であるにとどまり、基本手形の有益的記載事項ではない[9]。

2-2-3 一覧後定期払手形の提示期間の変更（手23Ⅱ）

約束手形にあっては、この記載は、一覧のための提示期間の変更であるが（第5章4-3-1⑦）、為替手形にあっては、この記載は、引受けのための提示期間の変更となる。

2-2-4 為替手形に特有の有益的記載事項

以下のものが挙げられる。

①支払人の肩書地（手2Ⅲ）
②引受提示の命令または禁止（手22Ⅰ～Ⅲ）
③複本番号（手64Ⅱ）
④複本交付請求権を排除する旨の単一手形文句（手64Ⅲ）

2-2-5 その他の有益的記載事項

約束手形の有益的記載事項の説明を参照のこと（第5章4-2-2、4-3-1）。

◆ 2-3 無益的記載事項

振出人は、遡求義務者ではあるが、裏書人と異なって、支払いを担保しない旨の記載をしても、これを記載しないものとみなされる（手9Ⅱ後段）。

振出人が、基本手形に、振出人以外の第三者が支払資金を供給すべき旨の委託手形文句を記載することがあるが（手3Ⅲ）、これは手形外の資金関係に関する記載であって、手形上の権利義務には影響を及ぼさない

---

(7) 同前503頁。
(8) 木内宜彦『手形法小切手法（企業法学Ⅲ）（第2版）』（勁草書房・1982年）132頁。
(9) 平出・注(6)前掲503頁。

無益的記載事項である[10]。

◆ 2-4　当事者資格の兼併

2-4-1　自己指図手形（自己受手形）

振出人が、自己を受取人として為替手形の振出しをなしうることは、手形法が認めている（手3Ⅰ）。かかる手形を「自己指図手形」または「自己受手形」と称する。当該手形が振出人兼受取人の手許にある間は、当然のことながら、何ら手形関係は生じず、引受けまたは裏書がなされることによって、初めてこれを生じる。すなわち、支払人による引受けがなされれば、振出人兼受取人は、引受人に対する手形債権を取得する。振出人兼受取人による裏書譲渡がなされれば、振出人兼受取人は、被裏書人以降の手形正当所持人に担保責任を負担することとなる。

手形については、印紙の貼付により印紙税を納入しなければならず、これを負担するのは振出人である。約束手形の振出しに代えて、自己指図手形を利用すれば、約束手形では手形債務者が印紙税を負担するのに対し、かかる為替手形にあっては、手形債務者（引受人）は印紙税の負担を免れることができる。

2-4-2　自己宛手形

振出人が、自己を支払人として為替手形の振出しをなしうることも、手形法が認めている（手3Ⅱ）。かかる手形を「自己宛手形」と称する。振出人は、自身である支払人の引受けおよび支払いの担保責任を負う。他方、支払人としては、引受けおよび支払いの義務を負わない。しかし、支払人として、引受けをなせば、引受人として、支払義務を負うとともに、振出人として、遡求義務をも負っているということになる。所持人が振出人の担保責任を問うためには、振出人たるこの者について拒絶証書の作成を要する。

自己宛手形に引受けをして、これを受取人に交付すれば、為替手形を約束手形の代用として利用できる。また、同一企業者が、異地に存する自己の他の営業所を支払人として為替手形を振り出す、といった形で利

---

(10)　同前503―504頁。

用される[11]。

2-4-3 受取人と支払人との兼併

手形法に規定はないが、無効とする理由はない。自己指図手形にせよ、自己宛手形にせよ、その利用価値のために手形法がとくに例外的に許容したものではなく、理論上当然に認められるものである[12]。それゆえ、受取人が支払人を兼ねる手形も有効と解しうる（大判大正13年（1924年）12月25日民集3巻570頁）。

支払人兼受取人が、支払人として引受けをしていなければ、手形所持人として振出人に遡求することは可能である。支払人兼受取人が、引受けをなせば、振出人に対する関係でも絶対的支払義務を負い、受取人として振出人に遡求しても、結局は振出人に対する責任を負っているわけであるから、この場合には、振出人に遡求できないものと解されよう。

2-4-4 3当事者資格の兼併

上の理からすれば、振出人、受取人および支払人の3資格を1人で兼ねる手形も有効と解すべきである[13]。ただし、田中誠二は、このような手形は、実際上その必要性を認めることができないので、許されないものと思う[14]と説いている。

◆ 2-5 振出しの法的性質

2-5-1 二重授権説とこれに対する批判

(ア) 従来の多数説によれば、為替手形の振出しの性質は、これを書面による支払指図（Anweisung）と解するのが適当である[15]とされてきた。これは、為替手形の振出しをドイツ民法上の支払指図に準じて構成するものである[16]。この見解によれば、為替手形の振出しにより、①支払授権、および、②受領授権、という二重授権（Doppelermächtigung）がな

---

[11] 大隅・河本・注(3)前掲30頁。
[12] 平出・注(6)前掲501頁。
[13] 同前、大隅・河本・注(3)前掲30頁。
[14] 田中（誠）・注(4)前掲400頁。
[15] 伊澤孝平『手形法・小切手法』（有斐閣・1949年）288頁、大隅健一郎『新版手形法小切手法講義』（有斐閣・1989年）92頁参照。
[16] 納富義光『手形法・小切手法論』（有斐閣・1982年）283—284頁参照。

されると説かれる。①は、振出人と支払人との間に生じる効果であり、振出人は、支払人に対し、振出人の計算において、しかも支払人自身の名において、手形金額を給付しうべき権限（Befugnis）を授権したことになる。支払人が手形金額の支払いをなせば、その権限を行使した結果、当該経済的効果は、権限授与者たる振出人に帰し、あたかも振出人自身が直接に受取人に対して給付をしたのと同様の効果をもたらす[17]。つまり、これによって、振出人と受取人との間の手形振出しの原因関係が決済されることになる。次いで、②は、振出人と受取人との間に生じる効果であり、振出人は、受取人に対し、受取人の名において、かつ、振出人の計算において、手形金を受領しうべき権能を授与したことになる。結果、受取人の支払人からの手形金の受領は、資金関係の存否を問わず、その経済的効果を、振出人に帰せしめ、あたかも振出人自身がこれを受領したのと同様の効果をもたらす[18]。つまり、振出人と支払人との間に資金関係が存すれば、この関係が決済されることになる。なお、この見解によれば、振出人は、為替手形を振り出すことにより償還義務を負担するが、これは手形の流通を確保するために直接法律の規定によって認められた義務に他ならない[19]と説かれる。

　(イ)　上の多数説に異を唱えたのが、鈴木竹雄であった。彼は、為替手形の振出しにおける支払委託を支払指図そのものの概念で説明することは無理であって、手形関係の抽象性と、手形の有価証券性に鑑み、支払人に対する授権と、受取人に対する授権とは別個に考えなければならないと説いた[20]。そして、上述の①の権限は、支払人に対し与えられるものであって、所持人に対し与えられるものではないから、手形上に記載されていても、有価証券たる手形に表章されるものではなく、手形の所持人が支払人に手形を提示するのは、いわば振出人の機関としてその意思表示を伝達するにすぎないのであり、要するに、この関係は振出人と支払人との間の人的関係の問題にすぎないのである[21]との見解を示した

---

[17]　以上、伊澤・注(15)前掲288頁参照。
[18]　同前参照。
[19]　大隅・注(15)前掲93頁。
[20]　鈴木・注(2)前掲323頁。

のであった。この見解に追随するのが前田庸であり[22]、平出慶道である[23]。平出慶道の言を借りれば、鈴木説の要諦は、以下のとおりである。すなわち、「受領授権は手形上になされ、受領権限は手形に表章されており、手形の正当所持人は受領権限を有するが、支払授権は、支払委託文句が手形に記載されていても、手形外の実質関係たる資金関係上でなされているにとどまり、手形の正当所持人は支払権限を有するものではなく、支払権限は手形に表章されるものではない[24]。」さらに平出は、手形に記載される支払委託文句の効果として生じる支払権限が手形に表章されず、受領権限のみが手形に表章されるとの理を、以下のように説明している。すなわち、「約束手形の場合に、手形上に支払委託文言ないし支払授権文言が記載されていなくても、支払担当者（支払場所）が記載されている約束手形を振り出すことにより、支払担当者に手形外でその手形につき個別的・具体的支払授権がなされるが、支払権限は手形に表章されるものではないのと同様である[25]。」石井照久・鴻常夫もまた、振出しを支払指図と解することは妥当でない旨を述べている[26]。

　(ウ)　従来の多数説（二重授権説）に対し、系統的に批判を加えたのは、古くは田中誠二、近時にあっては川村正幸であった。

　まず、田中による批判は、以下のごとくである。すなわち、①いわゆる二重授権説を採り、支払人は振出人の計算において支払いをなす権限を取得し、所持人は振出人の計算において支払人から受領する権限を取得するときは、振出人の計算においてということが重要な意味を有し、本来は資金関係に属する手形外の関係を純手形関係中に混入するおそれが多く、この欠点は、小切手の支払委託の取消しにつき最も暴露してきて、小切手の支払委託の取消しを小切手の振出自体の撤回と解すること、およびこれにともなう結果は、どうしても承認し難い。②為替手形は、

---

[21]　同前。
[22]　前田庸『手形法・小切手法入門』（有斐閣・1983年）254頁。
[23]　平出・注(6)前掲504頁。
[24]　同前。
[25]　同前504─505頁。
[26]　石井照久・鴻常夫『手形法小切手法（商法Ⅳ）（第2版）』（勁草書房・1972年）301頁。

独自の歴史と経済的作用とを有している特殊の強力な流通証券であって、これについてドイツ民法典および商法典だけに存在し別個の経済的作用を有する支払指図という制度の法理をそのまま適用し、為替手形の本質が支払指図にあるというのは失当である。③ドイツ民法の支払指図に関する諸規定は、ほとんど手形に適用のないことは、ドイツ手形法上一般に認められるところであり、このことは、単に個々の規定の不適用という以上にその本質的な差異を示すものと解される。④支払指図の場合には、支払人が支払指図を履行したときは、振出人に対し、補償請求権を取得するが、為替手形の支払人が支払いをしても、支払人の振出人に対する補償請求権を生じることなく、むしろ逆に、支払人は手形の引受けにより振出人に対しても手形上の責任を負うことになるが（手28Ⅱ）、これは、この両制度の間に存する本質的な差異を示すものではないかと思われる。⑤ドイツ手形法1条の法定記載事項2号における Anweisung は、ジュネーブ統一条約の mandat de payer のフランス語の翻訳にすぎず、ドイツ民法748条以下の専門的意味における Anweisung を意味しないことは、ドイツ有力学説の認めるところであって、振出しの場合の支払委託文句は形式的なものにすぎない。⑥ジュネーブ統一条約においては、支払指図説は何ら顧慮されておらず、統一法に忠実に解する立場からいっても、支払指図説は適当ではない[27]。以上の主張のうち、とくに①は最も注目されてよい指摘であると評しえよう。この点は、小切手の支払委託の取消しの面でとくに問題となるので、小切手に関する記述に譲ることとする（第14章2-4）。なお、⑤に関連して述べておけば、ジュネーブ統一条約の1条2号の支払委託に係る英語正文は、order to pay である。

　次いで、川村正幸による二重授権説批判は以下のごとし。①ジュネーブ手形法会議では、手形法1条2号の支払委託文句について、支払指図の観念は考慮されなかったのであり、この概念を各国の民法に固有の観念に依拠して理解することは、この規定が為替手形制度の中核にかかわるものであるため、手形法の実質的な国際的統一性を害するおそれがあ

---

[27] 以上、田中（誠）・注(4)前掲405—407頁参照。

る。②ドイツ民法上の支払指図の制度と、為替手形の制度との発展過程には、機能的な差異がある。③支払指図においては、支払人が支払指図を履行したときは、指図人（振出人）に対して補償請求権を取得することになるが、為替手形の支払人による支払いにおいては、必ずしも振出人に対する何らかの請求権を取得するわけではない。たとえば、Aが支払人BのCに対する借入金債務の保証人として為替手形を貸主Cに振り出す場合には、Bは手形の支払いにより何らの請求権もAに対して取得することにならない。むしろ、手形法の構成の上では、支払いをした支払人は、通常は振出人に対して賠償請求権を取得するとされてはおらず、逆に、手形法上、引受けをした支払人に対して振出人も手形上の権利を取得するものとされている（手28Ⅱ）。④手形法は、手形関係を資金関係から切り離しており、小切手法32条のような資金関係に係ると観てよい規定を設けていないので、手形法は為替手形の資金関係を同法の外に置いて各国の国内民法の規定に委ねていると解すべきであって、為替手形の振出しに関する法律構成においては、資金関係は、手形外の関係として、多様なその形態に対応しうる形で位置づけられるべきである[28]。

　田中誠二および川村正幸による二重授権説に対する批判は、この説の根源に関わるそれと評価することができる。二重授権説は退けられるべきである。本通論5巻192頁の見解を改めたいと思う。

2-5-2　振出人と受取人との関係

　振出人が、受取人に為替手形を振り出すのは、通常は、何らかの既存債務の支払いのためであり、すなわち、振出人・受取人間の決済手段として手形を利用するためであり、この点は、約束手形の振出人が受取人に手形を交付するのと基本的に同じである[29]。つまり、支払いの受領によって、両者の原因関係の弁済の効果が与えられることになる。したがって、為替手形の振出しは、単に支払人に支払いをなさしめるべく為替手形を受取人に託するにとどまらず、より積極的に、その支払いを受領する権限を受取人に付与していると考えるべきである[30]。手形が第三

---

[28]　以上、川村・注(1)前掲319—320頁参照。
[29]　田邊・注(1)前掲242頁。
[30]　木内・注(8)前掲133頁。

者に譲渡され、手形所持人が受取人の有する地位を受取人と振出人との間の原因関係に煩わされずに承継することを特徴としていることを考慮すれば、支払受領権限は、為替手形上に表章されているものというべきであろう[31]。

2-5-3 振出人と支払人との関係

為替手形の振出しに際し、振出人が特定の第三者を支払人に指定するのは、通常は、手形外において、振出人が支払人に支払いを委託しうるだけの、何らかの実質的な法律関係（資金関係）が存在するからである。支払委託文句は、形骸的なものではなく、支払人が手形金を支払えば、その結果を振出人の計算に帰せしめることができる根拠となるべきものであると考える。つまり、支払委託文句に対応する支払人の支払いこそが、手形法上の効力をともなう有効な支払いとなる[32]。

振出人が、資金関係の存在しない第三者を支払人として指定することは、為替手形の効力には影響がない。かかる支払人であろうとも、引受けをなせば、それは有効な引受けであり、引受人は、振出人を含むすべての所持人に対し手形債務を負うが、振出人に対しては、資金関係不存在の抗弁をもって対抗できる[33]。

以上のように考えると、振出人が支払人に対して支払委託文句を手形上に記載するのは、所持人に対し、その委託文句を支払人に対して伝達することを依頼するとともに、自己が、支払人に対して支払いを委託しうるだけの実質的な法律関係を有することを（実際にそのような関係があろうとなかろうと——すなわち、無因的に）、所持人に担保しているとの意味を有していると解せないであろうか。これすなわち、振出人の支払いおよび引受けの担保責任（手9Ⅰ）である。こう解すれば、支払委託文句は、振出人の担保責任の根拠となる記載事項という位置づけとなり、振出人の担保責任は、法定責任ではなく、意思表示に基づく責任であるということになるであろう。振出人の遡求義務は、支払委託文句の記載を通じて、手形に表章される。

---

(31) 同前。
(32) 川村・注(1)前掲321頁参照。
(33) 田邊・注(1)前掲242頁。

●3● 為替手形の流通等

　裏書の方法・効力、善意取得、人的抗弁制限効等、約束手形について述べたことが、そのまま妥当する。白地為替手形についても同様である。為替手形の裏書人は、手形の支払いのみならず引受けについても担保責任を負う（手15Ⅰ）。

　為替手形にあっては、引受けをした、または、これをしない支払人に対する裏書も有効であり、被裏書人となった支払人は、さらに裏書をなすことが可能である（手11Ⅲ）。

●4● 引　受　け

◆4-1　意　義

　「引受け」というは、為替手形の支払人として指定された者が、手形金の支払債務を負担する旨を表示する附属的手形行為である。引受けという手形行為がなされて初めて、支払人は引受人となり、手形の主たる債務者となるのである。引受けをなす前の支払人は、たとえ資金関係上振出人に対して手形の支払いをなす義務を負っている場合であっても、単に振出人によって支払いをなすべき者として指定されているにすぎず、手形に署名もしていないのであるから、手形上の義務を負うものではない。

　引受けは、為替手形特有の手形行為である。為替手形は信用取引に利用せられ、しかも支払人として記載された者は、当然には支払債務を負担するものではないので、手形の信用を高め、その流通性を強化するために認められた制度である[34]。引受けは、すべての為替手形に認められる。実際には稀であるが、一覧払いの為替手形にも引受けをすることができる。振出人は、一覧払手形に関しても引受けのための提示を命ずることができ（手22Ⅰ）、第三者方一覧払手形または期限後一覧払手形（手34Ⅱ）の場合には、引受提示の実益もある[35]（手22Ⅱ参照）。

---

[34]　石井：鴻・注(26)前掲303頁。

[35]　以上、福瀧博之『手形法概要(第2版)』（法律文化社・2007年）413頁。

◆ 4-2 法 的 性 質

　引受けは、一方的に債務を負担する単独行為であって、引受人と手形所持人との契約でないことはもとより、振出人の支払委託の申込みに対する承諾でもない[36]というのが、わが通説である。手形理論に関して交付契約説を採る者も、わが国においては、引受けに関しては、これを単独行為（一方的債務負担行為）と解するのが一般的であるとされる[37]。

　小橋一郎は、引受けも手形行為であり、引受けの意思表示が手形上に記載されて相手方に交付され、相手方が承諾の意思をもってこれを受領することによって成立するのであり、むしろ契約と考えるべきである[38]と説く。しかし、後に述べるように（本章4-3）、引受けのための提示は、単なる手形の占有者もなしうるから（手21）、手形を占有する無権利者との間で契約を観念することは難しいと考える。のみならず、振出人または所持人の制限行為能力や代理・代表権の欠缺等が引受けの効力に影響を及ぼさないとするためには、契約と解するのは、適当ではない。

　引受けは、むしろ特定の相手方のない対公衆的意思表示であるが、ただその効力は、引受人が手形を提示者に返還した時に発生するものと解すべきである[39]。この結論は、事実上、修正発行説に近いものとなろう[40]。

　引受署名者の意思に反して手形が流通に置かれた場合には、権利外観理論により、善意の手形取得者に対し、署名者が、引受人としての責任を負わねばならないことは、修正発行説を首唱した田中誠二も認めるところである[41]。

　創造説の立場からは、引受けがなされた段階においてはその権利はなお引受人に留保され、「それが返還されたとき」、手形所持人に帰属するものと考えるべきである[42]と説く、鈴木竹雄の見解がある。彼のいう

---

[36]　伊澤・注(15)前掲417頁、大隅・注(15)前掲119頁、石井：鴻・注(26)前掲303頁。
[37]　福瀧・注(35)前掲413頁。
[38]　小橋一郎『新版手形法小切手法講義』（有信堂・1982年）150頁。
[39]　大隅・同前。
[40]　田中(誠)・注(4)前掲413頁参照。
[41]　同前413-414頁。
[42]　鈴木・注(2)前掲337頁。

「手形所持人」とは、「提示者」ではなく、成立した手形債権が帰属すべき正当所持人を指すものと思われる。他方、平出慶道によれば、引受けは、手形債務負担行為のみから成る手形行為であって、これによる手形債権は、原則として、既存の手形債権が帰属している手形債権者に「自動的に」帰属することとなる[43]とされる。両者の構成には差異が認められるが、とくに平出説の立場では、手形の返還前に引受けを抹消することによりその効力を消滅させることを認める手形法29条の規定の説明が不自然なものとならざるをえないと思われる[44]。

◆ 4-3 引受けのための提示

支払人に引受けという手形行為をなさしめるためには、手形を所持する者が、支払人に、「引受けのための提示（引受提示）」をして、その引受署名を得る必要がある。

為替手形の所持人または単なる占有者は、満期に至るまでの間に、引受けのため、支払人に、その住所において、これを提示することができる（手21）。

受取人として表示されている者または連続ある裏書によってその権利を証明しうる被裏書人などの手形上の権利者に限らず、現実に手形を所持する者であれば、何人でも引受けのための提示をなしうる。受寄者のごとき直接占有者、使者のごとき占有機関、さらには正当な権原のない占有者であっても、提示しうる[45]。つまり、手形の占有という事実だけをもって、提示権限を認められる。実際上、受任者を通じて引受提示をすることが多い事実に鑑み、代理権授与の煩およびその証明の面倒を免れさせる趣旨が大きい[46]。引受提示は、証券の処分を必要としないから、その正当な所持人に限らず、誰であろうとも、行うことができるのである[47]。

---

[43] 平出・注(6)前掲518頁。
[44] 同前518-519頁参照のこと。
[45] 大隅・河本・注(3)前掲244頁。
[46] 同前、田邊・注(1)前掲243頁。
[47] 福瀧・注(35)前掲414頁。

被提示者は、たとえ第三者方払手形であろうとも、常に支払人本人（または正当な代理人）である。引受けのための提示は、支払人（またはその正当な代理人）の引受署名を求めるがためになされるものだからである。

提示の場所は、支払人の「住所」であるが、ここに「住所」とは、いわゆる「住所地」を指し、まず支払人の営業所の存する地、営業所のないときは、その住所の存する地を意味する[48]。

引受けのための提示期間は、振出しの時から満期の前日までである[49]。満期の日は、支払いの提示をなすべき日であるから、これに含まれない。引受提示期間内に提示をしなければ、引受拒絶を理由とする遡求をなしえない。もっとも、満期の当日や満期後に提示をしても、支払人が引き受ければ、引受けの効力を生じる[50]。引受けのための提示は、取引日の取引時間内にこれをなすことを要する（手72Ⅰ、商520）。

引受けのための提示について、回数の制限もない。

◆ 4-4　引受提示の自由と例外
4-4-1　引受提示自由の原則

引受けの提示は、振出人および所持人にとっては、支払人が支払いをなすかどうかを確かめるために必要であり、他方、支払人にとっても、支払いの準備をすることができるという利益がある[51]。しかし、手形法21条は、「引受ノ為……之ヲ呈示スルコトヲ得」と定め、引受けの提示をするか否か、何時これをするか、何回するか、といったことを所持人の自由に委ねたのである。つまり、所持人は、引受けの提示をするか否かの自由があり、これをせずに満期にいきなり支払提示をしても差し支えなく、支払拒絶があれば、遡求権を行使することができる。これすなわち、「引受提示自由の原則」といわれ、あるいは単に、「引受提示の自由」といわれる法則である。しかし、これはあくまでも原則であって、

---

(48) 大隅・河本・注(3)前掲244、29頁。
(49) 田邊・注(1)前掲243頁。
(50) 同前、田中（誠）・注(4)前掲416頁、大隅・注(15)前掲119頁。
(51) 福瀧・注(35)前掲415頁。

例外が認められる。

4-4-2 例外
4-4-2-1 引受提示の命令

振出人は、引受提示の期間を定め、またはこれを定めないで、引受けの提示をなすべき旨を手形に記載することができる（手22Ⅰ）。この記載を「引受提示命令文句」という。裏書人もまた、同様の引受提示命令文句を記載することをうるが、振出人のなした引受提示に係る記載、具体的には引受提示の絶対的禁止（本章4-4-2-2）および引受提示禁止期間（手22Ⅲ）、に抵触することは許されない（手22Ⅳ）。振出人記載の引受提示禁止期間経過後は、裏書人は、引受提示命令を記載できる。記載場所について、手形法に特段の制限はないから、補箋上にもなしうると解される。

このような記載が認められるのは、支払人が、自己を支払人とする手形が振り出されていることをあらかじめ知って、支払いの準備をする必要があるとか、または、支払人との資金関係上、振出人もしくは裏書人が前者に対する原因関係上、支払人の支払いの意思の有無をあらかじめ確かめたいと思う場合などにおいて、引受けの提示を必ずしなければならない義務を、所持人に課す必要があるからである[52]。

振出人がこの記載をしたときは、この記載が基本手形の内容となるから、すべての手形署名者のためにこの効力が生じ、当該記載に従って引受提示をしなかった所持人は、引受拒絶による遡求権のみならず支払拒絶による遡求権をも失うことになる（手53Ⅱ本文）。ただし、この記載の内容が、引受担保責任だけを免れようとする趣旨のものであれば、支払拒絶を理由とする遡求権は失うことがない（手53Ⅱただし書）。つまり、その記載文言から、振出人が手形法9条2項の趣旨でこれをなしたものと知りうべきときは、支払拒絶を理由とする遡求権のみは、これを失うことがないのである。

他方、裏書人が引受提示命令文句を記載したときは、当該裏書人（およびその保証人）についてのみ、効力を生じる（手53Ⅲ）。したがって、

---

[52] 田中（誠）・注(4)前掲419頁。

当該記載に従って引受提示をしなかった所持人は、当該裏書人に対して、引受拒絶による遡求権はもとより、支払拒絶による遡求権をも失う。ただし、この記載が、引受担保責任だけを免れようとする趣旨のものであるときは、支払拒絶による遡求権のみは失うことがない。

4−4−2−2　引受提示の禁止

振出人は、引受けの提示を絶対的に禁ずる旨を手形に記載し（手22Ⅱ本文）、または、一定の期日前には引受けの提示をしてはならない旨を記載できる（手22Ⅲ）。これを「引受提示の禁止」といい、かかる記載のある手形を、「引受提示禁止手形」という。引受提示の禁止の記載は、振出人のみがなしえる記載事項であって、裏書人はこれをなしえない。

商法手形編時代にあっては、引受けを求める所持人の権利は奪うことができないものであり、これを禁止または制限することができず、たとえその旨の文言を記載しても、それは手形上の効力を生じないとされていた（昭和7年（1932年）改正前商465、439）。これは、為替手形の絶対的引受性（unbedingte Akzeptabilität）を認める主義であった。統一法が、この主義を採用しなかった点につき、田中耕太郎は、以下のように述べている。「多数の国法に於ては手形法上引受呈示の禁止又は制限を為し得ることが認められ、之れに反する引受呈示の場合には引受拒絶に基く遡求権を生じないものとする。引受の為めにする呈示の制限を禁止する理由は是れが不健全の手形取引を助長する傾向があることを考慮したものであるが、然し実際取引上時として其の必要がないわけではない。例へば物品供給者が顧客に宛てて手形を振出したる場合に於て発送物品が到達するまで、又は振出人が資金を供給するまで、又は支払人が旅行より帰来するまで呈示を禁止し、以て無用に引受拒絶を生ずる不利を招くことを防止するを得る。此の故に新法第22条第2項が第三者方払手形、支払人の住所地に非ざる地に於て支払はるべき手形及び一覧後定期払手形の場合を除き振出人に引受の呈示を禁ずることを許し同条第3項が振出人に一定の期日前の引受要求の呈示を禁ずることを許したのは適当の措置と認め得らるる[53]。」

---

[53]　田中耕太郎『手形法小切手法概論（訂正第4版）』（有斐閣・1937年）405頁。

絶対的引受提示の禁止は、支払人が満期には支払う意思があっても、引受人となることを好まない場合などに必要であることから認められたものである[54]。福瀧博之によれば、この制度は、フランスおよびオーストリアにおける実務に起源を有するもののようであるとされている[55]。

　上の絶対的引受提示の禁止は、田中耕太郎の文章で言及されているように、以下の手形については、記載を許されない。すなわち、①第三者方払手形、②他地払手形（支払人ノ住所地ニ非ザル地ニ於テ支払フベキモノ）、③一覧後定期払手形、である（手22Ⅱただし書）。上記①の手形にあっては、振出人が支払人以外の者を支払担当者に指定したことを支払人に知らせ、支払資金を準備させる必要があるからである[56]。よって、他地払手形のみならず、同地払手形であっても同様である。上記②の手形にあっては、振出人が第三者方払文句を記載した場合には、①の場合と同じ理由が妥当し、また振出人が第三者方払文句を付記しなかった場合には、支払人に支払いをなすべき第三者を指定する（手27Ⅰ）機会を与えなければならないからである[57]。上記③の手形にあっては、満期を定めるために一覧のための提示（引受けの提示）をする必要があるからである[58]。

　引受提示の禁止の記載に反して引受けの提示がなされたとき、引受けが拒絶されても、所持人は、引受拒絶による遡求ができない。この記載が効力を発揮するのは、主としてこの場合である[59]。

　引受提示の禁止の記載は、基本手形の内容となるから、この効果は、すべての署名者について生じる。したがって、絶対的引受提示の禁止の記載があれば、全手形署名者が引受けを担保しないことになるので、この点において、振出人の引受無担保文句（手9Ⅱ前段）と異なる[60]。結果、このような手形は、振出人の信用だけで流通することになる[61]。

---

[54]　石井：鴻・注(26)前掲305頁。
[55]　福瀧・注(35)前掲415頁。
[56]　田邊・注(1)前掲244頁。
[57]　同前244-245頁。
[58]　同前245頁。
[59]　田中（誠）・注(4)前掲421頁。
[60]　鈴木・注(2)前掲335頁脚注(2)。

引受提示の禁止の記載に反して、引受けの提示がなされたときに、支払人が引受けをすれば、その引受けが無効になるわけではない[62]。その引受けは、完全な引受けとしての効力を生じる。しかし、このような引受けの提示により、振出人が支払人との関係上、それによって信用を害された場合には、振出人は所持人に対し、損害賠償を求めることができる[63]。

4-4-2-3 一覧後定期払手形

一覧後定期払手形は、振出日付から1年以内に必ず引受けのためこれを提示しなければならない（手23Ⅰ）。振出人は、この期間を短縮または伸張することができるが、裏書人は、これを短縮することのみを許されている（手23Ⅱ・Ⅲ）。上の提示は、引受けのための提示であることを要し、一覧のための提示では足らないから、支払人が手形上に単に一覧した旨のみを記載し、引受けの記載をしなかったときは、当該提示は、法が要求する提示とはならず、したがって、満期を確定する効力を有しない[64]。

所持人が提示期間内に提示をしないときは、全遡求義務者に対する遡求権（引受拒絶による遡求権も支払拒絶による遡求権も）を失う（手53Ⅰ①）。

提示期間の短縮を振出人および裏書人の両者に許したのは、引受けまたは支払いのない場合の遡求権に対する責任を速やかに免れようとする場合のためであり、その伸張を振出人だけに許したのは、振出人が資金関係の都合上その必要を感じる場合があるからである[65]。振出人がそうしたときは、その期間内に提示がなされなかったならば、所持人は、引受拒絶・支払拒絶のいずれの場合にも、全遡求義務者に対する遡求権を失う（手53Ⅱ）、裏書人がそうしたときは、所持人がこれに従って提示をしなければ、その裏書人に対する関係で遡求権を失う（手53Ⅲ）。

---

(61) 田中(誠)・注(4)前掲421頁。
(62) 同前、福瀧・注(35)前掲416頁。
(63) 田中(誠)・同前。
(64) 伊澤・注(15)前掲424頁。
(65) 田中(誠)・注(4)前掲423頁。

第4帖　「商」の取引〔下の巻：有価証券編〕

◆ 4-5　熟 慮 期 間

　支払人は、上述の例外の場合を除き、振出しの後、満期に至るまでの間、いつでも引受けを求めることができる。それでは、引受けの提示があれば、支払人はこれに対し直ちにその態度を決しなければならないのか。この点に関し、商法手形編時代にあっては、「即時引受主義」が採用され、直ちに引受けがなければ、引受拒絶の効果を生じるものとされていた[66]。

　これに対し、現行手形法は、引受けの提示を受けた支払人が、第1の提示の翌日に、第2の提示をなすべきことを請求することができるものとしている（手24Ⅰ前段）。つまり、支払人は、引受けをなすか否かの決定に当たり、1日の猶予を与えられる。この1日の期間を「熟慮期間」「考慮期間」または「猶予期間」という。支払人が引受けをするに当たり、帳簿を調べたり振出人に照会する等の必要を考慮したものであって[67]、無用な引受拒絶を防止する趣旨がある[68]。

　第2の提示をなすべき請求を受けた提示者は、一応引受拒絶証書を作成せしめ（猶予を求めた旨を記載することを要する）（拒絶2Ⅱ、なお手24Ⅰ後段参照）、翌日に第2の提示をなし、しかも引受けがないときには、さらに拒絶証書を作成せしめて（拒絶6参照）、初めて前者に遡求しうる[69]。支払人が第2の提示を求めたときは、上のように、提示者は、第1の提示に関して引受拒絶証書を作成させるが、支払人はこれに第2の提示を請求した旨を記載させることになる。この記載がなければ、所持人は第1の提示に関する引受拒絶証書により直ちに遡求できることになる（手24Ⅰ後段）。わが手形法の下では、したがって、支払人が引受けをせず、しかも第2の提示をも求めないときは、即時に引受けを拒絶したものとみなされることになる[70]。

　提示者は、上の熟慮期間中、手形を支払人に交付しておくことは必要

---

[66]　田中・注(53)前掲409-410頁参照。
[67]　大隅・注(15)前掲121頁。
[68]　石井・鴻・注(26)前掲306頁。
[69]　同前306-307頁。
[70]　福瀧・注(35)前掲419頁。

ではない（手24Ⅱ）。支払人による手形の損傷・横領等の危険を慮るがためである[71]。

◆ 4-6　引受けの方式

　引受けは、為替手形上に「引受け」その他これと同一の意義を有する文字を記載し、かつ支払人が署名することにより行う（手25Ⅰ第1文第2文）。このように、引受けは、手形本体になすことを要し、その謄本または補箋になすことを許されない（手13Ⅰ、31Ⅰ対照、67Ⅲ参照）。手形上である限り、表面に限定されない[72]。このような引受けを、「正式引受け」と称する。これに加え、手形の表面になされた支払人の単なる署名も引受けとみなされ（手25Ⅰ第3文）、これを「略式引受け」と称する。略式引受けとしての署名を手形の表面に限り、裏面における署名を認めないのは、白地式裏書との混同を避けるためである[73]。

　統一為替手形用紙にあっては、用紙の右下部に枠で囲って引受欄があらかじめ調製されており、「引受」の不動文字および引受けの年月日欄が印刷されている。日付の記載は、引受けの成立要件としては不要であるが、提示義務のある手形（手22Ⅰ・Ⅳ、23）の場合には、遡求義務者に対する関係で期間を守ったことを明らかにするため、日付を記載してもらうことが必要である。したがって、日付の記載がないときは、拒絶証書によってそれを明らかにしなければならない[74]（手25Ⅱ後段）。

　引受けは、支払人にのみ許された手形行為である。したがって、支払人以外の第三者による引受けの署名は、引受けとしての効力を生じない[75]。判例も、この理を認めている（最判昭和44年(1969年)4月15日判時560号84頁）。支払人として記載された者と引受人とが実質的に同一であっても、手形面において形式上一致しないときはどうか。支払人の氏名または商号の記載は、必ずしも厳密に正確である必要はないから、引受人の

---

[71]　大隅：河本・注(3)前掲251頁。
[72]　同前。
[73]　大隅・注(15)前掲122頁、石井：鴻・注(34)前掲307頁。
[74]　鈴木・注(2)前掲336頁。
[75]　田邊・注(1)前掲245頁、田中（誠）・注(4)前掲424頁、伊澤・注(15)前掲432頁、納富・注(16)前掲346頁、福瀧・注(35)前掲420頁、田中・注(53)前掲414頁。

第4帖 「商」の取引〔下の巻：有価証券編〕

統一手形用紙、為替手形引受例

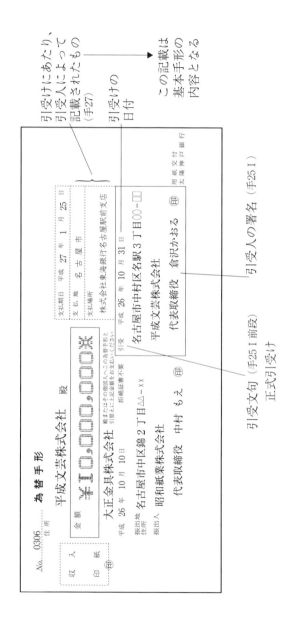

署名が、支払人その人であることが手形面上明白であると認められる場合には、その署名は引受けとして有効である[76]。それでは、実質上、引受人が支払人と同一であるにもかかわらず、手形の記載上、両者が必ずしも同一人と認められない場合については、どう解すべきであろうか。これについては、説が分かれる。手形行為の性質上、形式的にも同一であることを要すると解する立場がある[77]。他方、形式的にも同一であることを要せず、実質上同一人であれば引受けの効力を認めうるものであって、記載上同一人であることが明確でないときであっても、所持人は、支払人と引受人との実質的同一性を証明して、支払人に引受人としての責任を問うことができ、遡求義務者もこれを証明して引受拒絶による遡求を免れうるものと解する立場がある[78]。かつては前者が通説であったが、現在は後者が多数説であると観察してよいものと思われる。後者を支持する者は、この場合、裏書の連続のように外観信頼の保護は問題とならないから、実質的同一性が立証されれば、形式的同一性を欠いても、引受けはなお有効と解すべきであろう[79]と説く。しかし、こう解することは、所持人をして、引受拒絶の有無の判断に実質的調査を要求せしめることになり、また、遡求義務者も、引受けが有効なものなのか、第三者のなした無効なものかを知ることができず、手形関係の混乱を招くことになろう[80]。よって、前者の立場を本則とすべきであろう。

支払人と引受人との不一致は、引受行為を無効とするにとどまり、手形自体を無効にするものでないことは、いうまでもない[81]。

◆ 4-7 引受けの抹消

手形に引受けを記載した支払人が、その手形の返還前にこれを抹消したときは、引受けを拒絶したものとみなされる（手29Ⅰ前段）。支払人が

---

[76] 田中・同前。
[77] 同前、田中(誠)・注(4)前掲424頁。
[78] 鈴木・注(2)前掲337-338頁脚注(7)、平出・注(6)前掲516頁、木内・注(8)前掲169頁、伊澤・注(15)前掲432-433頁、納富・注(16)前掲346頁。
[79] 木内・同前。
[80] 福瀧・注(35)前掲421頁。
[81] 大隅：河本・注(3)前掲252頁。

引受けをしても、手形を返還するまでは、未だ誰に対する関係でも引受けについての信頼が生じていないから、その抹消によって、引受けの効力を否定することを認めても支障がないからである[82]。なお、この規定そのものからは、法が引受行為の性質について、いかなる理論を採っているかを決定することはできない[83]。むしろ、この規定は、手形理論とは直接の関係がないと解すべきである[84]。

　抹消が効力を生じるか否かは、それが手形の返還前になされたか否かにかかっている。手形法は、抹消が手形の返還前になされたものと推定している（手29Ⅰ後段）。結果、引受けの抹消は、一応は有効な抹消であって、引受けは拒絶されたものと推定される。反対の事実は、これを主張する者の側で立証することを要する。したがって、引受人が請求されたときは、手形の所持人が、返還後の抹消であることを立証しなければ、引受人の責任を追及することができず、引受拒絶を理由に遡求義務者が請求されたときは、遡求義務者において、返還後の抹消であることを立証しなければ、遡求義務を免れることができない。つまり、手形法29条1項後段の推定は、引受人が請求されたときは、この者に有利に働き、遡求義務者が遡求されるときには、この者に不利に作用する[85]。

　手形法29条1項に基づく、引受けの抹消の効果の発生、すなわち引受人の債務の不成立および引受拒絶による遡求権の成立にもかかわらず、以下に述べる、書面による引受通知をした支払人の特別責任とは、併存しうる[86]。すなわち、支払人が、書面をもって、手形所持人または手形署名者に引受けの通知をしたときは、これらの者に対しては、引受けの文言どおりの責任を負わなくてはならない（手29Ⅱ）。通知は書面によることを要し、かつそれが相手方に到達しなければならない。書面の方式は自由で、署名も必要としない[87]。支払人が手形所持人または手形署名者に書面で引受けの通知をしたときは、それらの者に対する関係では、

---

(82)　前田・注(22)前掲369頁。
(83)　大隅：河本・注(3)前掲258頁。
(84)　福瀧・注(35)前掲424頁。
(85)　大隅：河本・注(3)前掲259頁。
(86)　同前。
(87)　同前。

引受けについての信頼を生じさせているから、引受けを抹消したとしてもその効力は否定されず、引受けの文言に従った責任を負うのである[88]。すなわち、これは、表見責任の顕現のひとつである[89]。この特別責任の規定は、手形の返還前であれば、通知のなされた後に引受けが抹消された場合にも適用される。

◆ 4-8　引受けの効力

支払人は、引受けにより、引受人となり、満期において為替手形の支払いをなす義務を負う（手28 I）。この義務は、絶対かつ最終的なものであって、最終所持人に対しても、遡求による償還義務を履行して手形を受け戻した所持人に対しても、したがって振出人に対しても負担することとなる（手28 II 参照）。ただし、振出人に対しては、引受人が資金関係上の抗弁を有することがありうる。支払うべき金額は、満期においては手形金額（利息付手形では利息額を含む）であるが、満期に支払いのないときは、遡求金額と同額である（手28 II、48、49）。

◆ 4-9　不単純引受け

4-9-1　意　義

単純に手形の記載内容に従ってなされた引受けを「単純引受け」といい、これに対して、①手形の記載内容に変更を加えてなされた引受け、または、②手形の記載内容に条件や制限を付してなされた引受け、を「不単純引受け」という。たとえば、満期・支払地等に変更を加えたり、裏書禁止文句を付記してなされた引受けのごときは、不単純引受けである[90]。

引受けは、単純でなければならない（手26 I 本文）。所持人は、手形の内容どおりの引受けがなされることを期待しているからである。したがって、不単純引受けがなされた場合には、引受人が基本手形の当初の内容による責任を負わない旨の意思表示をしたことになるから、そのよ

---

[88]　前田・注(22)前掲369頁。
[89]　福瀧・注(35)前掲425頁。
[90]　大隅・注(15)前掲124頁。

うな引受けは、引受拒絶としての効力を有する（手26Ⅱ本文）。よって、手形所持人は、引受拒絶証書を作成して、満期前に遡求権を行使することをうる（手43）。しかしながら、引受人としては、ともかくも、その変更した文言に従う責任を負担する旨の手形行為をなしているのであるから（ただし、手形の本質に反する記載のときは無効）、法は、引受人に、その文言に従う責任を認めている（手26Ⅱただし書）。したがって、手形所持人は、満期の到来を待って引受人に対し請求する方法をも留保しているのである。これは、所持人の期待的利益および他の手形関係者の利益ならびに引受人の意思を考慮し、いわば引受けに相対的効力を認めたものである[91]。

上述②の条件付引受けを不単純引受けに含めるか否かについて、争いがあった。田中耕太郎は、手形行為の本質が条件と相容れざるものであることを理由に、これを不単純引受けと解さず、引受無効と解した[92]。古く商法手形編時代には、岡野敬治郎も無効説に与していた[93]。現行法下では、木内宜彦が無効説を採った[94]。しかし、現在では、②を不単純引受けに含めるのが多数説（通説といってよい）である。石井照久・鴻常夫は、「引受は独立の手形行為ではあるが、権限を表章するにすぎない手形を、権利を表章する手形にする行為として実質的には追加的ないし補完的性格な行為であり、できるだけ、その効力を認むべきだからである[95]」と説いている。また、田中誠二は、「船荷証券の交付と引換えに支払うべしというようなものは、実際上行われ、その引受人の責任を認める実益もあるのである[96]」と説いている。

4-9-2 例 外

4-9-2-1 一部引受け

手形金額は、満期や支払地等と異なり、その性質上分割可能であるから[97]、手形金額の一部について引受けがなされたときは（これを「一部

---

(91) 以上、石井：鴻・注(26)前掲308頁。
(92) 田中・注(53)前掲419頁。
(93) 岡野敬次郎『日本手形法（第6版）』（中央大学・1910年）257頁。
(94) 木内・注(8)前掲171頁。
(95) 石井：鴻・注(26)前掲308頁。
(96) 田中(誠)・注(4)前掲427頁。

引受け」という）、その部分については引受けの効力を生じ、手形所持人は、引受けのなかった残額についてのみ、引受拒絶による遡求権を行使することができる（手26Ⅰただし書、43①、48Ⅰ①、51、拒絶5Ⅱ）。

なお、手形金額を超えた金額についてなす引受け、いわゆる「超過引受け」は、超過部分につき無効と解すべきである[98]。

4-9-2-2　第三者方払いの記載

すでに述べたように（本章2-2-1）、支払人の住所地と支払地とが異なる他地払手形に振出人が第三者方払いの記載をしなかったときは、支払人は、引受けをなすに当たり、第三者方払いの記載をすることができ、これを記載しなかったときは、引受人は支払地において自ら支払いをなす義務を負う（手27Ⅰ）。支払人の住所地と支払地とが同じである同地払手形にあっても、引受人は支払場所を記載することができる（手27Ⅱ）。手形法27条2項は、「支払ノ場所ヲ定ムルコトヲ得」と規定しているが、同地払手形に記載しうる支払場所とは、とくに支払担当者とは異なる支払場所を意味するものではなく、第三者方払いの記載と異なるものではない[99]。つまり、同条1項の「第三者ヲ定ムルコトヲ得」と同義である。結局、他地払手形たると同地払手形たるとを問わず、振出人が第三者方払いの記載をしておらなければ、引受人はその記載をなすことができ、当該記載が基本手形の内容となる。

● 5 ●　為替手形になされる手形保証

手形保証についても、約束手形で述べたところ（第6章9）が、そのまま妥当する。約束手形の振出人に相当する地位にあるのは、為替手形にあっては引受人であり、振出人は遡求義務者であるにすぎないが、為替手形においても、保証に誰のためにするかの表示がなければ、振出人のためになしたものとみなされる（手31Ⅳ）。

---

(97)　平出・注(6)前掲517頁。
(98)　大隅・注(15)前掲125頁。
(99)　平出・注(6)前掲517頁。

●6● 為替手形の支払い

支払いについても、約束手形で述べたところ（第7章）がほぼ妥当する。為替手形にあっては、支払提示の被提示者は、当然のことながら、支払人である。

支払提示期間内に支払いの提示がないときに、供託によって支払いを免れるのは、「各債務者」すなわち引受人およびその保証人であるが（手42）、単なる支払人も供託をして有効な支払いたることを主張しうる[100]。

●7● 為替手形の遡求

◆7−1 遡求制度に係る立法主義

為替手形に係る遡求制度に関する立法の主義については、手形の支払いが拒絶された場合に、後者が前者に対して、償還の請求をなしうる点では、かつての諸国の立法例も一致していた。しかし、引受拒絶の場合における遡求制度については、立法例は区々であった。大別すれば、①担保主義、②満期前償還主義、および、③選択主義、に分かれる[101]。

①は、2権主義とも称され、引受拒絶の場合には担保請求権を認め、支払拒絶の場合に償還請求権を認めるというものである[102]。この場合、遡求権というは、担保請求権と償還請求権の総称である[103]。商法手形編時代のわが国は、この主義を採用していた。すなわち、支払人が引受けをなさず、または、引受人が破産の宣告〔現在の破産手続開始の決定〕を受けて自ら担保を供しないときは、所持人はその前者に対して、担保の請求をなすことができ、また、担保の請求を受けた裏書人は、さらにその前者に対して担保の請求をなすことができる旨が定められていた（昭和7年(1932年)改正前商474、476、480）。担保の請求権は、引受拒絶または引受人の破産によって、為替手形の支払いもまた拒絶される危険が増大

---

[101]　伊澤・注(15)前掲467頁。
[102]　大隅・注(15)前掲141頁。
[103]　松本烝治『手形法（第13版）』（中央大学・1923年）309頁。

しまたは十分な支払いを受け難いとの危険が増大することに鑑みて、とくに法が与えた権利であって、償還請求権を確保するために法律上認められた従たる権利ともいうべきものである[104]。担保主義の理由とするところは、引受拒絶は支払拒絶と同視することができず、引受けが拒絶されても、満期に支払いがなされることもありうるという点にある[105]。かつて、ドイツ・ハンガリー・イタリア・スイスがこの主義を採用していた[106]。

②は、1権主義とも称され、引受拒絶の場合にも支払拒絶の場合と同様、直ちに償還請求権を認めるというものである[107]。引受けが拒絶された手形は信用を失い、したがって流通力を失うに至り、その結果は担保のみでは償うことができず、かつ実際上担保の設定と償還との間に大した経済的負担の差がない上に、担保の設定は種々の不便をともなうので、協議をもって満期前に償還する実例も多かった[108]。それゆえ、わが現行手形法は、満期前においても償還請求を認める1権主義を採用したのである。元来、イギリス・アメリカおよびロシアがこの主義であった[109]。

なお、③について述べれば、これは、引受拒絶の場合に担保請求権と償還請求権の両者を認め、遡求権者または遡求義務者にその1つを選択させるものである[110]。フランス・オランダ・ベルギー・ポーランド等の諸国は、遡求義務者に担保を供するか直ちに償還をなすかの選択権を与え、スペイン・北欧・アルゼンチン等の諸国は、所持人に担保と償還とのいずれかの選択権を与えていた[111]。

◆ 7-2 引受拒絶等による遡求

重複する記述もあるが、一応ここで纏めておきたい。

---

(104) 同前309-310頁。
(105) 伊澤・注(15)前掲467-468頁。
(106) 松本・注(103)前掲311頁参照。
(107) 大隅・注(15)前掲141頁。
(108) 伊澤・注(15)前掲468頁参照。
(109) 松本・注(103)前掲311頁。
(110) 大隅・注(15)前掲141頁。
(111) 松本・注(103)前掲311-312頁参照。

為替手形では振出人も遡求義務者であるが、引受けを担保しないことができ、支払無担保文句は無益的記載事項である（手9Ⅱ）。他方、裏書人は、引受けおよび支払いの双方、または引受けのみを担保しないことができる（手15Ⅰ）。上の場合には、引受拒絶による遡求をなすことをえない。さらに、振出人の記載した引受提示文句に違反して提示がなされ、引受けが拒絶されても、所持人はすべての遡求義務者に対して遡求権を行使することをえない（手22Ⅱ・Ⅲ）。

適法な引受提示をしたにもかかわらず、引受けが拒絶された場合（不単純引受けや支払人の不在・所在不明を含む（拒絶2Ⅰ②参照））、には遡求の実質的要件が満たされる。この証明は、原則として、引受拒絶証書の作成によるべきこととなるが（手44Ⅰ）、その作成が免除されているときは、作成を要しない（手46Ⅰ・Ⅲ）。統一手形用紙にあっては、振出人が、基本手形として拒絶証書作成不要手形を作ることができるよう調製されている。

満期前遡求の実質的要件としては、引受拒絶のみならず、以下の場合が認められる。すなわち、①引受けをなしたまたはなさない支払人が破産手続開始の決定を受けた場合、または、その支払停止もしくはその財産に対する強制執行が効を奏しなかった場合（手43②）である。破産手続開始の決定の場合には、その決定の裁判書を提出すれば遡求できるが（手44Ⅵ）、他の場合には、事実の確認が困難であるから、満期を待たず支払提示をし、拒絶証書を作成させた後に遡求することになる（手44Ⅴ）。拒絶証書作成が免除されていれば、これらについては証明方法がないから、適当な方法で証明できればよい（この場合にも拒絶証書を作成させるのが最も賢明な方法であろう）。次いで、②引受提示禁止手形（手22Ⅱ・Ⅲ）の振出人が破産手続開始の決定を受けた場合（手43③）である。この場合には、その決定の裁判書を提出すれば遡求できる（手44Ⅵ）。

満期における支払拒絶の場合と同様に、引受拒絶等を理由とする満期前遡求にあっても、遡求の通知が必要である（手45Ⅰ）。通知を受ける者のうちに、振出人も含まれるが、振出人に対しては、逓次通知による他、所持人から直接に通知がなされる（手45Ⅰ）。引受けまたは支払いの拒絶をなす者は振出人ではなく、支払人であるから、振出人は必ずしもその

事実を知らず、しかも、最終の償還義務者として最も重い地位にあるので、速やかにそれを知ることを欲するからである[112]。加えて、振出人は、支払人に対し、資金関係上速やかに手をうつ必要があることもあるし、また、手形の所在がわかれば速やかに償還して手形を受け戻すことができるが、順次に通知が遡ってなされるだけだと、振出人が通知を受けるのは、相当遅くなってしまうからである[113]。

遡求金額については、約束手形の満期前遡求に係る第8章2(エ)を参照のこと。

一部引受けの残額について遡求に応じる遡求義務者は、その支払いの旨を手形に記載せしめ、受取証を交付することを請求できるだけでなく、再遡求権を行使するために必要な手形の証明謄本（拒絶5Ⅱ）および作成免除なきときの引受拒絶証書の交付を請求することができ、これらと引換えに遡求金額を支払うことになる（手51）。

●8● 参　加

◆8-1　意　義

手形関係の目的である手形金額の支払いが著しく不確実となり、または現実に阻害されたときは、手形所持人は、遡求制度によって保護される[114]。しかし、これによって、手形所持人は保護される一方で、他の手形関係者の信用は損なわれる。また、遡求制度の下では、その手続の中で償還金額が増大するとか、場合によっては、自己の前者の無資力のために、再遡求の機会を失うということも問題となる[115]。それゆえ、手形の引受拒絶もしくはこれに準ずべき場合または支払拒絶の場合に、第三者が手形関係に加入（介入）して引受けまたは支払いをなし、遡求権の行使を阻止することが認められている。これすなわち「参加」という制度である。介入者を「参加人」といい、その者のために介入される者を

---

[112]　鈴木・注(2)前掲341頁。
[113]　同前343頁脚注(8)。
[114]　大隅・注(15)前掲155頁。
[115]　同前、福瀧・注(35)前掲430頁。

「被参加人」という。

　第三者が手形関係に加わり手形の信用を維持する点で手形保証に類似するが、保証が予防的であるのに対し、参加は善後処置的な制度たる点でこれと異なる[116]。

　わが国において、参加がなされることは、ほぼ皆無といってよい。

◆ 8-2 種　類

　参加には、2種の区別を生じる。第三者が引受けをする場合（満期前遡求の阻止）には、「参加引受け」であり、第三者が支払いをなす場合（満期前たると満期後たるとを問わない、遡求の阻止）には、「参加支払い」である。明治23年（1890年）旧商法典にいう「栄誉引受け」および「栄誉支払い」がこれらに当たる。上のうち、参加引受けが手形行為のひとつである[117]。

◆ 8-3 当 事 者

8-3-1 参 加 人

8-3-1-1 参加人の区別

(ア)　行為の種類による区別

　参加人がなす行為の種類により、参加人は、「参加引受人」と「参加支払人」とに区別される。

(イ)　参加人が手形面上予定されているか否かによる区別

　参加は、①手形の記載によって指定された者によってなされることがある。または、②純然たる第三者によってなされることもある。①の参加人を「予備支払人」といい、②の参加人を「狭義の参加人」という。

8-3-1-2 予備支払人

　予備支払人というは、手形取引が危急に瀕した場合の手形を救済するため、第2次的に引受けまたは支払いをなすものとして、手形面に記載された者のことである[118]。すなわち、予備支払人の指定は、参加の準備

---

(116)　各同前。
(117)　木内・注(8)前掲180頁。
(118)　田中・注(53)前掲510頁。

という意義を有する。予備支払人が参加をしない限り、この者は、何ら手形上の義務を負担しない。

予備支払人を指定（記載）しうるのは、振出人、裏書人または保証人である（手55Ⅰ）。これらの者である限り、担保責任を負わない者（手9Ⅱ、15Ⅰ）による指定であっても差し支えない[119]。支払人または引受人は、予備支払人の指定ができない。

予備支払人たりうる資格に制限はない。その手形関係に与らない第三者は当然のこと、すでに手形関係に加入している者、たとえば、振出人、裏書人のごときも、予備支払人たることをうる。支払人が予備支払人たることをうるか。この者は、第１次的に支払いをなすことを予定された者であるが、田中耕太郎によれば、この者が、支払人として引受けまたは支払いをなすことを欲しないで、参加引受人または参加支払人たらんことを欲する場合もあるから、支払人もまた予備支払人たることをうると認めるべきである[120]と説かれている。ただし、引受人は、その性質上参加人とはなりえない[121]。引受人は、手形の主たる義務者であり、その義務を怠った場合のために遡求を阻止する手段を定めることは矛盾であるからである[122]。引受人の保証人も同様である。

8-3-1-3 狭義の参加人

手形当事者によって、あらかじめ参加が予定されていない者も、参加人たりうる。その資格は、予備支払人の場合と同様である。

8-3-2 被参加人

参加により、この者のために遡求権の行使が阻止されるわけであるから、被参加人は、遡求義務者であること、当然である（手55Ⅱ）。すなわち、被参加人は、振出人、裏書人およびその保証人である。遡求義務者以外の者を被参加人とすることはできないから、引受人、支払人および無担保裏書人を被参加人とする参加は認められない[123]。

---

[119] 同前511頁。
[120] 同前。
[121] 大隅・注(15)前掲156頁。
[122] 福瀧・注(35)前掲431頁。
[123] 同前432頁。

◆ 8−4　参加の通知

　被参加人は、参加がなされたか否かを知ることに利益を有するから（たとえば、手58Ⅱの償還権の行使）、手形法は、おおむね遡求の場合の通知義務に準拠して、参加人の被参加人に対する通知義務を規定した[124]。すなわち、参加をしたときは、参加人は、参加のあった日（参加の日は不算入）から2取引日以内に、被参加人に対し、参加の通知をしなければならない（手55Ⅳ前段）。ただし、遡求の通知と異なり、振出人に対する通知は必要なく、また通知を受けた被参加人は、さらにその前者に通知する必要もない[125]。上の期間を遵守しなかった場合に、過失によって損害を生じたときは、参加人は、手形金額を超えない範囲内において、その賠償の責めに任ずる（手55Ⅳ後段）。期間の遵守に関しては、手形法45条5項後段の規定が類推適用されよう[126]。

◆ 8−5　参加引受け

8−5−1　総　説

　参加引受けとは、満期前の遡求を阻止すべく、単なる支払人以外の者が手形の支払いをなすべきことを約する手形行為をいう[127]。

　参加引受けの法律上の性質については、古くから、通常の引受けの1種であるか、償還義務の引受けであるかについて争いがあった。商法手形編時代にあっては、たとえば岡野敬次郎が前者の見解を採り[128]、たとえば松本烝治が後者の見解を採っていた[129]。しかし、現行法の下では、後説を至当とすることは、ほとんど疑いを容れない[130]と説かれる。すなわち、義務の内容は被参加人の義務と同じく遡求義務であり、したがって、その責任が第2次的（引受けが拒絶されたときの補充責任）・限定的（被参加者の後者に対する責任である）であり、かつ絶対的でないこと（手

---

[124]　田中・注(53)前掲512頁。
[125]　福瀧・注(35)前掲432頁。
[126]　田中・注(53)前掲513頁。
[127]　大隅・注(15)前掲157頁、福瀧・注(35)前掲432頁。
[128]　岡野・注(93)前掲398−399頁。
[129]　松本・注(103)前掲395−396頁。
[130]　大隅・注(15)前掲157頁。

続の欠缺で免責される）および、その効果が全体的でないこと（被参加人の前者は遡求を免れえない）において引受けと異なる[131]。以上の点に鑑みれば、後説が正しいといえよう。

8-5-2 条件

(ア) 参加引受けは、手形所持人が満期前に遡求権を有する一切の場合に許される（手56 I）。ただし、引受けの提示を禁止された手形（手22 II）については、参加引受けをなすことができない（手56 I）。

(イ) 手形所持人は、原則として、参加引受けを拒むことができる（手56 III）。所持人が、その信用しない者の参加によって、遡求権を失うのは不当だからである[132]。しかし、「支払地における」予備支払人の指定があるときには、この者の参加を拒むことはできず、所持人は、この者に手形を提示のうえ、参加引受けを求め、かつ、作成が免除されていない限り、参加引受拒絶証書を作成せしめなければ、その指定（記載）をした者およびその後者に対する満期前の遡求権を失う。手形の所持人は、すでに、その者の参加を予定して手形を取得しているからである[133]。「支払地ニ於ケル予備支払人」であるか否かは、現実にその営業所または住所が支払地にあるかどうかによって決まるのではなく、予備支払人の名称に付されている宛所によって定まる[134]。支払地内の予備支払人が複数存在するときは、その各々につき（その順序は問わない）上述の手続を踏まなければならない[135]。参加引受けの提示をなす期間は満期までであって、満期後は許されない[136]。

参加引受けをしようとする者が複数ある場合には、支払地における予備支払人が優先し、かかる予備支払人の間では、最も多数の義務者を免責せしめる者が優先する[137]（手60 I、63 III参照）。これに違反して参加引受けをさせたときは、手形所持人は、正順位の参加引受けにより義務を免

---

(131) 石井：鴻・注(26)前掲315頁。
(132) 大隅・注(15)前掲158頁、福瀧・注(35)前掲433頁。
(133) 石井：鴻・注(26)前掲316頁。
(134) 大隅：河本・注(3)前掲368頁。
(135) 田中・注(53)前掲517頁。
(136) 大隅・注(15)前掲158頁。
(137) 同前、福瀧・注(35)前掲433頁。

れることができたであろう者に対する満期前の遡求権を失う（手56Ⅱ・Ⅲ）。他方、複数の支払地外における予備支払人および狭義の参加人の間においては、そのいずれに参加引受けをさせるかは所持人の自由であるのみならず、そのすべての参加引受けを拒否することも妨げない[138]。参加引受けをなさしめたときは、被参加人およびその後者に対する満期前の遡求権を失う（手56Ⅲ）。

(ｳ)　参加引受けの方式に係る手形法57条のジュネーブ統一条約の英語正文は、「specified on the bill of exchange」となっているから、手形本体になすことを要する。謄本または補箋になしてもその効力を生じない[139]。参加引受けは、手形上にその旨を記載し、かつ、参加引受人が署名することを要する（手57第1文）。被参加人をも表示しなければならないが、これを表示しないときは、被保証人の表示なき手形保証と平仄を合わせたのであろうが、振出人のための参加引受けとみなされる（手57第2文第3文）。参加引受けである旨の表示なき署名のみでは、参加引受けとは認められない。

(ｴ)　一部引受け（本章4-9-2-1）があった場合、その残額について参加引受けが認められるかに関し、大隅健一郎はこれを肯定する[140]。他方、石井照久・鴻常夫は、参加引受けが本来第三者の介入であるから、一部参加引受けによる錯雑した関係を認めることを適当としないとの理由で、その性質上、残額についての一部参加引受けを認めるべきではないと解している[141]。後説が妥当であると思われる。

8-5-3　効　力

(ｱ)　参加引受けによって、参加引受人は、手形所持人および被参加人の後者に対して、被参加人と同一の義務を負う（手58Ⅰ）。「同一ノ義務」とはすなわち遡求義務である。したがって、所持人は、まず被参加人に対する遡求権を適法に保全しなければならない。

被参加人に対する遡求権を保全するには、支払人に対する適法な支払

---

[138]　大隅・同前。
[139]　同前。
[140]　同前159頁。
[141]　石井：鴻・注(26)前掲316頁。

提示および作成免除のない限り支払拒絶証書の作成が必要であり（手44）、また、支払地に住所を有する参加引受人に対する提示および作成免除のない限り支払拒絶証書の作成が必要である（手60Ⅰ）。参加引受人に対する上の手続を怠れば、被参加人に対する遡求権が消滅し（手60Ⅱ）、被参加人に対する遡求権が消滅すれば、参加引受人の義務もまた消滅する[142]（手58Ⅰ）。なお、被参加人の義務が実質的な理由により無効である場合であっても、手形面上、形式的にその義務が存在しておれば、参加引受人の義務が影響を受けないことは、手形行為独立の原則上、当然である[143]。

　参加引受けによって、所持人は、被参加人およびその後者に対する満期前の遡求権を失う（手56Ⅲ）。他方、被参加人の前者に対しては、所持人は、満期前の遡求をなしうる。したがって、被参加人を異にする狭義の参加引受人が競合した場合に、所持人が、たとえば振出人のためにする参加引受けを受諾したときには、その後者のためにする参加引受けを受諾しえないが、たとえば最後の裏書人のためにする参加引受けを受諾した後にも、その前者についての参加引受けを受諾しうる[144]。

　(イ)　被参加人の前者は、参加引受けにもかかわらず、満期前遡求による償還義務を免れるものではなく、被参加人も、満期前の償還義務は免れるものの、参加引受人が後に参加支払いをすれば、これに対して償還をしなければならない[145]。それゆえ手形法58条2項は、被参加人およびその前者に、参加引受けにかかわらず、自ら進んで償還金額を支払って手形を受け戻すことを許している。

　(ウ)　参加引受人と被参加人との間には、何ら手形上の関係を生じるものではない。手形外の関係として、参加引受人が被参加人の委託に応じて参加引受けをした場合には、両者の間に委任が認められ、そうでない場合には、両者の間に事務管理が認められるにすぎない[146]。ただし、参

---

[142]　福瀧・注(35)前掲434頁。
[143]　大隅・注(15)前掲159頁。
[144]　石井：鴻・注(26)前掲317頁。
[145]　大隅・注(15)前掲159-160頁、福瀧・注(35)前掲434頁。
[146]　田中・注(53)前掲519頁。

加引受人が参加支払いをしたときには、手形法63条1項により、被参加人およびその前者に対して手形上の権利を取得する[147]。

◆ 8-6 参加支払い

8-6-1 総　説

参加支払いとは、満期の前後を問わず、遡求原因が生じた場合に、当該遡求を阻止する目的をもって、予備支払人（引受けをしたと否とを問わない）、参加引受人または第三者がなす支払いをいう。

参加支払いの性質は、ある点において通常の支払いに類似するが、それが第2次的な支払いであり、その結果、単に被参加人の後者の義務を消滅せしめるにすぎない点において、本来の支払いと異なり、むしろ遡求義務者の償還と趣旨を同じくするものと観察できる[148]。

8-6-2 条　件

(ｱ)　参加支払いは、満期または満期前に遡求がなされる一切の場合に、これをなすことができる（手59Ⅰ）。それゆえ、参加支払いがなされるためには、遡求要件が満たされていることが前提となる。

(ｲ)　手形に支払地における参加引受人があるとき、または、支払地における予備支払人の記載があるときは、手形所持人は、これらの者全員に手形を提示し、かつ必要あるときは拒絶証書を作成せしめることをうべき最後の日の翌日までに支払拒絶証書を作成させなければならない（手60Ⅰ）。上の期間内に拒絶証書の作成がないときは、予備支払人を記載した者または被参加人およびその後の裏書人は義務を免れる（手60Ⅱ）。

上のような記載がなければ、手形所持人は、直ちに遡求しうるはずである。しかし、参加支払いの申出が支払拒絶証書作成期間（手44Ⅲ）の末日までにされたときは（手59Ⅲ）、手形の所持人は、これを拒むことをえない。もし所持人が参加支払いを拒めば、所持人は、その支払いによって義務を免れるはずであった者に対する遡求権を失う（手61）。参加支払いの拒絶によって免責される者は、被参加人の後者であって、被参

---

[147]　大隅・注(15)前掲160頁、福瀧・注(35)前掲434頁。
[148]　田中・注(53)前掲519-520頁。

加人自身でないことに注意しなければならない[149]。被参加人は、参加支払いによって、本来、その責めを免れえない者だからである（手63Ⅱ）。所持人が、参加支払いを拒むことをえないとしたのは、参加支払いが、現実に目的を達せしめる行為であるがゆえに、個人的要素を重んじる必要がないからである[150]（参加支払いの非個人性）。

　参加支払いをなそうとする者が複数ある場合には、最も多数の義務者をして免責せしめる効力を有する者が優先する（手63Ⅲ前段）。所持人が、その順位を誤った場合であっても、参加支払いは有効であり、所持人に不利益が課されることはないが、参加支払人が、事情を知りながら上述の原則に反して参加したときは、義務を免れるはずであった者に対する遡求権を失う（手63Ⅲ後段）。つまり、上述の違反によって不利益を被るのは、参加支払人に限られる。

　(ウ)　参加支払いは、被参加人を表示の上、受取りの記載を証した手形に対して、これをなすことを要するが、被参加人の表示がないときは、支払いは、振出人のためになしたものとみなされる（手62Ⅰ）。参加支払いに当たっては、手形を参加支払人に交付しなければならず、拒絶証書を作成せしめたときは、これをも交付しなければならない（手62Ⅱ）。

　参加支払人が支払うべき金額は、被参加人が支払うべき金額の全額である（手59Ⅱ）。金額の一部についての参加支払いは認められない[151]。

8-6-3　効　力

　参加支払いがあれば、手形の所持人は、支払いを受けることによって、手形上の権利を失い、被参加人の後者は遡求義務を免れる（手63Ⅱ）。

　参加支払人は、被参加人およびその前者ならびに引受人に対する権利を法律上当然かつ独立に（手形の所持人または被参加人に対する抗弁を対抗されない[152]）取得する（手63Ⅰ本文）。ただし、手形を裏書譲渡することはできない（手63Ⅰただし書）。

---

[149]　大隅・河本・注(3)前掲374頁。
[150]　田中・注(53)前掲521頁。
[151]　石井・鴻・注(26)前掲317頁。
[152]　同前318頁。

第4帖　「商」の取引〔下の巻：有価証券編〕

●9● 複本および謄本

◆ 9-1 複　本

約束手形については謄本の制度が認められるにとどまるが（手77Ⅰ⑥、67、68）、為替手形については、複本の制度も認められる（手64～66）。

9-1-1 意　義

「複本」というは、1個の手形関係を表章するために発行された数通の手形をいい、その数通の手形はいずれも正本であって、原本と謄本の場合のように、その間に正副主従の別はない[153]。つまり、数通の手形は、各々が完全な手形である。複本が認められるのは、理論的には、証券が手形上の権利の手段にすぎないものであるから、これにつき2通以上の証券が存しえないものでないことに求められ、実際的には、手形の喪失に備え、あるいは、引受けのために手形を送付した後に手形を譲渡する便宜などに求められる[154]。

数通の手形に正副主従の別はないとはいい条、複本が表章する手形上の権利は1個にすぎないから、原則として、その1通の裏書により各通上の権利は移転し、1通の引受けにより各通の遡求権は消滅し、また1通に対する支払いにより他の各通もその効力を失う関係にある点で、全然独立した数通の手形とも異なる[155]。

複本の利用は、主として国際取引の場面がほとんどであるといえる。

9-1-2 発　行

振出人は、振出しに際し、同一内容の数通の複本を発行しうる（手64Ⅰ）。手形所持人の側も、まず1通にて振り出された手形につき、該手形に1通限りで振り出す旨（単一手形文句）の記載がない限り、所持人側の費用負担の下に、複本の交付を請求する権利を有する（手64Ⅲ第1文）。所持人が複本の請求をするときは、まず自己の直接の裏書人に対して、その請求をなし、該裏書人から、順次その者への裏書人に対して手続をなすことによって協力し、これが振出人にまで及ぶことになる

---

[153]　大隅・注(15)前掲162-163頁。
[154]　石井：鴻・注(26)前掲318頁参照。
[155]　大隅・注(15)前掲163頁。

（手64Ⅲ第2文）。この権利の行使の請求を受けた際、振出人は、既存の手形の提示を請求しうるから（請求者が手形権利者か否か、複本番号および同一内容の記載の有無等を確かめるためである[156]）、複本の交付を求めるためには、当初の1通を必要とする。振出人が、当初の1通を添付して複本発行の請求を受けたときは、複本を作成してこれを受取人に交付し、受取人から、発行された複本に裏書を再記のうえ、順次に、これを請求者に交付することとなる（手64Ⅲ第3文）。

　複本の数や請求の時期には制限がなく、満期後でも差し支えなく、また、利得償還請求権を行使するためにも、これを請求しうる[157]。

9-1-3 形　式

　複本は、1個の同一の手形上の権利を表章するものであるから、各通は、当然に同一の内容でなければならない（手64Ⅰ）。複本には、その文言中（支払委託文言中と解するのが通説である[158]）に、番号を付さなければならない（手64Ⅱ前段）。番号を欠くときは、たとえ複本として振り出されても、各通が独立の手形とみなされる（手64Ⅱ後段）。

9-1-4 効　力

9-1-4-1 原　則

　複本の各通は、それぞれが手形としての効力を有するが（複本の同価値性）、それは1個の法律関係について発行されたものであるから、その各通が表章する手形上の権利は1個であって、振出人は、複本の通数に係わらず、1個の手形債務を負うにとどまり、他方、所持人も、取得する手形上の権利は1個限りである[159]。したがって、手形上の権利を行使するには1通をもって足りるとともに、1通について支払いがあれば、他の複本を無効とする旨の記載（いわゆる破毀文句）がないときであっても、他の複本署名者の義務を免れしめ（手65Ⅰ本文）、また、1通につき引受け・償還などがあると、それによって他の数通による遡求権も消滅する（複本一体の原則）。さらに、裏書による譲渡についても、1通の

---

[156] 大隅・河本・注(3)前掲378頁。
[157] 石井・鴻・注(26)前掲319頁。
[158] 大隅・河本・注(3)前掲377頁。
[159] 大隅・注(15)前掲164頁参照。

裏書をもって足りると解するのが多数説である[160]。以上が原則である。

しかし、当事者が、複本の各通を独立の手形のごとくに扱い、かつ、これに対する第三者の信頼を保護すべき事情があるときは、この原則は破られる[161]。以下のとおりである。

9-1-4-2 例　外

上に述べたように、引受けは、複本の1通に対してこれをなせば足りる。しかし、数通に引受けをしたときは、1通に対する支払いをなしても、返還を受けない各通についてその責任を免れえない（手65Ⅰただし書）。ただし、手形法65条1項ただし書の規定は、善意の所持人の保護を目的とするものであるから、悪意者たる引受済複本の所持人に対しては、その責任を免れる[162]。

支払人が複本の1通に対してのみ引受けをした場合でも、支払いは、該引受けのある複本に対してなすべきが当然であって、もし引受人が、引受けのない1通に対して支払いをし、しかも引受けのある複本を受け戻しておかないときは、該引受けのある複本についてなお責任を免れえない。ただし、この責任も善意の所持人に対してのみ負担することは、上述の場合と同様である[163]。

複本を別々の権利主体に裏書することは許されない。なぜなら、1通の裏書によって、すでに手形上の権利は完全に被裏書人に移転しているのであって、たとえ複本の残りが裏書人の手許にとどまっていても、それは本来譲受人（被裏書人）の所有に属すべきものだからである[164]。これに反して、裏書人が、各通を複数人に各別に裏書譲渡したときは、あたかも各通が独立した手形のごとく、各別に譲渡した裏書人、および、その後の1通に裏書した裏書人は、各自がその署名のある各通についての責任を負うこととなる（手65Ⅱ）。すなわち、各裏書人は、その裏書した1通により遡求義務を負い、他の1通の引受けまたは支払いあったこ

---

[160]　以上、石井：鴻・注(26)前掲319頁参照。
[161]　大隅・注(15)前掲164頁。
[162]　同前。
[163]　以上、同前164-165頁。
[164]　大隅：河本・注(3)前掲379頁。

とにより責任を免れえない[165]。他方、各別に裏書をした者の前者は、複本所持人中の任意の1人に対して償還をすれば、その責任を免れる。なお、各別に裏書をした裏書人およびその後の裏書人の責任も、善意の所持人に対する責任であることは、上述の各場合と同様である[166]。

9-1-5 引受けのためにする複本の送付と遡求

複本の所持人が、引受けを求めるため、その1通（送付複本）を送付したときは、他の各通に、その送付先（保持者）の名称を記載しなければならない（手66Ⅰ前段）。かかる記載のある複本（流通複本）の譲受人は、保持者に対し、送付複本の返還を請求することができる（手66Ⅰ後段）。これによって、流通複本の正当所持人は、引受済複本を入手することができるわけである。

保持者が送付複本の引渡しを拒むときは、複本所持人は、①その旨を複本返還拒絶証書によって証明し、かつ、②自己が所有する他の複本1通をもって引受けまたは支払いを求め、拒絶されたときは、その旨を引受拒絶証書または支払拒絶証書によって証明しなければ、遡求権を行うことをえない（手66Ⅱ）。なお、上記①と②の拒絶証書は、1通の拒絶証書をもってこれを作成せしめても差し支えない（拒絶6）。

◆ 9-2 謄　本

9-2-1 意　義

「謄本」というは、単に手形原本を謄写したものにすぎず、それ自体は手形ではない。要するに、コピー（copy）である。主として、原本を引受けのため送付している場合に、謄本に裏書をして手形を流通するために用いられる。

9-2-2 作　成

謄本は、それ自体手形たる効力を有するものではないから、時々の所持人が随意にこれを作成しうる（手67Ⅰ）。受取人はもちろん、手形の振出人も受取人に交付する前に、謄本を作成しうる[167]。

---

[165] 大隅・注(15)前掲165頁。
[166] 石井：鴻・注(26)前掲320頁。
[167] 大隅：河本・注(3)前掲382頁。

9-2-3 形　式

謄本は、コピーであるから、裏書を含め、原本に記載された一切の事項を正確に再記すべきは当然のこと、「以上謄写」あるいは「謄写終わり」というごとく終止文言（境界文句）を末尾に付することを要する（手67Ⅱ）。終止文言の記載は、謄本としての効力を生じるための絶対的要件であって、これを欠く証券の上になされた裏書や保証は、手形上の効力を生じない[168]。

9-2-4 効　力

(ｱ)　謄本には、原本と同一の方式に従い、かつ、これと同一の効力をもって、裏書または保証をすることができる（手67Ⅲ）。謄本上になしうる手形行為は、裏書および保証に限られ、これ以外の行為は、謄本上になされても、すべて無効である。

謄本上の裏書にも、権利移転的効力、資格授与的効力および担保的効力が認められ、その他担保責任の排除、拒絶証書作成免除等も可能である[169]。

謄本上に裏書をなしうることから、原本が別に不当に流通するのを防止すべく、謄本作成前になされた原本の最後の裏書の後に、「爾後裏書は謄本になしたるもののみ効力を有す」との文句その他これと同一の意義を有する文言が存するときは、原本上になされた以降の裏書は無効となる（手68Ⅲ）。

無論、謄本は手形ではないから、権利を行使するには、必ず原本とともにしなければならないこと、当然である。

(ｲ)　謄本の所持人が引受けを求めるべく原本を他に送付したときは、謄本にその原本の保持者（すなわち送付先）を表示（記載）しておかなければならない（手68Ⅰ前段）。保持者は、謄本の正当所持人に対し、その原本を引き渡すことを要する（手68Ⅰ後段）。逆にいえば、謄本の正当所持人は、原本の保持者に対し、その引渡しを請求する権利を有することになる。保持者が原本の引渡しを拒むときは、謄本所持人は、その旨を原本返還拒絶証書によって証明するのでなければ、謄本に裏書または保

---

[168]　同前。
[169]　同前。

証をした者に対し、遡求することをえない（手68Ⅱ）。謄本の所持人が、原本返還拒絶証書により、保持者の原本引渡拒絶を証明したときは、支払人に対する引受けまたは支払いの提示を要しないで遡求することができるが、謄本に署名した裏書人または保証人に対して遡求することをうるにとどまる[170]。

謄本上に原本の送付先が記載されておらず、したがって、拒絶証書によって原本の返還を受けえないことを証明できないときは、上のごとき遡求をなしえないと解する他ないとするのが通説である[171]。

●10● 為替手形の喪失・時効・利得償還請求権等

これらについては、約束手形において述べたところ（第9章ないし第12章）を参照されたい。

為替手形の主たる義務者は引受人であり、この者に対する為替手形上の請求権は、満期の日から3年で時効消滅する（手70Ⅰ）。支払人が、満期後3年以内に引受けをなした場合であっても、時効の起算日は満期の日である。

●11● 荷為替手形

「荷為替手形」とは、典型的には、売買契約等において、売主が、代金取立てを確実にするために、船荷証券・貨物引換証・倉庫証券などの物品証券と組み合わせて、買主を支払人として振り出された為替手形のことをいう。為替手形の引受けまたは支払いにつき、組み合わされた物品証券が担保的な役割を担うものである。わが国では、繰り返し述べるように、もっぱら国際取引において利用される。

以下では、荷為替信用状（Documentary Letter of Credit）をともなわない、原初的なこの制度につき、簡単な説明を付すにとどめる。

国際間の輸出入取引（国際売買契約）において、その代金の支払いの

---

[170] 大隅・注(15)前掲166-167頁。
[171] 石井：鴻・注(26)前掲321頁参照。

ため、輸出者（売主）たるAは、輸入者（買主）たるBを支払人として、自己を受取人とする為替手形、あるいは、自己の取引銀行を受取人とする為替手形を作成する。同時に、Aは、売買の目的物である物品を運送に付し、運送人から船荷証券（Bill of Lading）の交付を受ける。船荷証券が発行されると、この証券がなければ、運送品の処分をなすことができなくなる（国際海物10→商573）。Aは、上述の為替手形に当該船荷証券を添えて、自己指図手形にあっては、自己の取引銀行に取立てを委任し、銀行を受取人とする手形にあっては、割引を依頼のうえ、割引を受ける。前者を「取立荷為替」といい、後者を「割引荷為替」という。Aから取立委任を受け、または、Aの荷為替手形を割り引いたC銀行は、これを輸入国にある支払地の自行支店または自行の取引銀行（コルレス銀行、Corresponding Bank）に送付し、Bに手形の引受けまたは支払いを求めさせる。この場合、Bに船荷証券を交付するのに、２つの態様がある。すなわち、引受渡し（D／A渡し）と支払渡し（D／P渡し）である。前者は、Bが為替手形の引受けをしたときに船荷証券を交付するものであり、後者は、Bが為替手形の支払いをしたときに船荷証券を交付するものである。D／Aとは、Documents against Acceptance との謂であり、D／Pとは、Documents against Payment との謂である。いずれにせよ、Bとしては、手形の引受けまたは支払いをなさない限り、船荷証券を入手しえず、したがって運送品の引渡しを受けることができない。つまり、荷為替手形を利用することによって、国際間取引において、物品の引渡しと代金の支払いとが引換えになされるという状況を作り出すことができるわけである。割引荷為替の場合、Bが手形の引受けまたは支払いを拒絶したときは、C銀行は、船荷証券に依って物品を処分してその金員を手形金の弁済に充当することもできれば、手形の償還請求をしてもよい。より簡単には、買戻請求権によってAの預金等と相殺をするという手段を講じることができる。

第14章　小　切　手

●1● 緒　言

　小切手は、為替手形と同様に、振出人が支払人に対し、支払いを委託する、支払委託証券である。しかしながら、小切手にあっては、為替手形と異なり、引受けの制度が認められない。それゆえ、小切手上に、主たる債務者は存在しないのである。小切手は、もっぱら振出人および支払人の信用力のみを背景に流通する。そうであるがゆえに、振出しの制限が課せられ、支払人資格を銀行に限っている（小3）。また、常に一覧払いとされ（小28Ⅰ）、提示期間も短期に設定されている（小29）。加えて、無記名式または選択無記名式での利用が認められている（小5）。

　上記のことは、小切手の経済的機能が、もっぱら支払いの手段として、しかも現金の代用物としての役割を果たすことにあるということを意味する。すなわち、小切手の経済的機能は、支払いの手段たることに尽きるものであり、それ以上の何物でもない。

　もっとも、小切手が現金の代用物としての特質を持つということは、純粋に経済的な作用の面からする観察であって、小切手を交付しただけで法律上当然に弁済となるものではないことは自明の理であり（最判昭和25年（1950年）9月15日民集4巻9号395頁、最判昭和35年（1960年）11月22日民集14巻13号2827頁）、したがってまた、債権者も、弁済に代えて小切手の受領を強制されるものでもない[1]。

　なお、今日にあっては、支払手段としての小切手は、もはや絶滅危惧種といっても過言ではなかろう。紙媒体による決済は、終焉に向けて加速している。今後暫く命脈を保つのは、銀行の自己宛小切手（本章8）のみであると考えられる。

---

(1)　石井照久：鴻常夫『手形法小切手法（商法Ⅳ）（第2版）』（勁草書房・1972年）322頁。

第 4 帖　「商」の取引〔下の巻：有価証券編〕

　小切手についても、主として、手形と異なる点を中心に、記述するにとどめたい。

● 2 ● 小切手の振出し

◆ 2-1　小切手資金および小切手契約

　小切手を振り出すには、その前提となる要件がある。すなわち、原則として、振出人と支払人との間に、小切手資金および小切手契約が存しなければならない（小3本文）。これは、振出人と支払人との間に、振出人が支払人にその小切手の支払いをなさしめうる実質関係が存在することを要求するものである[2]。小切手が真に支払いの手段としての機能を発揮するためには、その支払いが確実でなければならないが、小切手には引受けの制度がなく（小4）、証券上に主たる債務者は存在しないから、小切手所持人の地位は不確実たらざるをえない。それゆえ、小切手法は、「引受けを補う意味で」、上記のごとき実質関係を要求したのである[3]。

　小切手契約の当事者資格について述べれば、振出人は、小切手権利能力者であれば、何人であってもよい。他方、支払人は常に「銀行」でなければならない（小3本文参照）。ここに「銀行」なる文字は、小切手法上、法令によって銀行と同視される人または施設を含む（小59）。これを受けて、「小切手法ノ適用ニ付銀行ト同視スベキ人又ハ施設ヲ定ムルノ件」という勅令が定められている（昭和8年(1933年)勅令329号）。そこには、銀行に加え、信用金庫、信用組合、農業協同組合などの各種金融機関が掲げられている。

　小切手を振り出すには、支払人たる銀行の許に、振出人が処分することをうる資金が存在しなければならない。ここに「資金」とは、昭和8年(1933年)改正前商法536条にいう「振出人カ支払人ヲシテ支払ヲ為サシムルコトヲ得ル金額」の謂であり、振出人と支払人たる銀行の間における当座預金契約・当座貸越契約等の形式において存するのが普通である[4]。当該資金は、振出しの時ではなく、支払提示がある時に存すれば

---

(2) 福瀧博之『手形法概要(第2版)』（法律文化社・2007年）449頁。
(3) 大隅健一郎『新版手形法小切手法講義』（有斐閣・1989年）192頁参照。

足りる。

　小切手契約は、振出人と支払人たる銀行との間の、明示または黙示の契約であって、振出人が振り出した小切手につき、上述の資金の存する限度において、支払人が支払いをなすことを約する内容のものである。銀行が、振出人に対して負う支払いをなす義務は、実質関係上の義務であり、支払人たる銀行は、「小切手上の」支払義務を負うものではなく、小切手の所持人も、銀行に対して小切手資金の支払請求権を取得するものではない[5]。振出人と支払人たる銀行との、小切手契約上の関係は、小切手の支払事務の委託を目的とする準委任契約である[6]。

　上に述べた、当座預金契約（または当座貸越契約）と小切手契約とを一体とした契約が、銀行実務上いわゆる当座勘定契約である。当座勘定契約にあっては、併せて手形の支払事務の委託が含まれる（むしろ、こちらが主である）。すなわち、当座勘定契約は、消費寄託契約（または貸付契約）と準委任契約の混合契約である。

　このように、小切手の振出しには、その前提として、小切手資金および小切手契約の存することを要するが、これに反して振り出された小切手も、小切手として有効な証券である（小3ただし書）。したがって、振出人は、小切手の遡求義務を負担しなければならない（小39）。また、かかる小切手を振り出した振出人は、5,000円以下の過料に処せられる（小71）。銀行実務上は、支払人として指定された銀行において、支払提示があれば、手形交換所に対し、「取引なし」を理由とする第1号不渡届けを手形交換所に提出することになる（たとえ店頭提示があっても、不渡届けの任意提出が可能である（東京細則75Ⅲ））。

◆ 2-2　小切手の記載事項

2-2-1　小切手要件

　小切手もまた、手形と同様に、統一小切手用紙制度が定着している。小切手要件は、以下のとおりである。

---

(4)　同前。
(5)　福瀧・注(2)前掲449頁。
(6)　石井：鴻・注(1)前掲328頁。

第4帖 「商」の取引〔下の巻：有価証券編〕

①小切手文句（小1①）
②小切手金額（小1②）
③支払委託文句（小1②）
④支払人の名称（小1③）
⑤支払地の表示（小1④）
⑥振出日付（小1⑤）
⑦振出地の表示（小1⑤）
⑧振出人の署名（小1⑥）

小切手要件が欠缺した小切手は、原則として無効である（小2Ⅰ本文）。ただし、救済規定により、救済される場合は別である（小2Ⅰただし書）。すなわち、支払人の名称に肩書地が付されていれば、これが支払地とみなされる（小2Ⅱ前段）。支払人の名称に数個の地の付記があれば、小切手は、初頭に記載された地において支払うべきものとされる（小2Ⅱ後段）。支払地も支払人の名称に付した肩書地も記載のないときは、小切手は、振出地において支払うべきものとされる（小2Ⅲ）。振出地の記載のない小切手は、振出人の名称に付された肩書地において振り出されたものとみなされる（小2Ⅳ）。

なお、小切手においても、白地小切手が認められる（小13参照）。

2-2-2 受取人の表示

小切手においては、手形と異なり、受取人の名称は小切手要件ではなく、以下のいずれかの形式によって振り出すことが認められている。

2-2-2-1 記名式または指図式（小5Ⅰ①）

「B殿へお支払い下さい」というごとく、受取人を指定する記名式小切手も、「B殿またはその指図人へお支払い下さい」というごとく、受取人の指定とともに指図文句を記載する指図式小切手も、振出しを認められる。記名式小切手・指図式小切手は、ともに裏書によってこれを譲渡することができる（小14Ⅰ）。すなわち、記名式小切手は、法律上当然の指図証券である。

2-2-2-2 指図禁止小切手（小5Ⅰ②）

記名式であって、かつ、「指図禁止」の文字またはこれと同一の意義を有する文言を付した小切手を振り出すことも認められる。この形式の

第14章 小切手

統一小切手用紙、小切手振出例

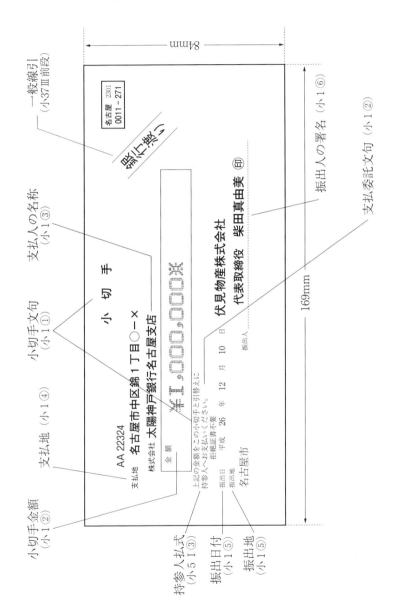

第4帖 「商」の取引〔下の巻：有価証券編〕

小切手は、指名債権の譲渡に関する方式および効力をもってのみ譲渡することができる（小14Ⅱ）。

2-2-2-3 持参人払式（小5Ⅰ③）

券面に「持参人へお支払い下さい」等の記載がなされるもので、わが国で流通する小切手で最も多くみられるものである。統一小切手用紙は、この持参人払式にて調製されている。この他に、「Ｂ殿または持参人へお支払い下さい」というごとく、選択持参人払式小切手（記名持参人払式小切手または選択無記名式小切手ともいう）も振り出すことができるが、この種の小切手は、持参人払式小切手とみなされる（小5Ⅱ）。また、受取人の記載のない小切手も持参人払式小切手とみなされる（小5Ⅲ）。持参人払式小切手は、小切手の単なる引渡しによって譲渡される。

◆ 2-3 当事者資格の兼併

振出人と受取人とが同一人である小切手を「自己指図小切手」または「自己受小切手」といい、振出人と支払人とが同一人である小切手を「自己宛小切手」という。小切手法は、いずれをも有効であると認めている（手6Ⅰ・Ⅲ）。

なお、小切手が第三者の計算において振り出される場合（委託小切手）には（小6Ⅱ）、支払人と当該第三者との間に小切手の資金関係が存在し、振出人は、小切手を振り出すことにより、当該第三者の資金を処分する権限が与えられていることになる。

◆ 2-4 小切手振出しの法的性質

為替手形の振出しに関してと同じく、小切手の振出しの法的性質が問題となりうるが、これをドイツ民法上の支払指図（Anweisung）と解することが困難であることは、為替手形の振出しの法的性質において言及した（第12章2-5-1(ｳ)）。

小切手の振出しによって、振出人は、受取人に対し、支払人から小切手金額の支払いを受領する権限を授与する[7]。これを受取人の側から表

---

(7) 田邊光政『最新手形法小切手法（5訂版）』（中央経済社・2007年）259頁。

56

現すれば、受取人は、振出人から、支払人による支払いに対する期待利益を享受する地位を取得することになる[8]。期待利益を享受する地位を支払人に対する権利といわないのは、支払人が小切手上に署名（小切手行為）をしておらず、受取人（または爾後の所持人）は支払人に対して支払いを強制しうる地位にないからである[9]。受取人が取得したこの受領権限は、小切手上に表章され、小切手の譲渡にともなって移転することは、為替手形の受取人の支払授領権限と同様である（第12章2-5-2参照）。よって、振出人は、小切手を回収しない限り、受取人に与えた受領権限を撤回することをえない[10]。

　他方、小切手の振出しにより、振出人は、支払委託文句を通じて、支払人たる銀行に、振出人の計算で、支払人の名において、所持人に支払いをなすべき権限をも授与する[11]。支払権限もまた、小切手の振出行為つまりは振出人の意思表示に基づいて発生するものであり、小切手上の支払委託に依拠して小切手関係が成立し、かかる支払委託文句に対応する支払人の支払いこそが、小切手法上の効果をともなう有効な支払いとなること[12]、これまた為替手形上の支払委託と同様である（第12章2-5-3参照）。小切手の場合には、振出人と支払人たる銀行との間に、当座勘定契約という資金関係が存するのが通常であり（小3本文参照）、この契約が、支払いの効果を振出人に帰せしめる結果を生じる根拠となる。不佞の考えによれば、小切手上の支払委託文句もまた、決して単なる形骸的なものではなく、小切手資金および小切手契約の存在を担保するものであると解される。それゆえに、この文句が支払拒絶の場合の振出人の償還請求権を発生せしめ、当該償還請求権（振出人の側から観れば、遡求義務）は、この文句を通じて、小切手上に表章されることになる。個々の小切手の振出しは、小切手契約に対応した個別具体的な支払いの指図（個々の小切手を一定額限りで支払う旨の委託）としての意味を有し、

---

[8]　川村正幸『手形・小切手法(第3版)』（新世社・2005年）330頁。
[9]　田邊・注(7)前掲259頁。
[10]　同前。
[11]　同前。
[12]　川村・注(8)前掲331頁参照。

この支払いの指図は、受取人ないし所持人を通じて、支払人に伝達されることになる[13]。小切手の支払権限そのものは、小切手上に表章されるものではない。支払人に対する権限の授与または支払人の振出人に対する支払義務の負担は、小切手外の資金関係たる当座勘定契約の効果であるからである。もし支払権限が小切手上に表章されるものと解すれば、受領権限との権衡上、振出人は、小切手を回収しない限り、支払委託の撤回をなしえないことになるはずである[14]。倉沢康一郎は、支払権限もまた小切手上に表章されると解しつつ、「支払人に対するような未到達の意思表示の撤回は民法上の原則によるものと解してよいのではあるまいか[15]」と述べるが、田邊光政が指摘するように[16]、かかる構成には無理があろう。権利にせよ権限にせよ、ひとたび有価証券上に表章されたものは、私人が勝手にこれを取り除いたり無効にしたりすることができないのが道理だからである（第1章3）。証券行為によって作出される権限と証券行為によって表章される権限とは、区別しうる概念である。作出される権限が、必ずしもすべて証券に表章されるとは限らないと考える。

● 3 ● 小切手の流通

　(ア)　わが国において、最も普遍的に利用される持参人払式小切手は、先に述べたように、証券の単なる引渡しによって譲渡することができる。選択持参人払式小切手も同様である。持参人払式小切手（選択持参人払式小切手を含む、以下同様）の譲渡方法については、小切手法中に特段の規定が設けられていない。民法に従えば、無記名債権は動産とみなされ（民86Ⅲ）、動産物権の譲渡につき、引渡しは対抗要件にすぎないが（民178）、すでに述べたように（第1章6-6-3）、証券（的）債権譲渡の法理よりすれば、証券の引渡しは当然に譲渡の成立要件でなければならな

---

[13]　同前参照。
[14]　田邊・注(7)前掲260頁。
[15]　倉沢康一郎『手形法の判例と理論』（成文堂・1981年）277頁。
[16]　田邊・注(7)前掲260頁。

第14章　小 切 手

い。持参人払式にて調製された統一小切手用紙は、裏書譲渡を予定していないため、その裏面は空白となっている。

　持参人払式小切手に、あえて裏書がなされた場合、裏書人は、その行為に基づき担保責任を負うが（小20本文）、それによって当該小切手が指図式小切手に変わるわけではない（小20ただし書）。

　小切手の単なる引渡しによる譲渡の場合にも、善意取得（小21）、人的抗弁制限効（小22）が認められることは、手形の裏書譲渡の場合と同様である[17]。しかし、これらの効力が認められるのは、拒絶証書もしくはこれと同一の効力を有する宣言（小39参照）の作成前または支払提示期間経過前の譲渡についてのみである[18]と解され（小24Ⅰ類推）、これより後の譲渡には、指名債権譲渡の効力が認められるにとどまる（最判昭和38年(1963年)8月23日民集17巻6号851頁）。

　(イ)　指図式または記名式小切手は、指図禁止文句が付されていない限り、裏書によって譲渡される（小14Ⅰ）。

　裏書の単純性（小15Ⅰ）、一部裏書の無効（小15Ⅱ）、持参人払式裏書（小15Ⅳ）、裏書の方法（小16、17Ⅱ）、裏書の権利移転的効力（小17Ⅰ）、裏書の担保的効力（小18Ⅰ）、無担保裏書（小18Ⅰ）、裏書禁止裏書（小18Ⅱ）、裏書の資格授与的効力（小19）、善意取得（小21）、人的抗弁制限効（小22）、取立委任裏書（小23）、期限後裏書（小24）については、おおむね手形について述べたところが妥当するが、小切手裏書人の担保責任は、支払担保責任である（手18Ⅰ対照）。

　手形の裏書との主要な相違点を述べれば、以下のごとくである。

　小切手がもっぱら支払手段にすぎないという性質上、質入裏書は認められない（手19対照）。

　小切手においては、原則として、支払人に対してなされた裏書は、裏書としての効力を有せず、受取証書としての効力しか生じない（小15Ⅴ本文）。これは、受取証の記載に代えて小切手に裏書署名する慣習に依ったものである。このような慣習に従って、受取証の記載のつもりで裏書したのに、裏書人としての担保責任を問われることになっては不当

---

[17]　大隅・注(3)前掲194頁。
[18]　同前、石井・鴻・注(1)前掲334頁参照。

59

であること、また、この種の裏書を許すと、支払銀行が、支払いに代えて、小切手の裏書譲渡を受ける方法を採りうることになって、小切手法3条違反の小切手振出しを誘発することになるからである[19]。しかし、支払人に対する裏書が例外なく無効であるとすれば、たとえば、自行の大阪支店を支払人とする小切手を、その取引先の依頼に応じて東京本店が割り引くことも許されないという不便を生じるので[20]、このような例の場合には、例外的に支払人に対する裏書が許容される（小15Ⅴただし書）。

期限後裏書の規定が、小切手に支払拒絶宣言があり、手形に満期があることによって、若干の相違（小24、手20対照）があるが、その趣旨に変わりはない。

小切手には参加制度が存在しない結果、予備支払人の記載は認められない（手55Ⅰ対照）。

小切手には謄本がないため、手形の場合のように、謄本による裏書は認められない（手67Ⅲ対照）。

(ｳ)　指図禁止小切手（記名式小切手で指図禁止文句を記載したもの）は、指名債権譲渡に関する方式に従い、かつ、その効力をもってのみ譲渡することができる（小14Ⅱ）。その場合、証券の引渡しが効力要件であること、いうまでもない。譲渡の通知の相手方または譲渡の承諾をなす主体は、振出人であると解すべきであろう。小切手上には小切手の主たる債務者が存在しないが、小切手資金および小切手契約の存在を担保し、最終的に償還義務を負うのは、振出人であるからである。

なお、持参人払式、指図式または記名式小切手を、一般の指名債権譲渡方法によって譲渡できること、手形と同様である。

●4● 小切手の支払い

◆4-1　支払のための提示——とくに提示期間

小切手の支払いは、支払人によってなされる。それゆえ、小切手の支

---

[19]　大隅健一郎・河本一郎『注釈手形法・小切手法』（有斐閣・1977年）502頁。
[20]　同前。

払提示は、小切手の正当所持人（本人または代理人）が、支払人たる銀行の営業所においてなすべきものである。手形交換所における提示にも、支払提示の効力がある（小31）。

　小切手は支払証券たる性質を有するがゆえに、所持人は、速やかに支払人に対し支払いの請求をなすべきである。それゆえ、小切手法は、小切手を常に一覧払いとするとともに（小28Ⅰ）、きわめて短期の提示期間を定めている。当事者が必要に応じてこの期間を伸縮することを許さず（手34対照）、法により提示期間を一律に定めているが、振出地と支払地との遠近を斟酌して、特別の提示期間を区々に定める法政策を採用している。

　国内において振り出し、かつ、支払うべき小切手の支払提示期間は、振出日付後10日以内である（手29Ⅰ）。この期間の計算は、真実小切手が振り出された日ではなく、小切手に記載された振出日付を基準とする（手29Ⅳ）。手形法29条4項は、振出日が「起算日」となっているが、これは「初日」の意に解すべきであるとされる[21]。すなわち、振出日は初日としてこれを算入しない（小61）。つまり、振出日の翌日から10日以内と計算するわけである。無論、振出日に支払提示することは差し支えないから、単純に、振出日を含めて以後丸11日間であると理解しておけばよかろう。期間途中の休日はそのまま算入されるが、期間の末日が法定の休日に当たるときは、期間は、その満了に次ぐ第1取引日まで伸張される（小60Ⅱ）。

　小切手法制定当時、大日本帝国は、朝鮮・台湾・（南）樺太・関東州・南洋群島を、その版図に収めていた。わが国は、統一条約の留保条項に基づき、その版図内における小切手の提示期間につき、とくに条文を設けた。現在では死文化している、小切手法68条がこれである。ここでは、わが小切手法制史上の記録として、その内容を紹介しておく。当時の朝鮮・台湾・樺太または関東州において振り出し日本内地（北千島を含む）において支払うべき小切手、逆に、日本内地において振り出しこれらの地において支払うべき小切手の提示期間は20日であった（昭和

---

[21]　同前513頁参照。

8年（1933年）勅令第332号、同第333号、同334号、昭和8年朝鮮総督府令第147号）。南洋群島において振り出し日本内地において支払うべき小切手、逆に、日本内地において振り出し南洋群島において支払うべき小切手の提示期間は60日であった（昭和8年（1933年）勅令第335号）。

　支払地国と振出地国とが異なる小切手（外国小切手）のうち、両地が共に同一州（アジア州とかヨーロッパ州）内にあるときは、提示期間は20日である（小29Ⅱ）。ただし、小切手法制定当時、第2次大戦に敗北するまでは、やはり小切手法68条に依拠して、日本および満州国以外のアジア州の地域において振り出し日本内地において支払うべき小切手の提示期間は60日とされていた（昭和8年（1933年）勅令第317号）。これは、当時の通信・交通手段の未整備およびアジア州諸地域の置かれた地位に基因する処置であったものと思われる。

　外国小切手のうち、支払地国と振出地国とが異なる州に存する小切手については、その提示期間は70日である（小29Ⅱ）。ただしヨーロッパ州に属する或る国（たとえば、イタリア）または地中海沿岸の別の国（たとえば、アフリカ州に属するチュニジア）を振出地とし、他を支払地とする小切手は、同一州内において振り出し、かつ、支払うべき小切手とみなされる（小29Ⅲ）。

◆ 4-2　先日付小切手と提示期間

　「先日付小切手」というは、実際の振出しの日よりも後の日、すなわち将来の日を振出日付として記載する小切手をいう。

　先日付小切手は、小切手の振出しの当時に、振出人において小切手によって処分しうる資金が支払銀行にないけれども、振出日として記載した日までには資金の準備ができるような場合に振り出されることが多い。このような場合には、先日付小切手振出しの当事者間では、通常、振出日付前には支払提示をしない旨の合意が存在し、振出しの日付が、いわば満期を定めたも同然の結果となり、支払証券として、一覧払いの、かつ、支払提示期間がきわめて短期間であるべきものとされている小切手が、信用証券化する結果を招くことになる[22]。

　このような利用方法は、小切手法3条の趣旨にも反するものであるが、

先日付小切手を無効とし、または実際の振出日を基準として支払提示期間を計算することは、小切手の文言証券性・無因証券性に反し、小切手取引の安全を著しく害することになる[23]。それゆえ、このような小切手も禁止されてはいない。

　小切手法は、小切手の一覧払いの性格を貫徹して信用証券化することを防ぐべく、先日付小切手は、振出日よりも前に支払提示されたときであっても、提示の日に支払うべきものとした（小28Ⅱ）。したがって、かかる提示に対して支払拒絶があれば、振出人は正当に遡求権を行使しうる。他方、支払提示期間の計算自体は、振出日付を基準とするから（小29Ⅳ）、先日付小切手には、結果的に、支払提示期間を伸張する効果が認められることになる。

　先日付小切手は、振出日前の提示のみならず、裏書もまた許されると解すべきである[24]。

　先日付小切手が振り出されたことをもって、振出しの当事者間に、当然に振出日付前に支払提示をしない旨の合意が付随すると解することはできないが[25]、多くの場合は、そのような特約が存在するのが通常であろう。かかる特約に反して受取人が支払提示をなせば、小切手法上は、上に述べたところが妥当するのであるが、受取人が振出人に遡求権を行使しても、振出人は当該特約を人的抗弁として対抗することができるとともに、受取人に対し、特約違反の責任をも追及しうるものと解されよう[26]。

　なお、後日付小切手、すなわち実際に振り出された日よりも前の日（過去の日）を振出日付として記載した小切手も有効であり、その提示期間は、記載された振出日付を基準に計算されること、当然である（小29Ⅳ）。

---

[22]　平出慶道『手形法小切手法』（有斐閣・1990年）550頁。
[23]　同前。
[24]　福瀧・注(2)前掲468頁。
[25]　平出・注(22)前掲551頁。
[26]　同前。

◆ 4-3 支払提示期間経過後の提示

所持人は、上に述べた支払提示期間内に支払いのための提示をなすことを要し、これを怠れば、前者に対する遡求権（小39）および支払保証をした支払人に対する権利（小55）を失う。しかしながら、支払提示期間経過後であっても、いわゆる支払委託の取消し（正確には支払委託の撤回）がない限り、支払人は、振出人の計算において、支払いをなすことができる（小32Ⅱ）。

◆ 4-4 支払委託の撤回

4-4-1 意義

「支払委託の撤回」というは、小切手上に支払委託の意思表示をなした振出人、すなわち支払人に対し自己の計算で支払いをなす権限を付与した者が、小切手外で、支払人に対し、当該授権を撤回することである。これを通常は、「支払委託の取消し」と表現するが、法律上正確には、「取消し」ではなく、「撤回」である。すなわち、すでに振り出された特定の小切手について、その支払委託の意思表示を撤回するものと理解される。その理論的説明は区々であるが[27]、その実際的効果に着目していえば、支払委託の撤回とは、小切手契約を全体として解約するものではなく、小切手契約はこれをそのまま存続せしめておいて、振り出された特定の小切手についてのみ、小切手契約による支払事務の遂行を差し止めるものであって、結果、当該小切手について支払人による支払いがなされないように、たとえ支払いがなされてもこれを振出人の計算に帰せしめることができないようにすることを目的とするものである[28]。

4-4-2 立法の主義

小切手の振出しにより、振出人が支払人に付与した支払権限は、本来は、支払いがなされるまでは、振出人において何時でも撤回しうべき理であり、ことに小切手の盗難・遺失等の場合にはこれを認めるのが便利であるが、しかしその結果は小切手の所持人の地位を著しく不安にし、

---

[27] さしあたって、福瀧・注(2)前掲468-469頁、川村・注(8)前掲341-343頁、大隅：河本・注(19)前掲514頁などを参照のこと。

[28] 大隅：河本・同前。

ひいて小切手取引の円滑を害さざるをえない。それゆえ、上に述べた授権の撤回をいかに規整するかは、立法上の難問である[29]。

支払委託の撤回を認めるか否かに関し、かつて立法主義は以下のごとく分かれていた。イギリス・アメリカおよび北欧諸国の法においては、撤回は自由であり、これに反して、フランス・ベルギー法においては、撤回は絶対に不可能であり、提示期間経過後であっても撤回を許さなかった。ドイツ・オーストリア法においては、折衷主義が採用され、提示期間内は撤回をなしえないものとして小切手の現金代用性を確保しつつ、提示期間経過後は撤回をなしうるものとしていた[30]。

商法手形編時代のわが国は、明治44年（1911年）改正に際し、商法533条ノ2を追加し、ドイツ法系に倣って、折衷主義を採用した。折衷主義は、統一小切手法条約に採用されたがゆえに、商法旧533条ノ2は、現行小切手法32条とまったく同旨であった。

4-4-3 撤回の制限

現行小切手法32条1項は、「小切手ノ支払委託ノ取消ハ呈示期間経過後ニ於テノミ其ノ効力ヲ生ズ」と定めている。これすなわち、支払委託の撤回があっても、支払人は、提示期間内に小切手の支払提示があったときは、それを無視して支払う権限があり、提示期間経過後に小切手が支払提示されたときにのみ、支払委託の撤回の効力が生じるので、支払ってはならない、との規定である[31]。

この規定の趣旨は、通説によれば、小切手の支払いを確保して所持人の利益のために設けられた強行規定であって、これに違反して、提示期間内に撤回の効力を生ぜしめる旨の特約を結んでも、かかる特約は提示期間内は効力を生じえないものと解されている[32]。

通説に対し、前田庸は、支払委託の撤回が振出人の支払人に対する支

---

(29) 以上、大隅・注(3)前掲202-203頁。
(30) 以上、田中耕太郎『手形法小切手法概論（訂正第4版）』（有斐閣・1937年）591頁参照。
(31) 田邊・注(7)前掲261頁。
(32) 伊澤孝平『手形法・小切手法』（有斐閣・1949年）565頁、鈴木竹雄『手形法・小切手法』（有斐閣・1957年）354頁脚注(5)、石井：鴻・注(1)前掲343頁、大隅・注(3)前掲203頁。

払権限の授与についてのみ問題となるものであって、所持人の地位に影響を与えるものではないという点に着目し、支払委託の撤回に係る小切手法32条１項の規定は、振出人と支払人との間で、支払人を保護するためのものと解すべきであると主張する[33]。すなわち、支払委託の撤回を自由に認めると、支払人は、支払いに当たって、撤回がないかどうかを個々に調べなくてはならず、またもし支払委託の撤回があったのに支払ってしまえば、支払人はその効果を当然には振出人の計算に帰せしめえないが、この結果を小切手についてその支払提示期間内に認めることは、支払人にとって酷になる。そこで、支払委託の撤回の自由を制約して支払人を保護しようというのが上の規定の趣旨である[34]、と説かれる。

通説に従えば、支払提示期間内における手形法32条１項違反の特約は、理論上は無効となるのに対し、前田説によれば、同条同項は強行規定とはいえないから、かかる特約もその効力を認められる。

しかしながら、たとえ通説に従ったとしても、支払人は小切手上の義務者ではないから、支払人が無効な支払委託の撤回に基づいて支払いを拒絶しても、所持人は、支払人による支払いを強制することはできない[35]。結果、同条同項を強行規定と解するも、実際には意味がないことになる。

支払委託の撤回の方法は、書面によると口頭によるとを問わない[36]。銀行実務においては、後日の紛争を避けるため、振出人（当座取引先）から、書面による「事故届け」の提出を求めるのが通常である。したがって、所持人の許で小切手に事故が生じても、所持人は振出人を通じて支払委託の撤回を求めることになる（所持人から直接事故届けの提出があっても、支払委託の撤回の効力を生じない）。支払人たる銀行は、振出人から事故届けの提出があるときは、提示期間内でも支払いを拒絶する。小切手の支払事務処理が取引先（振出人）の準委任に基づいていること、および支払委託を撤回しても振出人自身の遡求義務には何の影響もない

---

[33] 前田庸『手形法・小切手法入門』（有斐閣・1983年）387頁。
[34] 同前387-388頁。
[35] 福瀧・注(2)前掲468頁。
[36] 同前469頁。

のであるから、銀行の実務はそれでよいというべきである[37]。

◆4-5　振出人の死亡または制限行為能力者となること

　小切手を振り出した後に振出人が死亡し、または、制限行為能力者となったときであっても、小切手上の支払委託の効力に影響を及ぼすことがない（小33）。したがって、これに反する特約はその効力を有しない[38]。

　しかし、手形交換所規則上、振出人等の死亡は0号不渡事由とされ（東京細則77Ⅰ）、取引先（振出人）が死亡すれば、事務上、小切手の支払いはなされない。これはおそらく、相続人の利益を勘案した処置であろう。支払いを拒絶しても、銀行は支払いを強制されないし、もし銀行が支払いを続けて、これを死亡した振出人の計算に帰せしめると、振出人の当座預金口座から相当額の出金が継続することとなる。そうであるとすれば、この事態は民法921条1号の「相続財産の一部を処分したとき」に抵触するおそれなしといえず、相続人が限定承認をなしえない場面を生じるかも知れない。

◆4-6　支払人の調査義務

　支払いの方法は、手形の場合とおおむね同様である（小34～36）。ただし、小切手の支払いは債務の弁済ではないから、支払人による供託は認められない（手42対照）。

　支払人が偽造小切手または金額変造小切手を支払ったとき、当該小切手については、当該小切手金額の有効な支払委託が存在しないわけであるから、支払人に支払権限がなく、よって支払人はその効果を振出人の計算に帰せしめることができないのが理である。しかし、大量の小切手の支払事務の委託を受けている銀行の立場を考慮すれば、小切手取引の性質上、有効な支払委託があったものとの外観作出に、振出人において何らかの帰責事由があるときは、振出人がその損失を負担すべきである[39]。

---

[37]　石井：鴻・注(1)前掲342頁。
[38]　大隅・注(3)前掲204頁。
[39]　同前205頁。

銀行実務においては、当座勘定契約（当座貸越契約）締結の際に、当座取引先に、銀行が調製した統一小切手用紙制度に準拠した小切手帳を交付し、当座取引先からその署名鑑届けまたは印鑑届けを受領のうえ、該小切手用紙と届出の署名または印鑑を用いて振り出された小切手のみを支払う旨の約定が、当座取引先と銀行との間に交されている。加えて、銀行が、小切手に使用された署名または印影を、届出の署名または印影と相当の注意をもって照合し、相違ないと認めて支払った場合には、当該支払いによって生じた損害は当座取引先（振出人）の負担とする（すなわち、有効な当座預金の払戻しとなる）旨の、いわゆる免責約款が取り交されている。このような免責約款は、小切手取引の性質上、銀行が支払いにあたって合理的な程度の注意義務を負担する限りにおいて、有効性を認めてよい[40]。

　上の免責約款に依拠した支払銀行の注意義務の程度につき、最高裁昭和46年（1971年）6月10日判決民集25巻4号492頁は、手形の支払いに関するものであるが、「おもうに、銀行が当座勘定取引契約によつて委託されたところに従い、取引先の振り出した手形の支払事務を行なうにあたつては、委任の本旨に従い善良な管理者の注意をもつてこれを処理する義務を負うことは明らかである。したがつて、銀行が自店を支払場所とする手形について、真実取引先の振り出した手形であるかどうかを確認するため、届出印鑑の印影とを照合するにあたつては、特段の事情のないかぎり、折り重ねによる照合や拡大鏡等による照合をするまでの必要はなく、前記のような肉眼によるいわゆる平面照合の方法をもつてすれば足りるにしても、金融機関としての銀行の照合事務担当者に対して社会通念上一般に期待されている業務上相当の注意をもつて慎重に事を行なうことを要し、かかる事務に習熟している銀行員が右のごとき相当の注意を払つて熟視するならば肉眼をもつても発見しうるような印影の相違が看過されたときは、銀行側に過失の責任があるものというべく、偽造手形の支払による不利益を取引先に帰せしめることは許されないものといわなければならない」と説示し、加えて、「右免責約款は、印影

---

[40]　川村・注(8)前掲336頁。

の照合にあたり必要な注意義務が尽くされるべきことを前提としているもので、右の義務を軽減緩和する趣旨と解すべきでないことは前叙のとおりであり、そして、ここにいわゆる必要な注意義務は、自己の財産の管理を銀行に委ねている取引先の信頼にそうものとして、前示のごとく、銀行に対し社会通念上一般に期待されるところに相応するものでなければならない」と説いている。

　銀行の印影照合技術は、当時に比して、長足の進歩を遂げているとはいえ、上記判例の趣旨は、今日も生きていると理解してよい。つまり、取引先の信頼を損なうことなく、最先端の照合技術を社会通念上期待される相当の注意をもって駆使しなければならない。

●5● 遡　求

　小切手の所持人が、支払提示期間内に適法に支払提示をしたにもかかわらず、支払いを受けることができなかったときは、所持人は、振出人、裏書人およびこれらの者の保証人に対し、遡求による償還請求権を取得する（小39）。なお、小切手については、満期前遡求という概念自体、成立する余地がない。

　遡求の形式的要件である支払拒絶の証明方法について、小切手法39条は、①拒絶証書、②支払人の支払拒絶宣言、および、③手形交換所の宣言、のいずれであってもよいとしている。上記のうち、①については、統一小切手用紙上に、あらかじめ、「拒絶証書不要」の文字が印刷されているから、これが用いられる例は稀有である。また、③についても、現在の交換手続の下では、これのなされることは稀有である仕組になっている[41]。したがって、支払拒絶の事実は、わが国では、もっぱら②の方法によって証明されている。小切手の支払人が、社会的に一定の信用を有する銀行であるため、厳格な方式（拒絶証書）によらなくても支払人の支払拒絶宣言で足りるとされたものであろう[42]。なお、統一小切手用紙上に「拒絶証書不要」の文字が印刷されるようになったのは、昭和

---

[41]　大隅：河本・注(19)前掲532頁。
[42]　福瀧・注(2)前掲470頁。

61年(1986年)4月以降のことであるが、これ以前にあっても、支払銀行による支払拒絶宣言が、簡便であるとして、多く用いられていた[43]。

　支払人の支払拒絶宣言は、支払提示の日付と拒絶宣言作成の日付とを表示して、支払人たる銀行が支払いを拒絶した旨を小切手に記載するものである[44]。判例によれば、この宣言は、小切手の表面のみならず裏面にしても差し支えないが（最判昭和31年(1956年)9月28日民集10巻9号1221頁）、付箋に記載してはならない（大判大正4年(1915年)12月7日民録21輯2012頁）とされ、この宣言は、支払人がこれを記載しなければならないが、支払人が記載したことを認めうる限り、支払人の署名は必ずしも必要でないとされている（大判大正15年(1926年)6月11日商判集962頁）。拒絶証書が付箋に作成できる（拒絶3）ことを理由に、支払拒絶宣言も付箋上にこれをなしうるとの見解もあるが[45]、支払拒絶宣言は、法が特別に認めた簡易な方式として、その要件を厳格に解することがその関係を処理するうえに適当であるから、小切手法39条2号が「小切手ニ」と規定する以上、小切手そのものになされるべきであり、付箋になしたものは認められないと解すべきである[46]。

　実務上は、小切手の裏面になされる例が多く、支払人である銀行店舗の代表者（支店長）の署名印（記名印）が付されている。これは、支払人のする支払拒絶宣言が支払拒絶証書と同格の地位を有する重要な要式であるから、支店名と代表者である支店長名を記載し、かつ、支店長印を押捺することが必要であると考えた結果だと思われる[47]。

　遡求の方法は、おおむね手形の場合に準じる（小39〜47、70）。

●6● 小切手保証

「小切手保証」というは、手形における手形保証に対応する行為で

---

[43]　川村・注(8)前掲337頁参照。
[44]　服部栄三『新版為替・手形交換（入門銀行取引法講座2）』（金融財政・1976年）87頁。
[45]　鈴木・注(32)前掲369頁脚注(21)。
[46]　石井：鴻・注(1)前掲344頁。
[47]　御室龍『手形・小切手と銀行取引』（経済法令研究会・1982年）132頁。

あって、小切手の振出人または裏書人の遡求義務を担保することを目的とする小切手行為である（小25Ⅰ参照）。小切手保証は、支払人を除き、何人であってもこれをなしうる（小25Ⅱ前段）。すでに小切手に署名している者であっても差し支えない（小25Ⅱ後段）。支払人を除いたのは、支払人による引受け・裏書を禁止した（小4、15Ⅲ）のと同じ理由、すなわち、小切手の信用証券化を防ぎ、その支払証券性を確保するためである[48]。支払人は、小切手債務者ではないから、被保証人たりえない。

小切手保証の方式および効力については、おおむね手形におけるそれと変わらない（小25～27参照）。もっとも、小切手の提示期間が短期に設定されていることから、実際上、小切手保証はあまり行われていない[49]。

● 7 ● 支払保証

◆ 7-1 意 義

「支払保証」というは、小切手の支払人が小切手金額についての支払債務を負担することを目的とする小切手行為のことであり、附属的商行為のひとつである。石井照久・鴻常夫によれば、この行為は、抽象的な債務負担を目的とする単独行為であると説かれる[50]。

この制度は、ジュネーブ統一法の埒外にある。かつてわが国においては、従来アメリカのcertificationの制度に倣い、支払銀行が支払保証の記載をする慣行があり、これによって、支払人は、小切手の所持人に対し、小切手金を支払う一般私法上の義務を負うものとされていた[51]（大判明治44年（1911年）3月8日新聞713号28頁、大判明治44年3月20日民録17輯146頁）。わが国は、ジュネーブ統一条約附属書第6条[52]に依拠して、従来の慣行をも考慮のうえ、この制度に関する条文を整備したのである。

---

[48] 田邊・注(7)前掲263頁。
[49] 石井：鴻・注(1)前掲349頁。
[50] 同前。
[51] 同前。
[52] 田邊・注(7)前掲264頁。

◆ 7-2 方　式

　支払人が、小切手の表面に「支払保証」その他支払いをなす旨の文字を記載し、かつ、日付を付して署名することを要する（小53Ⅱ）。支払保証をなしうるのは支払人のみである。支払保証を請求するための提示は、引受提示（手21）と同様、単なる占有者でもこれをなしうる[53]。支払保証は小切手の表面にしかなしえず、補箋になすことはできない[54]。支払人が、小切手の表面に単に「保証」と記載したときは、支払保証にならないし、また保証としての効力も生じない[55]（小25Ⅱ参照）。支払保証を請求するための提示に対し、支払保証が拒絶されても、遡求権を生じないこと、当然である。

　支払保証は単純でなければならない（小54Ⅰ）。また、支払保証により、小切手の記載事項にに変更を加えても、これは記載されなかったものとみなされる（小54Ⅱ）。したがって、為替手形の引受けに一部引受けが認められるのとは異なり（手26Ⅰただし書対照）、小切手金額の一部についてなされた支払保証は、完全な支払保証とみなされる[56]。

◆ 7-3 効　力

　支払保証をした支払人は、振出人を含むすべての小切手所持人に対し、小切手の支払いをなす義務を負うが、この義務は、提示期間の経過前に小切手の提示があった場合にのみ負担することとなる（小55Ⅰ）。また、支払保証人に対する請求権を保全するには、小切手の所持人は、適法な提示をなし、支払いを拒絶されたことを拒絶証書または支払拒絶宣言によって証明しなければならない（小55Ⅱ）。支払保証人は、これらのものの作成を免除することはできない[57]。支払いを拒絶した場合における責任の範囲は、遡求義務者が支払うべき金額と同様である（小55Ⅲ→45、46）。

---

[53]　大隅：河本・注(19)前掲541頁。
[54]　石井：鴻・注(1)前掲350頁。
[55]　大隅：河本・注(19)前掲542頁。
[56]　同前。
[57]　同前543頁。

商法手形編時代にあっては、慣習的に行われていた支払保証につき、判例は、絶対的義務を課し、提示期間を徒過しても、支払保証人の負担した義務には何らの消長も来たさないとしていた（大判明治44年(1911年)3月20日民録17輯139頁）。しかし、小切手法は、支払保証には引受けたる効力を付与してはならないとの統一法の精神に従って、支払保証の効力に上述のごとき制限を課したのである[58]。

小切手法55条の要件を満たす限り、支払保証をした支払人は、小切手所持人に対し、独立の無因債務を負担し、支払保証自体に関するもの、あるいは所持人に直接対抗しうるものを除いて、抗弁を制限される[59]。

支払保証人に対する請求権の消滅時効は、遡求義務者のときと異なり、提示期間経過後１年である（小58、51対照）。なお、この請求権が手続の欠缺または時効で消滅したときは、小切手の所持人は、支払保証人に対しても利得償還請求権を有する[60]（小72）。

支払保証は支払いそのものではないから、支払保証によって、振出人その他の小切手上の債務者は、当然に遡求義務を免れるものではない（小56）。支払保証人と他の遡求義務者は合同責任（小43Ⅰ）を負うこととなる。裏書人または振出人が支払いをなしたときは、支払保証人に請求しうるが、支払保証人が支払ったときは全債務者がその義務を免れる[61]。手形保証人は、いわば最終の遡求義務者ともいうべきものである[62]。

◆ 7-4　支払保証の代替手段

昭和23年(1948年)頃までは、支払保証がよく行われていたが、東京銀行協会は、同年に、取引先から支払保証の依頼があるときには、支払保証に代えて自己宛小切手を発行することを申し合わせ、この慣行が全国的に普及し、現在では、当座勘定規定中に、支払保証の請求があったときはこれに代えて自行の自己宛小切手を交付する旨の規定が設けられて

---

(58)　同前参照。
(59)　同前。
(60)　石井：鴻・注(1)前掲351頁。
(61)　大隅・河本・注(19)前掲543-544頁。
(62)　石井：鴻・注(1)前掲350頁。

いる[63]。このため、現在では、支払保証小切手は、まったく利用されていない。

このような代替手段を銀行が用いることにしたのは、銀行が支払保証をすると、小切手が支払われるまでの間に、依頼人の信用が悪化した場合に、銀行が資金上の危険を負担することになることを考慮したためであるとされる[64]。つまり、銀行が支払保証をしたときは、該小切手金額を振出人の当座預金からあらかじめ出金のうえ、支払保証口に資金を移し替えるが、その後、振出人の信用状態が悪化し、この者に破産手続開始の決定があったときに、支払保証口に留保した資金につき、銀行が優先権を持つか否か、疑問が残るからである[65]。加えて、支払保証をした小切手が変造された場合、法律関係が複雑になるという不安もあったためである[66]。

● 8 ● 自己宛小切手（預手）の法理

◆ 8-1 預手の意義および機能

自己宛小切手（小6Ⅲ）は、①銀行のある営業所（本支店）が、自行の他の営業所を支払人として振り出すもの、および、②銀行が、当該同一営業所を支払人として振り出すもの、とに分けることができる。①は、主として、隔地送金のために利用されるものであり、実務上は「送金小切手」と称される。②が、いわゆる「預手」と称される小切手であり、上に述べたように、小切手の支払保証の代替手段として利用されるものである。

しかし、今日の預手の主たる機能は、小切手の支払保証の代替手段としての利用というより、むしろ、銀行の信用を背景に、小切手の支払手段性を通貨の信用力と流通力に限りなく近づけ、これをいわば現金代替物として利用することにあるといえよう。今日にあっては、当座勘定取

---

[63] 田邊・注(7)前掲265頁。
[64] 石井：鴻・注(1)前掲350頁。
[65] 田邊・注(7)前掲265頁参照。
[66] 同前266頁参照。

引をしていない取引先が、その債務の弁済に利用すべく、銀行に預手の発行依頼をする例もきわめて多い。判例も、金銭債務の弁済のため、取引界において通常その支払いが確実なものとして現金と同様に取り扱われている預手を提供したときは、特段の事情のない限り、債務の本旨に従ってなされた履行の提供と認めるのが相当である旨を判示し、預手に現金と同様の弁済効果を認めている（最判昭和37年（1962年）9月21日民集16巻9号2041頁）。もちろん、預手を法的に現金とまったく同様に扱いうるかは疑問であるが[67]、取引界において、預手が、経済的には、現金代替機能を有することは、否定できない事実であろう。

　上のような預手の経済的機能は、以下の法構造に支えられている。小切手たる預手は、支払提示期間内は、振出人たる発行銀行に対する遡求権を表章している。したがって、発行銀行は、たとえ支払人として支払いを拒絶しても、振出人としての責任を追及されれば支払わざるをえない立場にある。すなわち、提示期間内においては、適法な提示を条件に、発行銀行は、事実上、預手の絶対的な支払義務を負っているも同然の状態にあるといえる。他方、提示期間を徒過すれば、上の小切手上の遡求義務は消滅する。預手といえども、提示期間を相当期間延長する慣習法または商慣習は存在しない（最判昭和38年（1963年）8月23日民集17巻6号851頁参照）。しかし、小切手の支払手段たる性格に鑑みれば、当該預手に不測の事故が生じていない限り、関係当事者の誰もがその決済を欲するものであるとみなされよう。発行銀行も、自行の信用維持の観点から、進んでこれを支払うであろう。かくして預手は、正常な流通過程にある限り、提示期間の前後を通じて、確実に支払われるものとの信頼が、事実上、定着しているのである。

◆ 8-2　預手発行の法律関係

　銀行の取引先が、預手の発行を銀行に依頼する場合、この者は、券面額相当の現金を銀行に持参するか、あるいは、自身の預金口座から券面額相当額を出金することによって、預手の支払資金を銀行に提供し、こ

---

[67] 鴻常夫「判批」法学協会雑誌80巻5号（1964年）129-130頁、竹内昭夫「判批」法学協会雑誌81巻4号（1965年）161-162頁参照。

第4帖 「商」の取引〔下の巻：有価証券編〕

れと引換えに、預手の発行を受ける。銀行は、提供された支払資金を別段預金等として留保し、提示があった場合の支払いに備える。

上の預手発行依頼に係る取引を法的にどう捉えるかに関しては、2つの考え方がある。

第1のものは、依頼人と銀行との間の実質的な資金関係に着目して、両者間に通常の小切手の振出人と支払人との間に存するような支払委託関係を認めるべきであると説くか[68]、少なくとも、これに類似した関係が存在すると述べるものであり[69]、いわゆる「支払委託説」と呼ばれる考え方である。第2のものは、依頼人・銀行間に資金関係の存在を否定して、これを預手の売買ないし売買類似の関係と解するものである[70]。より端的に、預手の発行依頼は、両替等に類似した一種の無名契約としての交換であると解するものも[71]、第2の考え方に含めうると思われる。第2の考え方は、いわゆる「売買説」と呼ばれる考え方である。今日にあっては、売買説が多数の支持を得ていると観てよい。

支払委託説によれば、預手の発行依頼人と発行銀行との間には、当座勘定契約上、当座取引先が振り出した小切手について、支払銀行が取引先に対する関係で該小切手の支払義務を負うのと同様の、または類似の関係があると考えることになる[72]。他方、売買説によれば、依頼人が対価を支払って銀行から預手を受け取った後は、両者間には、小切手上の関係以外には何らの実質関係が存在しないことになる[73]。

支払委託説は、預手発行依頼に係る当事者の実質的資金関係を強調し、これを当座取引先と支払銀行との関係に接近せしめて理解しようとするものと評価しえようが、そうであるとすれば、銀行が依頼人から受け入

---

[68] 北村良一「判批」ジュリスト184号（1959年）40頁、前田・注[33]前掲400-401頁。
[69] 升本喜兵衛「判批」判例評論20号（1959年）17頁。
[70] 河本一郎「預手の法律関係」金融法務事情400号（1965年）14頁、大隅健一郎「自己宛小切手の喪失」鈴木竹雄=大隅健一郎=上柳克郎=鴻常夫=竹内昭夫編『新商法演習3』（有斐閣・1974年）288頁。
[71] 水田耕一「自己宛小切手及び線引小切手に関する法律上の諸問題（上）」金融法務事情75号（1955年）29頁。
[72] 前田・注[33]前掲400-401頁参照。
[73] 河本・注[70]前掲14頁。

76

れた支払資金の帰属関係に曖昧さが生じないであろうか。この説による限り、依頼人には、支払資金に対する何らかの権原が留保されていると解しうる可能性を否定できないと思われるが、支払委託説は、この点に関して明確な解答を示していない。これに対して、売買説によれば、預手発行の時点でその支払資金は完全に銀行に帰属することになるから、依頼人は、預手の所持を離れて、支払資金に対する何らの権利権原も有しないことになる。預手の発行依頼人の債権者が、当該預手の支払資金を差し押さえることを許されず、また、発行依頼人に破産手続開始の決定があったことが、支払資金に何ら影響を及ぼさないといった点は、売買説に立って初めて明快に説明することができると思われる。また、こう解さなければ、小切手の支払保証に代えて預手を発行する意義も、相当に減殺されてしまうであろう。

◆ 8-3 発行依頼人による預手支払差止請求

8-3-1 緒　言

預手に不測の事故が生じた場合、たとえば、預手の紛失、盗難等が生じれば、当該預手の発行依頼人（または所持人であった者が発行依頼人を通じて）は、発行銀行に対して、該預手に係る事故の届出をなすとともに、併せて、該預手の支払いを差し止めるよう請求するであろう。このとき、発行銀行は、該預手の支払提示があった際に、これを支払うべきか否かに関して、困難な立場に立たされることになろう。

8-3-2 事故届け提出の意義

預手の発行依頼人が銀行に事故の届出をなそうとする場合には、各銀行の書式に従った書面によってこれをなす。支払委託説によれば、かかる事故届けは、預手の支払委託の撤回としての意義を有することになろう。これを小切手法上の支払委託の撤回と区別して、依頼人と銀行との実質関係上、事故届けは、依頼人から受け入れた資金をもって預手を支払うことを禁止する意味を持つと説くものもあるが[74]、少なくとも、事故届けは、小切手法上の支払委託の撤回にきわめて類似した意義を持つ

---

[74] 吉原省三『銀行取引法の諸問題（第1集）』（金融財政・1973年）108頁。

ものであるといいうるであろう。したがって、事故の届出があれば、銀行は必ずこれを受理する義務があるとともに、発行依頼人に対してのみ、この義務を負っているということになる。

売買説によれば、事故届けは文字どおり単なる事故の通知としての意味しか有しないことになろう。すなわち、銀行が無権利者に支払わないよう注意を促し、預手の支払いに慎重を期すべきことを求めるものにすぎないわけである[75]。事故届けの有無にかかわらず、支払いをなすか否かの判断は、本来、支払人の危険においてなすべきことであり、この判断は、支払人の自由に委ねられるべきものであるから、売買説によれば、銀行は事故届けを受理する義務を負うものではなく、また、受理するのであれば、発行依頼人以外の者から受理することも可能であろう。

実務上、発行銀行は、発行依頼人以外の者から事故届けを受け付けることはない。しかし、これは、実際に該預手を所持していたか否かも定かでない一見の客から、真偽のほどすら定かでない事故の通知を受理して、徒らに事務が混乱するのを避けるため、および、銀行が支払いを留保した場合に生じるであろう損害等について、一見の客とその最終的な処理・解決の交渉等をなす困難さを避けるためであると考えられる。むしろ銀行実務では、売買説に沿って事故届けの書式を定めており、その文言も単に事故の事実を銀行に告げるにすぎないものになっている。

8-3-3 事故届けある預手の支払提示期間内の扱い

事故届けの提出された預手が、支払提示期間内に銀行に支払提示された場合には、預手発行の法律関係をどのように捉えようとも、したがって事故届けの意義をどのように捉えようとも、到達すべき結論に実質的な差異はないように思われる。

支払委託説の立場から、事故届けに預手の支払委託の撤回としての意義を認めると解しても、その撤回は、提示期間内は効力がない（小32Ⅰ）。仮に銀行が支払いを拒絶しても、提示者が善意取得者等の適法の所持人であったなら、自ら遡求義務を負わなければならないが、銀行が遡求権者に対して負担すべき権利行使費用の償還および遅延損害金の支払い等

---

[75] 鴻常夫「預手の事故届と利得償還請求権」金融法務事情689号（1973年）22頁。

の最終的な処理について、依頼人と銀行との間に何の合意もないのであるから、支払委託説に依ろうとも、当事者の意思として、依頼人による事故届けの提出があれば、当然に銀行が預手の支払いを差し控えるべき義務を負う旨の合意があるとは解し難い。

売買説によれば、そもそも支払委託の撤回ということがいかなる意味でも問題にならないのであるから、依頼人に対する関係で、銀行が預手の支払いを差し控えるべき義務があるという結論になろうはずがない。支払いにあたって注意すべきことを銀行に喚起する意義を事故届けに認めるにせよ、提示期間内に預手を提示する所持人には強い法律上の推定があり、一方で事故届けはその内容の真偽のほどすら定かではない。したがって、銀行としては、提示者が適法の所持人でないことを立証しえない限り、支払いを拒むことはできないことになる。結果的に無権利者に支払ったとしても、銀行が小切手法35条による保護を受けうること、当然である。

8-3-4 事故届けある預手の支払提示期間経過後の扱い──従来の構成
8-3-4-1 支払委託説による構成

支払提示期間経過後に事故届けの提出された預手の提示があった場合には、支払委託説によれば、当該事故届けは、支払委託の撤回の効力を有すると解しうることになる。したがって、発行銀行は、預手の支払人として、支払いをなすべきではないとの結論になる。この場合、銀行の振出人としての利得償還義務の帰趨についてはどうなるか。

支払委託説を理論的に徹底すれば、事故届けによって、依頼人と銀行との間の支払委託契約自体も解約されることになろうから、発行銀行は、すでに受け取った支払資金を依頼人に返還すべき義務（契約の解約にともなう原状回復義務）を負うことになり、結局、銀行には原因関係において利得がないと解すべきことになるのではなかろうか[76]。そうであるとすれば、銀行は利得要件を欠くことになり、利得償還義務も発生しないということになりそうである。しかし、かく解すれば、預手の現金代替機能は、提示期間を経過すれば、もはや通常の小切手と同水準にまで

---

[76] 並木俊守「自己宛小切手（預手）の振出と支払」手形研究89号（1965年）24頁。

減殺されることになろう。

　もっとも、支払委託説を唱える者で、上の見解を支持する者はいない。逆に、銀行が預手の支払いをしなければ確定した利得を生じるとして、利得償還請求権の発生を肯定しているが、その構成は必ずしも一様ではない。

　第1の構成は、およそ以下のようなものである。預手の支払提示期間を経過することによって、遡求権が失われるとともに、利得償還請求権が発生する。しかし、提示期間経過後も支払いを許す小切手法32条2項の趣旨から考えて、支払委託の撤回、すなわち事故届けの提出がなければ、期限後支払いであっても、悪意重過失なく無権利者に対して支払った場合に、銀行に免責が認められるとともに（小35）、この場合には銀行の利得も不存在となる。他方、支払委託の撤回、すなわち事故届けの提出があったにもかかわらず、これを無視して結果的に無権利者への支払いをなせば、これは銀行の自己資金による支払いであって、依頼人が銀行に提供した支払資金という利得は消滅することなく、正当所持人たるべき者との関係において、銀行の確定した利得になると解すべきである[77]。

　第2の構成は、およそ以下のようなものである。預手の支払提示期間が経過することによって遡求権が失われる。しかし、この段階ではまだ利得償還請求権は発生しない。預手の期限後支払いは、支払人の任意に属する義務なき支払いであるが、かかる支払いの可能性が残されている。そして、利得償還請求権は、支払委託の撤回または支払拒絶を停止条件として発生する。事故届けの提出によって、所持人資格に疑念を抱かしめる事態が生じた以上、もはや銀行は支払いをなすべきではなく、問題の解決を後日の実質的調査に委ねるべきことになるとともに、支払提示期間の経過と事故届け提出の段階で銀行の利得が確定し、利得償還請求権発生の条件も充足される[78]。この構成によれば、提示期間が経過してもなお銀行による支払いの可能性が残っている以上は、利得償還請求権の発生を認めるべきでないとともに、逆に利得償還請求権が発生したと

---

[77]　北村・注[68]前掲40頁参照。
[78]　升本・注[69]前掲17頁参照。

する以上は、期間経過後の支払いが適法になされると考える余地はなくなると解されることになる[79]。

　上のような構成の相違は、下で検討する売買説においても見受けられる。上述の構成のうち、第2のそれは、預手の期限後支払いの際における銀行免責の法理が必ずしも明らかではないように思われるが、支払委託に依る場合には、いずれの構成によろうとも、事故届けの提出があれば、銀行は支払人として支払いをなすべきではなく、かつ、支払いを拒絶することによって、振出人として、最終的には利得償還義務を負担しなければならないという結論に変わりはない。

　この結論は、銀行にとってあまりに酷な結果となろう。銀行は、いかなる理由であれ、事故届けの提出があれば、依頼人に対する関係で必ず預手の支払いを差し控えなければならず、そうすることによって、失権当時に正当な所持人たるべき者に対して、権利行使費用の償還や遅延利息の支払いをも求めた利得償還義務を負担しなければならないからである。銀行がかかる利得償還義務を果たした後、当初の預手支払資金を超えて負担した額を、当然に発行依頼人に求償しうるか否かも、必ずしも明らかではない（かかる求償権については、おそらく民法656条、同650条1項等を根拠に構成することになるのであろうが）。また、上の結論は、正当な所持人の権利の実現を徒らに遅延させる結果をも招きかねない。たとえば、依頼人が事故届けを濫発・濫用する場合には、これに対する防止策を見出すことが困難である。

　そこで、支払委託説に立ちつつも、依頼人と銀行との間には、支払委託の撤回をなしえないという前提の下に依頼がなされていると解すべきであるとの見解[80]が提唱されている。この見解は、下に述べる売買説の立場から展開される多数見解にきわめて近い結論となろう。

8-3-4-2　売買説による構成

　(ｱ)　売買説を採る者の多くが支持する構成は、およそ以下のようなものである。

　預手の支払提示期間が経過することにより、銀行の振出人としての遡

---

[79]　同前。
[80]　前田・注(33)前掲401頁。

求義務が消滅し、この時点で利得償還請求権は確定的に成立する。しかし、利得償還請求権の成立が、正当な所持人による預手の金員の受領権限を否定することにはならない[81]。それゆえ、銀行は、なお支払人たる資格において支払いをなすことができる。預手においては、そもそも支払委託の撤回ということがありえないのであるから、たとえ依頼人から支払いを差し止めるよう請求があろうとも、正当な権利者に対する支払いは、有効な支払いとして当然に許される。そして、預手について有効な支払いがあれば、振出人の原因債務が消滅するのと同様に[82]、あるいは、かかる形で利得の清算がなされることによって[83]、いったん成立した利得償還請求権も、その時に（すなわち解除的にではなく）、その目的を達したことにより消滅する[84]。なお、利得償還請求権は、所持人が有効な支払いを受けることを解除条件として、提示期間経過後に生じる[85]と解しても、結論において、上と差がない。

　問題は、無権利者に対して支払いがなされた場合に、銀行が免責されるか否かである。免責が認められれば、有効な支払いがあったと同様の結論になる。

　多数説は、預手の期限後支払いにも、支払人たる資格における支払いとしての免責法理の適用を認め、小切手法35条を根拠に、悪意重過失なくして無権利者に対してなされた支払いは有効であって、その結果として、権利者の有する利得償還請求権も消滅する[86]と解している。あるいは、無権利者に対する期限後支払いは、預手の支払権限に基づく支払いとはならないが、小切手法35条を利得償還債務の弁済と単なる支払いとをともに含んだ小切手法的に加工された規定と解することによって、結局同条に基づく免責を受けうる[87]との考え方もある。

---

(81)　大隅：河本・注(19)前掲550頁。
(82)　河本一郎「小切手の盗難による失権と利得償還請求権」商事法務研究158号（1959年）　14頁参照。
(83)　木内宜彦「自己宛小切手（預手）」河本一郎編『商法Ⅱ〔判例と学説6〕』（日本評論社・1977年）374頁。
(84)　大隅：河本・注(19)前掲550頁。
(85)　大隅・注(70)前掲294頁、河本・注(82)前掲15頁。
(86)　大隅・同前295頁、河本・同前。

銀行の免責を認めるという点では上と同様であるが、免責法理として、民法478条の準用によるべきであるとの考え方[88]もある。しかし、この考え方は、主として持参人払式小切手に小切手法35条の規整が及ぶのかという疑問から出発したものであり、免責法理としては、小切手法35条に基づいて、銀行の悪意重過失なくしてなされた支払いを有効と解するのが趨勢である。

　先に述べたように（本章8-3-2）、売買説を採る者は、依頼人から提出された事故届けを、銀行が無権利者に支払わないよう注意を促し、その支払いに慎重を期すべきことを求めるにすぎないものと評価している。すなわち、事故届けの提出があった場合には、銀行の支払いに、小切手法35条による支払免責において解釈上認められる「悪意または重過失のない限り」という主観的要件が若干厳しくなる[89]と解されるにすぎない。事故届けはそれ以上のものではありえないのである。

　以上が多数説の概要であるが、上のような考え方の理論的な整合性を十分に尊重しつつも、上の考え方は、依頼人による事故届け提出（依頼人にとっては、支払差止請求）の意義をきわめて過小に評価する点で問題がないかとの指摘[90]がなされている。

　(イ)　そこで、売買説に立ちつつ、事故届けにより積極的な意義を見出そうという観点から、以下のような構成が主張されている。高窪利一による主張である。

　事故届けがあれば、銀行は支払人として期限後支払いを停止すべきであるが、それは支払委託撤回の結果ではなく、期限後支払いの任意性に基づく効果である。すなわち、一般に、小切手の支払委託の関係は、支払提示期間内に限られるものであり、ただ、その支払証券としての性格から、提示期間経過後においては、小切手法32条2項によって、支払人に任意的な支払いの権限が与えられているにすぎない。したがって、期

---

(87)　木内・注(83)前掲374頁。
(88)　小橋一郎「判批」別冊ジュリスト38号銀行取引判例百選（新版）（1972年）68頁。
(89)　鴻常夫「銀行判例セミナー・コメント」手形研究91号（1965年）56-57頁参照。
(90)　久保欣哉「自己宛小切手の盗難による失権と利得償還請求権」手形研究91号（1965年）49頁。

限後支払いは、義務なき任意支払いといえる。まったくの任意支払いであるからには、真の権利者に対する支払いのみが有効であるとする弁済の一般的法理が支配すべきであって、いささかでも所持人の受領権限に疑いがあれば、支払いをなす必要がなく、また、支払いをなすべきでないことになる[91]。事故届けの提出があった以上、銀行は、預手の所持人の受領権限を怪しむべきであるから、仮に所持人の資格を信頼して支払っても、提示期間内の支払いのごとき免責の保護は与えられない[92]。かくして、事故届けによって、銀行は、預手の支払いをなすべきでない関係になると同時に、銀行の利得が確定して、この時点で利得償還請求権が発生する。この後には、銀行に利得償還債務の履行義務のみが残されることになる。したがって、この後の銀行の支払いに関しては、預手を受け戻しての利得の償還と観ることが可能であり、少なくとも民法478条による免責（利得償還請求権の準占有者に対する弁済）を考える余地はある[93]。

　高窪説の構成の主たる論拠は、以下の2点であると思われる。第1点は、多数見解のように、失権後も免責を受ける形で預手の支払いをなしうるとすれば、銀行の手許にある支払資金が利得として確定していないのではないかとの疑念を払拭しえないという点である。第2点は、預手を喪失した者あるいは盗難に遭った者等と預手の提示者とのいずれが権利者か不明確なままで、預手の支払いを認めると、よほど銀行の注意義務を過重しないと、結局、早い者勝ちで銀行が免責され、利得償還請求権がほとんど意味を失ってしまうのではないか、という点である[94]。

　(ウ)　多数説が支持する先の構成と高窪説の構成との相違は、端的には、預手の期限後支払いの性質の捉え方の差異から生じたものである。前者は、提示期間経過後であっても、その支払いはあくまでも小切手の支払いであり、正当な所持人に対する支払いが小切手の支払いとして是認さ

---

[91]　高窪利一「盗難預手の期限後払と喪失者の利得償還請求」手形研究91号（1965年）41頁。
[92]　同前43頁。
[93]　同前。
[94]　高窪利一『現代手形・小切手法（改訂版）』（経済法令研究会・1989年）474-475頁参照。

第14章 小 切 手

れるのみならず、無権利者に対する支払いについても小切手の支払いとしての免責的効果が認められると解するものである。後者は、この理を否定し、期限後支払いは小切手法32条２項によってとくに認められた義務なき支払いであるがゆえに、これに期限前支払いと同様の小切手法上の免責法理、具体的には小切手法35条の適用を認めないと解するものである。多数説による見解は、免責の基礎である小切手法35条につき、小切手一般についていえば、支払委託の撤回がない以上、提示期間経過後も、支払人は支払権限を有しており、振出人も支払いのなされることを通常は望んでいるのであるから、免責の要件を変える必要はない[95]として、同条が期限後支払いにも適用されることを妥当と解し、この理を預手にも及ぼしているわけである。実務上も、銀行は、期限後支払いであっても、預手の支払いにつき、小切手法上の支払いに関する規定に従って支払えば免責されるとの認識を抱いており[96]、かかる認識は、多数説の立場に馴染み易いものである。また、高窪説については、事故届けに預手の支払いを差し止めるだけの積極的意義を認めるのであれば、事故届け自体の法的性質がなお不明確である[97]との批判を免れえないであろう。高窪説によれば、事故届けの濫用を有効に防止しえないのではないか[98]、との懸念にも首肯しうるものがある。

　以上に鑑みれば、預手の提示期間経過後の失権および利得償還請求権発生の法構造ならびに預手の期限後支払いに対する小切手法35条に基づく免責法理の適用に関しては、前者の見解すなわち多数説の構成を支持せざるをえないのではなかろうか。高窪説の主たる論拠として挙げられた先の第１点も、多数説の見解を覆しうるだけの批判とはなりえないように思われる。しかし一方で、高窪説が容易に銀行の免責を認めないとした論拠、すなわち先の論拠の第２点については、検討を要する問題であると思われる。

───────────

[95] 山下友信「判批」別冊ジュリスト144号手形小切手判例百選(第５版)(1997年)211頁。
[96] 吉原・注(74)前掲112頁。
[97] 木内・注(83)前掲374頁、久保・注(90)前掲50頁。
[98] 木内・同前。

㈔　預手に紛失、盗難等の事故が生じた場合に、当該預手の支払いをめぐる紛争の渦中に登場する当事者は、正当な所持人であったにもかかわらず、かかる事故によって預手の占有を失ったと主張するA（発行依頼人を通じて実質上事故届けを提出した者）、現に預手を物理的に占有し、これを提示して支払いを求めるB、および、Bからは支払いを、Aからは支払いを拒絶するように迫られる該預手の発行銀行たるPである。

多数説の見解に従えば、Pは、事故届けの提出があろうとも、支払いに際して、その主観的要件は若干加重されるが、重過失なくBに支払えば免責される。かくてPは、その紛争の渦中から逃れうることになる。かかる構成は、Pにとって有利なものであろう。一方、その結果、以下の事態が生じる。Aの主張が正しいものであるならば、Aとしては、預手の占有を失ったがために遡求権をも失ってしまい、利得償還請求権に頼らざるをえない立場に追いやられたにもかかわらず、Pが免責されたことによって、Pに対する請求の根拠を失ってしまう。したがって、以後、Aは、Bを相手に、Bの手許に渡った資金が本来自分に帰属すべきものとして争うより他に方法がなくなる。高窪説が、容易にPの免責を認めないのは、かかるAの不利益に配慮するからであろう。Aとしては、Pの手許に支払資金を凍結しておけば、安心してBとの間でいずれが正当な権利者であるかを争うことができるからである。

Pは、預手を支払うにせよ、支払いを拒絶するにせよ、とにかくAB間の紛争に巻き込まれたくないわけであり、この点において、多数説の構成は、Pの立場に配慮したものといえる。しかし、上に示したように、多数説の構成は、Aにとって格段に不利な結果をもたらす構成であるといえなくもない。そうであるとすれば、Pの立場に配慮しつつ、なおAにとって上述の不利益を回避しうるような構成、しかも多数説と矛盾しない構成が導かれなければならないであろう。このような構成が可能であろうか。

8-3-5　事故届けある預手の支払提示期間経過後の扱い——考究
8-3-5-1　預手支払禁止の仮処分

まず考えられる方法としては、事故届けの提出があるにもかかわらず、預手の支払いをなすべき銀行に対して確実な免責を与える一方で、預手

の紛失、盗難等に遭ったと主張する者に対して、預手の支払禁止（あるいは取立禁止）の仮処分申立ての機会を与えるという解決方法である。銀行には、事故届けの内容の真偽を確かめるだけの能力がないのであるから、支払いに際して確実な免責の保障を欲することになる。したがって、銀行にとって、裁判所による支払禁止の仮処分が認められない限りは、預手を支払っても免責される、という政策は容易に受け入れうるものであろう。一方、預手の占有を失った者も、かかる仮処分申立ての機会が与えられることによって、資金を銀行の手許に凍結できる可能性が開かれることになる。そうであるとすれば、事故届けの提出者が一方的に不利益を強いられる事態は回避されるであろう。

　わが法規整下において、紛失、盗難等によって預手の占有を失い、その結果遡求権をも失った者に、預手支払禁止の仮処分の申立てが認められるであろうか。

　この問題に関しては、先例がある。東京高裁昭和53年（1978年）10月19日決定金法884号32頁がこれである。Xは、Y銀行振出しの預手を所持していたが、これを紛失してしまった。そこでXは、当時の除権判決〔現在の除権決定〕を得た上で、Yに対して紛失預手の再発行を求めるべく、その準備に着手した。かかる事実関係を前提として、Xは、Yを相手に、当時の旧民事訴訟法760条〔現在の民保23Ⅱに相当〕に基づいて、紛失預手の支払禁止の仮処分の申立てをしたものである。なお、Xは、紛失預手の発行依頼人ではなく、所持人である。Xが預手を紛失した時期は、必ずしも明らかではないが、支払提示期間内のことであったと思われる。

　この事件の焦点は、Xの被保全権利の存否であった。裁判所は、Xが預手の占有を失ったまま支払提示期間を徒過したことによって、Xは「振出人であるYに対してもはや遡求権を行使し得なくなったものといわねばならない」としたうえ、「紛失した小切手について除権判決〔除権決定〕を得たとしても新たに支払呈示の上遡求権を行使するに由ないことはいうまでもなく、Yは、除権判決〔除権決定〕前に本件小切手の権利を有効に取得した者に対しその支払を拒むことができない筋合であって、Xはその支払を拒絶すべきことを求める権利を有するものでは

ない」と述べ、結局、本件仮処分については、その被保全権利が認められないとして、Xの申立てを退けている。

上の事案を前提とする限り、たとえXが利得償還請求権を被保全権利として支払禁止の仮処分を申し立てたとしても、Yが善意取得者の請求に応じざるをえないことに変わりはないわけであり、裁判所の結論を覆すことは無理であろう[99]。Xが、預手発行依頼人であろうとなかろうと、結果は同様である。

上に鑑みれば、現実に仮処分の申立てが認容される例は、きわめて限られることになろう。申立人の手許からの預手の紛失、盗難等が支払提示期間経過後に生じたことが証明でき、それゆえに善意取得者出現の可能性がないと判明している場合には、利得償還請求権を被保全権利として、民事保全法23条2項に基づく支払禁止の仮処分の申立てが認められよう。あるいは、預手の拾得者、盗取者等が判明しており、その者の手許に未だ当該預手が占有されているという段階ならば、預手の返還請求権を被保全権利として、民事保全法23条1項または同条2項に基づき、占有者を相手とする取立禁止・譲渡禁止、または、銀行を相手とする支払禁止の仮処分の申立てができよう。しかし、上のような事態はまったくの例外に属し、一般的にいえば、わが法制下においては、仮処分に過度の期待を寄せることはできない。

8-3-5-2 預手発行銀行による供託

現実に、預手支払禁止の仮処分という方法によることがきわめて困難である以上、これとは別に、銀行の免責が保障され、かつ、預手の支払資金を紛争当事者のいずれの手許にも一方的に渡すことなく、正当な権利者の確定を待つことができるような方法が検討されなければならない。

再度、多数説の見解の構成に立ち帰って、事故届けの意義を、無権利者に支払わないよう銀行に注意を促すものであり、支払いの際に銀行に要求される注意義務を加重する効果を持つ、銀行の免責を判断する資料のひとつと位置づけ、免責法理として、小切手法35条の法意に依拠した場合、はたして実務上、銀行が安心して支払いをなしうる程度の免責の

---

[99] 菊地裕太郎「預手の法律関係」石井真司・藤林益三編『判例・先例金融取引法』(金融財政事情研究会・1988年) 558頁。

保障が与えられているといえるか否か、再検証してみよう。

　預手の紛失、盗難に遭ったと主張する者が、該預手の支払禁止を切実に希求すればするほど、自ずと銀行に対する事故の通知の内容は、詳細をきわめることになろう。そして、銀行は、事故届けの内容が詳細をきわめればきわめるほど、預手の提示があった場合の対応に苦慮することになるであろう。事故届けに、銀行の注意義務を加重する効果を持たせた場合、その加重の程度は、事故届けの具体的な内容に依存することになろうからである。そうであるとすれば、事故届けの内容が詳細をきわめるほど、銀行の注意義務はより加重するものといわざるをえまい。しかし一方で、銀行には、事故届けの真偽・内容を確かめるだけの能力も制度的保障もないのである。したがって、小切手法35条の適用される主観的要件が善意無重過失であって、銀行の保護に厚いといったところで、それはいわば机上の話に過ぎず、預手を支払った際に銀行が無重過失であったか否かの判断は、結局は裁判所が具体的な事案においてその事故届けの重みをどう評価するかに掛かっていることになる。つまり、現実には、銀行が実務上安心して支払える程度の確実な免責の保障はないのである。

　上のような不都合を回避し、実務上も銀行が受け入れることのできる構成として、次のように考えられないだろうか。

　まず、以下の点では、多数説と同一の構成を採る。すなわち、預手の支払提示期間が経過することによって、銀行の振出人としての遡求義務が消滅するとともに、利得償還請求権も確定的に発生する。この後も、銀行の支払人としての権限は失われず、銀行はなお支払人たる資格において支払いをなしうる。それゆえ、正当な権利者に対する支払いは有効であり、有効な支払いがあれば、いったん有効に成立した利得償還請求権も支払いの時に消滅する。無権利者に対して、支払人たる資格においてなした支払いに、小切手法35条の適用されること、当然である。

　上の構成を前提とした場合、預手の支払提示期間経過後、未だ預手の支払提示がない段階においては、銀行は、支払人として依然として預手の支払権限を有する地位にあると同時に、振出人として利得償還請求権の債務者たる地位にもあるといえる。支払人たる地位において、正当な

権利者に対して支払いをなせば、かかる支払いは有効であり、これによって、銀行は、振出人としての利得償還義務者たる地位から逃れることができる。この場合の正当な権利者とは、利得償還請求権者たる資格を有する者に他ならない。かかる有資格者以外の者に支払いをなせば、理論的には小切手法35条の適用があるが、先に検証したように、銀行にとって、同条に依拠した免責の保障は、必ずしも十分であるとはいえない。さればとて、供託の途を考えたとしても、小切手の支払人は債務者ではないのであるから、支払人としての供託権は認められない[100]。

次いで、銀行に残されたもうひとつの地位、すなわち振出人としての利得償還義務者たる地位について考えてみよう。預手発行銀行の、支払人としての支払権限と、振出人としての利得償還請求権の履行義務との間には、いずれかの権限または義務を、先に行使または履行しなければならないという関係はないはずである。両者は、並列的に存在しているといえよう。いずれにせよ、支払いという行為をなす者は発行銀行なのであるから、銀行としては、支払人または振出人のいずれの地位においてその行為をなすか、自らの危険において任意に選択しうると解することができるのではなかろうか。その行為をなすにあたって負う危険とは、いうまでもなく無権利者に対して金員を交付するという危険である。この危険を回避するために依拠するのが免責法理であるが、いま銀行が振出人たる地位において、利得償還債務の履行の意味で支払資金を吐き出す途を選択したとすれば、依拠しうる免責法理は、民法478条ということになろう。

整理すれば、銀行が支払人としての支払権限に基づいて預手を支払う際の免責法理は、小切手法35条、その適用を受けるための主観的要件は、善意無重過失。他方、振出人として利得償還債務の履行の意味で預手を支払う際の免責法理は、民法478条、その適用を受けるための主観的要件は、善意無過失。かく並べて観れば、一見、前者の方が銀行に有利であるように映る。しかし、先に示したように、無重過失といおうが、無過失といおうが、事故届けの提出があった場合には、銀行の注意義務の

---

[100] 平出・注(22)前掲551頁。

加重の程度が、具体的事案においてどう評価されるか、必ずしも明らかでない以上、銀行に確実な免責の保障はない。つまり、現実の免責という点において、支払人・振出人のいずれの地位を選択しようと、銀行の危険に大差はないのである。

　それでは、銀行がいずれかの地位を選択した場合に生じる決定的な差異は何であろうか。それは供託権である。先に述べたように、支払人としての地位を選択すれば、銀行には小切手支払人たる地位における供託権がない。他方、銀行が振出人たる地位を選択すればどうか。詳細をきわめる事故の通知を受けたとき、実際問題として、銀行は、誰が預手の権利者か、すなわち誰が真の利得償還請求権者かを、到底確知することができない立場に追い込まれるであろう。それゆえ、この場合には、銀行は、債務者として、利得償還請求権者不確知を理由に、民法494条後段に依拠して、供託をなしうると解することが可能なのではなかろうか。すなわち、銀行は、振出人たる地位に基づき、利得償還義務者として供託権を有すると解するわけである。

　上のように解すれば、銀行は、預手に対して権利を主張する当事者の紛争の過中に立つことなく、困難な実務上の問題を回避しうることになろう。また、預手の占有を失い、支払差止めを求める者にとっても、支払資金が預手の提示者に交付されてしまう事態を避けるという目的は、さしあたって叶えられる。もともとこの者は、銀行の手許に資払資金を凍結して、現に預手を占有する者との間で、いずれが権利者であるかを確定することを欲したわけであるが、上の構成によれば、支払資金の凍結場所が、銀行から供託所に移動しただけのことであるから、一方的に不利な立場を強いられることもなくなるわけである。

　かくして、利得償還請求権者不確知による預手振出人としての供託権に基づく供託という方法は、銀行が責任を免れうるという点において、また、預手の支払資金を、権利を主張するいずれの当事者の手許にも委ねることなく正当な権利者の確定を待つことができるという点において、関係当事者に容易に受け入れることのできる解決方法であると考える。

第4帖 「商」の取引〔下の巻：有価証券編〕

●9● 線引小切手

◆9-1 意義および沿革

　繰り返し述べるように、小切手は常に一覧払いであって、また、持参人払式で作成されることが多い。したがって、小切手の紛失または盗難等の事故が生じた場合には、該小切手を不正に取得した者が、直ちにこれを換金してしまう危険が大きい。それゆえ、かかる危険を防止し、かつ、たとえ不正な取得者がこれを換金したとしても、この者を突き止めることができるよう、小切手法は、「線引」という制度を規定している。

　ここに「線引」とは、小切手の表面に2条の平行線を引いたものであり（小37Ⅱ前段）、かかる線引が施された小切手を「線引小切手」と称する。

　線引制度は、19世紀の初頭からイギリスにおいて慣行的に用いられ始め、同国において制文化された制度を嚆矢とするが、統一条約前にあっても、スペイン・フランス・イタリア・北欧諸国・南米諸国等の20ヵ国以上において採用されていたものである。わが国も、商法手形編時代に、イギリス法に倣ってこの制度を採用した（昭和8年（1933年）改正前商535）。統一条約においては、この制度、および、従来ドイツ法によって認められていた計算小切手（Verrechnungsscheck）、すなわち現金支払いを禁止し、振替、手形交換等の方法によってのみ支払いの目的を達する制度を併用し、その両者のいずれかを採用する権能を各締約国に留保したのである。わが小切手法は、この留保条項に基づき、旧法の主義に従って線引小切手の制度を採用し（小37、38）、計算小切手にして外国において振り出し、わが国において支払うべきものは、一般線引小切手たる効力を有するものと規定した[101]（小74）。

◆9-2 種　類

　線引には、一般線引と特定線引との2種類がある。
　「一般線引小切手」とは、小切手の表面に、単に2条の平行線を引い

---

[101] 以上、田中・注(30)前掲597-598頁参照。

たにすぎないもの、または、2条の平行線内に、「銀行」もしくはこれと同一の意義を有する文字（たとえば、「ＢＡＮＫ」「銀行渡り」など）を記載したものをいい（小37Ⅲ前段）、他方、2条の平行線内に、特定の銀行名を記載したものを「特定線引小切手」という（小37Ⅲ後段）。

◆ 9-3 線引をなしうる者

線引をなしうる者は、振出人および所持人である（小37Ⅰ前段）。所持人には、取立委任を受けた者も含まれる[102]。

◆ 9-4 線引の効力

9-4-1 一般線引の効力

小切手上に一般線引がなされると、支払人は、自行の取引先または他の銀行に対してのみ、これを支払うことしかできなくなる（小38Ⅰ）。つまり、支払人が支払うことのできる相手方が制限されるわけである。

ここに「取引先」とは、支払人たる銀行と継続的な取引関係がある者であって、銀行がその身元を掌握している者であると解される。すなわち、支払人たる銀行との間で、当座取引、各種の預金取引、各種の貸付取引をしている者がこれに該当する。しかし、単に、株式払込み、配当金取立て、振込みの依頼をしたにすぎない者は、これに含まれない。同一銀行の他店舗の取引先でもよいものと解される[103]。

次いで、一般線引小切手について、あらゆる銀行は、自己の取引先または他の銀行からのみ、これを取得し、または、取立委任を受けることができる（小38Ⅲ）。つまり、あらゆる銀行は、小切手の取得先または取立委任を受ける相手方を制限されるわけである。ここでも、取引先の意義は、上と同様である。

この効力がもたらす作用を具体例で示してみよう。いま、Ａが持参人払式一般線引小切手を振り出し、これをＢに交付したとする。Ｃが該小切手を盗取し、支払人たるＰ銀行の店頭で直ちに支払提示し、換金を企てたとき、どうなるであろうか。提示された小切手には一般線引が施さ

---

[102] 前田・注(33)前掲403頁。
[103] 田邊・注(7)前掲276頁。

れているから、P銀行は、たまたまCが自行の取引先である例外的な場合に限って、支払いに応じることとなる。かかる偶然はまずありえず、たとえありえたとしても、P銀行がCの身元を掌握している以上、不正に支払いを受けたCは容易に突き止められる。次いで、Cが、自己の取引銀行、たとえばQ銀行にこの小切手の取立てを委任したとしても、P→Q→Cと容易にこの取立経路が判明してしまい、これまたCは容易に突き止められることになる。

　もっとも、線引は、上述のような作用を有するのみであって、これによって小切手の善意取得そのものを妨げるものではない。

9-4-2 特定線引の効力

　特定線引小切手にあっては、支払人は、その平行線内に記載された特定の銀行（被指定銀行）に対してのみ支払うことができ、被指定銀行が支払人であるときは、自行の取引先に対してのみ支払うことができる（小38Ⅱ本文）。平行線内に記載された被指定銀行に、店舗（支店）名の指定が付されていても、その記載は無意味である[104]と解されている。小切手法38条3項の規定は、特定線引小切手にも適用されるから、特定線引小切手の所持人は、①自己が被指定銀行の取引先であれば、当該被指定銀行に取立委任をすればよく、②被指定銀行と取引関係になければ、自己の取引銀行に取立委任をし、当該銀行から、被指定銀行にさらに取立委任をして、被指定銀行に支払提示させることになる。

　被指定銀行は、他の銀行をして、該小切手の取立てをなさしめることができる（小38Ⅱただし書）。これは、被指定銀行が自ら小切手を提示することが困難な場合に備えて認められた取扱いである[105]。ただし、取立てを依頼された銀行が支払人から支払いを受けるためには、被指定銀行から正当な取立委任を受けたものであることを明らかにしなければならないから（小38Ⅱ本文参照）、被指定銀行は、持参人払式小切手であっても、取立委任裏書をする必要がある[106]。

---

[104]　大隅：河本・注(19)前掲525頁。
[105]　前田・注(33)前掲407頁。
[106]　同前。

9-4-3　数個の特定線引

　特定線引は1個に限られ、数個の特定線引が施された小切手を、支払人は支払ってはならない（小38Ⅳ本文）。振出人が1個の特定線引をしたにすぎないのに、不法取立てを容易にしようとの意図をもって、後から1個または数個の特定線引が付加されることもありうることを慮ったからである[107]。たとえば、不正取得者が、自己の取引銀行を被指定銀行とする特定線引を追加して、支払いを受けようとする企てを排除するためである。

　しかし、手形交換取立てに係る二重線引は、例外的に許容される（小38Ⅳただし書）。たとえば、手形交換所非加盟銀行たるR信用組合が、その取引先から小切手を受け入れたときに、紛失盗難等の事故に備えて、自らを被指定銀行とする特定線引を施す。しかし、R信用金庫自らは交換所での決済を利用できないから、交換所加盟銀行たるQ銀行に取立委任する。この際、Q銀行を被指定銀行とする二重線引がなされるのである[108]。このような小切手が交換提示されたときは、支払人たるP銀行において、Q銀行に支払いをなすことができる。

9-4-4　線引の変更および抹消

　一般線引を特定線引に変更することは許されるが、特定線引を一般線引に変更することは許されない（小37Ⅳ）。前者の変更は、小切手の支払いを受けうべき者をさらに被指定銀行に制限することになり、不正取得者が支払いを受ける危険を一層少なくするものであるから、これを許したのであり、逆に後者の変更は、上の制限を緩和するものであって、特定線引を施した者の意思に反するから、これを許さないとしたのである[109]。

　線引または被指定銀行の抹消は許されず、権限があろうとなかろうと、このような抹消がなされても、抹消はなされていないものとみなされる（小37Ⅴ）。

---

[107]　大隅・河本・注(19)前掲525-526頁。
[108]　以上、同前526頁参照。
[109]　同前523頁。

9-4-5 線引違反の効果

Aが持参人払式一般線引小切手を振り出し、Bに交付したとする。Cが該小切手を盗取した。その後、提示期間内に、善意無重過失にてCを権利者と信じたDが、Cからこの小切手を譲り受けた。このとき、Dは、該小切手を善意取得するから（小21参照）、正当な小切手上の権利者たりうる。Dが、この小切手の支払いを求めて、これを支払人たるP銀行に店頭提示した。P銀行は、Dが自行の取引先でなかったにもかかわらず、小切手の支払いに応じた。

上の例では、P銀行は、正当な権利者Dに対して支払いをなしているのであるから、支払いそれ自体は有効であり、これをAの計算に帰せしめることは可能である。ところが、Pの支払いは、小切手法38条1項に違反するものである。一般線引であれ特定線引であれ、その支払い、譲受け、取立受任に係る小切手法上の制限を遵守しなかった銀行は、不遵守のゆえに生じた損害につき、小切手金額の範囲内で賠償の責任を負う（小38Ⅴ）。この例において、小切手を盗取されたBは、もはや事故小切手の流通経路を知りえなくなり、Cから損害を回復しうる可能性がきわめて低くなったのである。このような場合、P銀行は、小切手法38条1項違反を理由に、被害者に対する損害賠償義務を免れることができない。

9-4-6 線引の効力を排除する特約——裏印の慣行

当座取引先の中には、取引銀行から交付を受けた小切手用紙（小切手帳）の全部に、あらかじめ線引を施してしまう者がある。このような者が振り出す小切手は、したがって、すべて（一般）線引小切手である。しかも、上で述べたように、いったんなされた線引は、抹消を許されない（小37Ⅴ）。

そうすると、このような小切手を交付された所持人は、支払銀行の取引先であれば直ちにこれを換金できるが、支払銀行と取引がなければ、自己の取引銀行にこれを取立委任しなければ換金できない。直ちに現金を必要とする事情があるときは、あらかじめ施された線引が、いわば却って仇になる。

そこで、実務上、線引の効力を排除するために、線引小切手の裏面に、振出人が、支払銀行に届け出てある届出印を押捺し、このような押印の

ある小切手については、支払銀行においてこれを線引小切手として取り扱わず、取引先以外の者からも受け入れ、あるいは取引先以外の者に対しても支払うという慣行が生じた[110]。これを「裏印（裏判）の慣行」という。

この慣行は、今日、当座勘定契約中に取り入れられ、この契約中の特約として、線引小切手の提示があった場合、その裏面に当座取引先（振出人）の届出印の押捺があるときは、銀行はその持参人に支払うことができ、そのために小切手法38条5項所定の損害が取引先に生じても銀行は責任を負わず、加えて、銀行が第三者に損害を賠償したときは、取引先に求償ができる、との旨を約定している。

上のような約定は、振出人と支払銀行との間で、特定の小切手についてのみ線引の効力を排除した特約であって、当事者間においては有効であると解されている（最高裁昭和29年（1954年）10月29日判決金法56号26頁）。そうであるがゆえに、上記特約には、銀行から取引先に対する求償条項が付加されているのである。

●10● 補遺──入金証明

小切手法35条は、裏書しうべき小切手、すなわち記名式・指図式小切手について、支払人は裏書の連続の形式的整否を調査する義務があるが、裏書人の署名を調査する義務がない旨を規定している。手形法40条3項前段のごとく、支払いをなす者が悪意または重過失のない限り責めを免れる旨が明定されていないが、これは、小切手の支払人が小切手上の義務者ではないため、「其ノ責ヲ免ル」というような表現が適切でないので、規定しなかったにすぎず、支払いの免責については、為替手形の支払人が支払う場合とまったく同様に考えるべきであるとされている[111]。

ところで、ある銀行（仮にＱ銀行とする）が、取引先から記名式または指図式小切手の取立委任を受けた場合、当該取引先は、小切手上に受取人または被裏書人として指名されているはずであるから、本来、Ｑ銀

---

[110] 前田・注(33)前掲411頁。
[111] 鈴木・注(32)前掲364頁。

行は、この取引先から取立委任の趣旨で裏書（公然の、または、隠れた）を受けなければならないのが道理である。この裏書が欠けていたり不備であるとすれば、支払人（仮にＰ銀行とする）は、小切手法35条に従い、裏書を調査の上、裏書不備を理由に支払いを拒絶することになる。これを避けるには、Ｑ銀行が取立委任を受ける際に裏書を求めるべきが筋合いであるが、実務の上では、きわめて煩雑になってしまう。それゆえ、この煩雑を避けるべく、取立委任裏書に代えて、Ｑ銀行が、この小切手の裏面に、「この小切手は名宛人口座に入金されたものであることを証明します」と記載して、手形交換に持ち出すという慣行が生じた。これを「入金証明」と称し、手形交換所もまた、この慣行を肯定して、これを規則化した（東京細則20）。すなわち、入金証明は、裏書がない、裏書が不完全である、裏書が連続しない等のゆえに不渡りになるのを避けるために行われるものであって、その文言から観ても、銀行が、小切手の受取人または被裏書人から真実取立代理権を与えられたことを自身で証明するための、慣行的証明方法であると解される[112]。入金証明があれば、Ｐ銀行は、裏書の不備にもかかわらず、交換提示された小切手を支払い、その結果を振出人の計算に帰せしめている。

　上の理からすれば、入金証明は単なる取立代理権証明のための慣行的方法にすぎないのであるから、Ｐ銀行は、入金証明を信じて支払っても、小切手法35条の免責的効果を享受できないことになろう。すなわち、裏書不備のゆえに、まったくの無権利者に支払ってしまえば、Ｐ銀行による支払いは無効であるという結論になる。このとき、損害を負担すべきは、Ｐ銀行なのか、Ｑ銀行なのか。

　Ｐ銀行が、小切手法35条に依拠して免責を受けられず、したがって、二重払いに応じざるをえなかった場合、Ｐ銀行は、Ｑ銀行の入金証明を真じて支払いをなしたのであるから、該入金証明には、このような場合に、その損害はＱ銀行が負担する旨の、ＰＱ間の損害担保契約としての効力があるものと解すべきであると考える。

---

[112]　大隅・河本・注[19]前掲506頁。

外の帖

平成26年（2014年）改正会社法と通論既巻

第1章 総　論

●1● 緒　言

　会社法の一部を改正する法律（平成26年（2014年）法律第90号）は、平成26年6月20日、第186回国会において成立し、同年同月27日に公布された。

　今回の改正は、平成17年（2005年）に成立した現行会社法の施行後、初めて本格的に行われた改正であり、改正点も多岐にわたる。それゆえ、これまで順次刊行していた本通論の既巻にも少なからぬ影響を生じることとなった。

　今回の改正は、巷間いわれるように、コーポレート・ガバナンスの強化および親子会社関係の規律等の再整備に主眼があることに、異論はあるまい。改正内容のうち、具体的には、監査等委員会設置会社制度の創設、多重代表訴訟の許容、特別支配株主の株式等売渡請求制度の創設などが、世上の耳目を引いている。

　本通論は、この後、「第5帖・「商」の資金調達」「第6帖・「商」の再編」および「第7帖・「商」との決別」を残している。そのほとんどが会社法に係る分野である。これら新たな帖は、改正法を織り込んで記述すべきこと、当然である。したがって、本帖においては、既巻中、応急に記述の変更を要する点を抜粋して、補塡・修正することを目的としたい。

●2● 改正の経緯

◆ 2-1　編年体による事実の羅列

　平成21年（2009年）8月30日に執行された第45回衆議院議員総選挙において、民主党が大勝し、自民党・公明党が野に下り、同年9月16日、鳩山由紀夫（1947～　）を首班とする民主党・社民党・国民新党連立内閣

が成立した（後に社民党が離脱）。

　平成22年(2010年) 2月24日に開催された法制審議会第162回会議において、法務大臣（千葉景子（1948〜　））から、法制審議会に対し、「会社法制について、会社が社会的、経済的に重要な役割を果たしていることに照らして会社を取り巻く幅広い利害関係者からの一層の信頼を確保する観点から、企業統治の在り方や親子会社に関する規律等を見直す必要があると思われるので、その要綱を示されたい」との諮問（平成22年法務大臣諮問第91号）がなされた。

　上記諮問を受け、法制審議会内部に会社法制部会が設置され、平成22年(2010年) 4月28日に第1回会議を開催した。部会長は、岩原紳作であった[1]。

　これ以降、平成22年(2010年) 5月26日、第2回会議。同年6月23日、第3回会議。同年8月24日、第4回会議。同年9月29日、第5回会議。同年10月20日、第6回会議。同年11月24日、第7回会議。同年12月22日、第8回会議。平成23年(2011年) 1月26日、第9回会議。同年2月23日、第10回会議。ほぼ1ヵ月に1回の頻度で、順調に審議が進められた。

　平成23年(2011年) 3月11日、東日本大震災が発生。会議は、いったん中断を余儀なくされる。

　平成23年7月27日、会議は再開され、同日に第11回会議。同年8月31日、第12回会議。同年9月28日、第13回会議。同年10月26日、第14回会議。同年11月16日、第15回会議。同年12月7日、第16回会議。中断をはさんで、計16回の会議が開催されたことになる。

　以上の会議を経て、平成23年(2011年)12月7日、法制審議会会社法制部会は、「会社法制の見直しに関する中間試案[2]」を取り纏めた。この試案は、事務局たる法務省民事局参事官室から直ちに公表され、意見照会手続（いわゆるパブリック・コメント（public comment）手続）に付された。

---

[1] 第1回会議時点の会社法制部会委員名簿は、商事法務1898号（2010年）107頁に掲げられている。

[2] この試案および法務省民事局参事官室による補足説明は、商事法務1952号（2011年）4頁以下に掲げられている。

意見照会手続は、平成23年(2011年)12月14日から平成24年(2012年)1月31日まで実施された。これに対して寄せられた意見の数は、団体から119通、個人から72通、計191通に上った[3]。

 意見照会手続終了後、法制審議会会社法制部会は、提出された意見を踏まえ、さらに審議を継続した。平成24年(2012年) 2月22日、第17回会議。同年3月21日、第18回会議。同年4月18日、第19回会議。同年5月16日、第20回会議。同年6月13日、第21回会議。同年7月4日、第22回会議。同年7月18日、第23回会議。同年8月1日、第24回会議。以上、計8回の会議が開催された。

 上記の会議を経て、法制審議会会社法制部会は、平成24年(2012年) 8月1日、「会社法制の見直しに関する要綱案[4]」を取り纏めた。要綱案は、「第1部企業統治の在り方」「第2部親子会社に関する規律」および「第3部その他」より成っていた。留意すべきは、以下の附帯決議が、第24回会議（取纏めの会議）においてなされた点である。附帯決議は、以下の2項目より成る。

　　1　社外取締役に関する規律については、これまでの議論及び社外取締役の選任に係る現状等に照らし、現時点における対応として、本要綱案に定めるもののほか、金融商品取引所の規則において、上場会社は取締役である独立役員を1人以上確保するよう努める旨の規律を設ける必要がある。

　　2　1の規律の円滑かつ迅速な制定のための金融商品取引所での手続において、関係各界の真摯な協力がされることを要望する。

 上述の要綱案は、平成24年(2012年) 9月7日に開催された法制審議会（第167回会議）に付議され、その承認を得て、要綱として、法務大臣（平岡秀夫（1954～　））に答申された。時の宰相は、野田佳彦（1957～　）であった。

 平成24年(2012年)11月26日の衆議院解散にともない、同年12月16日に執行された第46回衆議院議員総選挙により、民主党は大敗。政権は、自

---

(3) 坂本三郎・高木弘明・宮崎雅之・内田修平・塚本英巨「「会社法制見直しに関する中間試案」に対する各界意見の分析（上）」商事法務1963号（2012年） 4頁。
(4) この要綱案は、商事法務1973号（2012年）13頁以下に掲げられている。

民党・公明党が奪還するところとなった。同年12月26日、安倍晋三(1954〜　)を首班とする第2次安倍内閣が発足した。

　政権交代の余波を受けた結果、要綱が答申されたにもかかわらず、会社法改正法案は、平成25年(2013年)の通常国会(第183回国会)に提出という運びにはならなかった。

　平成25年11月29日、「会社法の一部を改正する法律案」が臨時国会(第185回国会)にようやく提出されたものの、会期の終了が迫っていたため、継続審議となった。そして、平成26年(2014年)の通常国会の会期切れ直前に、改正会社法は、難航の末[5]、成立の運びとなったのであった。

◆ 2-2　改正の背景

　(ア)　冒頭に戻り、平成22年(2010年)における法務大臣から法制審議会に投げ掛けられた諮問の内容を見るに、それは、第1点として、企業統治のあり方の見直し、第2点として、親子会社に対する規律等の見直し、という2つの骨子から成るものと評価しうる。このうち、後者については、平成17年(2005年)の現行会社法制定時の積残し課題の処理という側面が強いものと思われる。すなわち、現行会社法成立に際して付された衆議院の附帯決議の8、「企業再編の自由及び規制緩和に伴い、企業グループや親子会社など企業結合を利用した事業展開が広く利用される中で、それぞれの会社の株主その他の利害関係者の利益が損なわれることのないよう、情報開示の一層の充実を図るほか、親子会社関係に係る取締役等の責任の在り方等、いわゆる企業結合法制について、検討を行うこと」という点に対する処方箋を示すよう迫ったものと評価できよう。

　無論、前者についてもまた、上記附帯決議1・9等に見られるような、積残し課題の解決を迫ったものという側面を無視しえない。しかし、これに加えて、会社法制定後のわが企業社会の動向を踏まえての、コーポレート・ガバナンスの望ましい姿を示すよう迫ったという側面をも無視

---

(5)　成立が難航した理由の詳細については、岩原紳作：坂本三郎：三島一弥：斎藤誠：仁科秀隆「座談会・改正会社法の意義と今後の課題(上)」商事法務2040号(2014年)7頁〔岩原紳作発言〕、同8-10頁〔坂本三郎発言〕参照のこと。

できないと思う。

　本通論の記述においても、第2点に係る改正点については、既巻の記述を大幅に変更しなければならないが、今後の記述に反映されるべき点も多いので、本帖では、第1点を中心として、改正の背景を取り上げてみたい。

　㈰　今次改正の中間試案が纏まった段階において、第1点の見直しの背景について、神作裕之（1962～　　）が、次のような総論的分析を試みている点に注目したい。以下の3点に集約されている。

　①グローバルなレベルにおけるコーポレート・ガバナンス論とわが国の（従来の）議論との間にやや乖離がみられる。グローバルなレベルでは、効率的経営の監督がとくに重要視され、モニタリング・モデルが支配的な形態になる傾向がある。そこでは独立取締役が重視されているのに対し、わが法制下では、独立性よりも当該会社との関係（従業員性や業務執行性）に着目した社外取締役という独特の要件を立てている[6]。

　②わが国は、第2次大戦後、企業統治機構の改正をもっぱら監査役・監査役会制度の見直しを中心に行ってきた。この間、監査役会改革と取締役会改革とが必ずしも相互に関連づけられることもなかった。平成14年（2002年）に至り、ようやく当時の委員会等設置会社制度が導入されたものの、これは会社機関設計の選択肢のひとつという位置づけにすぎず、改革というには不徹底であるし、アメリカの統治機構とも一致せず、わが国独自のルールの縛りがある。さらに、繰り返し見直されてきた監査役・監査役会制度改革の内容も、理念としての大胆な広がりが見えない[7]。

　③内外の投資家等からのガバナンスの見直しについての期待または要望が高まっている点にも留意すべきである。その背景には、⑴日本企業のパフォーマンスに対する不満、⑵支配権の変動をもたらしうる第三者割当増資や企業買収防衛策の導入等の企業行動に対する批判、⑶紛飾決算等の発覚、ＭＳＣＢ[8]の利用等による資本市場の健全性に対する揺ら

---

(6)　神作裕之「法制審議会会社法制部会での議論の経緯と中間試案の内容」商事法務1961号（2012年）4頁参照。
(7)　同前4－5頁参照。

ぎ、などがある[9]。

　上述の①ないし③の諸点は、独立に論じられるものではなく、それぞれが密接に関連しているといえよう。すでに述べたように（第1帖第1章2-4-5-4）、平成13年(2001年)以降の会社法改正およびその集大成としての平成17年(2005年)会社法制定は、市場原理を重んじる企業システムのいわゆるグローバル・スタンダードをわが国に受容するためのものであった。しかし、結果的に、それは必ずしも徹底したものとはいえなかったのであろう。もちろん、わが国の独自の風土に根ざす国法は、会社法といえど、譲ることのできない一線があることは確かであろう。世界標準とわが法制（あるいは、わが国民が抱く法意識）との「ずれ」を、どこまで修正することができるか、その解答の一部が、今次の改正法なのであると思われる。

　㈼　昨今のわが国のコーポレート・ガバナンスに向けられた疑問の嚆矢は、あたかも日本史の法則であるかのごとく、やはり外から射られたもの（外圧）である。その直接の契機は、アジア・コーポレート・ガバナンス協会（Asian Corporate Governance Association──ＡＣＧＡ）が、2008年(平成20年)5月に示した「日本のコーポレート・ガバナンス白書(White Paper on Corporate Governance in Japan)」であったとされている[10]。これ自体は、海外の機関投資家によるわが国企業へのガバナンス批判と目されるものであるが、その不満の背景には、長期にわたる、わが国の企業の業績の低迷があったと分析されている[11]。

　確かに、グローバル・スタンダードの受容へと舵を切った平成13年(2001年)度以降の、93ＳＮＡ連鎖方式による、わが国の経済成長率の推移を眺めると、投資家の不満が理解しえないわけではない。ここに経済成長率というは、実質ＧＤＰの対前年度増減率のことである。以下のと

---

(8) Moving Strike Convertible Bond の頭文字を取ったもので、わが国では、通常「行使価額修正条項付新株予約権付社債」と呼ばれる。発行後、株価を反映して転換価格が修正される条項が付されている。
(9) 神作・注(6)前掲5頁参照。
(10) 落合誠一：太田洋：柴田寛子編『会社法制見直しの視点』（商事法務・2012年）2頁参照。
(11) 同前参照。

おりである。平成14年(2002年)度が1.1％、平成15年(2003年)度が2.3％、平成16年(2004年)度が1.5％、平成17年(2005年)度が1.9％、平成18年(2006年)度が1.8％、平成19年(2007年)度が、1.8％、平成20年(2008年)度がマイナス3.7％、平成21年(2009年)度がマイナス2.0％、平成22年(2010年)度が3.4％、平成23年(2011年)度が0.3％、平成24年(2012年)度が0.7％、平成25年(2013年)度が2.3％となっている。この結果は、無論、わが国のみが責めを負うべきものではない。たとえば、平成20年度の大きな落込みは、リーマン・ショックに端を発する世界金融危機の影響によるものであり、平成23年度の低迷は、前年のいわゆる欧州ソブリン(sovereign)危機の影響によるものである。しかし、総じて眺めれば、平成13年(2001年)以降の会社法改正が、経済的にわが企業の業績の回復に寄与したと思われる痕跡は認められない。

　次いで、世界を駆け巡る投資（投機）資金が、わが国に流入したか否かを、眺めてみよう。世界金融危機が一応の収束を見た平成21年(2009年)以降の年末の日経平均株価を示してみる。平成21年12月末が10,546円44銭、平成22年(2010年)12月末が10,228円92銭、平成23年(2011年)12月末が8,455円35銭、平成24年(2012年)12月末が10,395円18銭、平成25年(2013年)12月末が16,291円31銭である。このうち、平成25年末の数値は、政権交代により、第2次安倍内閣が掲げた経済政策、いわゆるアベノミクスに対する期待値であるから、特殊要因として、除外してよい。総じて見れば、わが国は、世界を還流する資金を吸収することに、必ずしも成功しているとはいい難い。

　(エ)　さて、ＡＣＧＡの白書をきっかけに、平成21年(2009年)の3月から5月にかけて、日本監査役協会、日本経済団体連合会、東京証券取引所、日本公認会計士協会などの団体が、わが国のコーポレート・ガバナンスおよび関連法規整についての提言を公表したが、これらの提言は、例外なく社外（独立）取締役に関するものを含んでいた[12]。外圧を契機に国内で声が挙がるというのも、これまた日本史の法則になりつつある。なお、ＡＣＧＡは、2010年(平成22年)8月にも社外（独立）取締役の調

---

[12]　同前参照。

査結果を公表しているが、わが国は、アジア諸国の中でも突出して社外（独立）取締役の義務づけが弱いと指摘されている[13]。

　(オ)　上述の提言を受ける形で、金融審議会金融分科会「我が国金融・資本市場の国際化に関するスタディグループ」の報告および経済産業省・企業統治研究会の報告書が平成21年(2009年) 6 月17日に公表された。

　これらの報告書、およびその後の国内外市場関係者等との議論や指摘をも踏まえ[14]、金融庁は、平成22年(2010年) 3 月31日に、上場会社のコーポレート・ガバナンスに関する開示の充実等を内容とする「企業内容等の開示に関する内閣府令等の一部を改正する内閣府令」（平成22年内閣府令第12号）を公布し、即日施行した。この改正開示府令は、有価証券報告書等において「コーポレート・ガバナンス体制」「役員報酬」および「株式保有の状況」に関する詳細な情報の開示を求め（開示府令第 2 号様式）、「議決権行使結果」についての詳細な情報は、臨時報告書において開示を求めることとした（開示府令92Ⅱ⑨の②）。

　開示府令の改正理由については、以下のように説かれている。すなわち、「この10年の間に国内外において数々の企業不祥事や不正会計が発生し、国内外の多くの投資者が多大な損害を受けたことなどを背景として、国内外の投資者のコーポレート・ガバナンスについての関心は非常に高く、その情報は投資者が投資判断を行う際の重要な情報であると考えられる。このため、従前から有価証券報告書等において開示を求めている「コーポレート・ガバナンスの状況」について、上場会社を対象に、一層の開示の充実を図ることとした[15]。」このように、上場会社については、行政主導で、ガバナンス状況の開示という処方箋が、とりあえず示されたのである。他方、非上場会社についての開示は、従前どおりとされた。

　また、先に述べた神作による③の(3)に関する指摘についても、これまた行政主導で、平成21年(2009年)12月11日に「連結財務諸表の用語、様

---

[13]　同前 3 頁参照。
[14]　谷口義幸「上場会社のコーポレート・ガバナンスに関する開示の充実等のための内閣府令等の改正」商事法務1898号（2010年）21頁。
[15]　同前。

式及び作成方法に関する規則等の一部を改正する内閣府令」（平成21年内閣府令第73号）が公布され、即日施行されている。この改正府令は、①国際会計基準（ＩＦＲＳ）の任意適用に伴う有価証券届出書、有価証券報告書等における記載事項の新設・整備、②第三者割当てに係る開示の充実、③行使価額修正条項付新株予約権付社債券等（ＭＳＣＢ等）に係る開示の充実、④有価証券報告書等の定時株主総会前の提出を可能とする改正、および⑤信託等を利用した従業員持株制度に係る開示を内容とするものであり、「連結財務諸表の用語、様式及び作成方法に関する規則」「企業内容の開示に関する内閣府令」等の改正が含まれている[16]。このように、内外の批判に対し、行政庁は決して手を拱いていたわけではないのである。わけても金融庁の健闘は、記録にとどめ置くに値しよう。

　㈹　行政の活動から目を転じて、次に、市井の活動を見ておこう。東京証券取引所（東証）の動向である。株式会社東京証券取引所は、平成21年（2009年）12月に、有価証券上場規程等の一部改正を実施し、すべての上場会社が備えるべきコーポレート・ガバナンスの枠組みとして、独立役員の確保を求めることとした（有価証券上場規程436の２Ⅰ）。

　東証によって平成22年（2010年）３月31日に公表された上場制度整備懇談会の「独立役員に期待される役割[17]」という文書によれば、まず上場会社にとっての一般株主の重要性を説き、一般株主の利益が適切に守られることが証券市場を通じた資金調達機能等の円滑化等ひいてはわが国の経済発展に資する旨が説かれている。次いで、「特に、上場会社の経営者と一般株主との間の利害の相違が顕在化する局面では、ともすると一般株主の利益を軽視した決定がなされるおそれがある。こうした局面では、一般株主の利益に配慮した公平で公正な決定がなされる仕組みが上場会社の中に設けられることが、強く求められる」旨が指摘されている。そして、この点につき、経済産業省の「企業価値の向上及び公正な手続確保のための経営者による企業買収（ＭＢＯ）に関する指針（平成19年（2007年）９月４日）」、経済産業省・法務省の「企業価値・株主共同

---

[16]　谷口義幸・宮下央・小田望未「第三者割当に係る開示の充実等のための内閣府令等の改正」商事法務1888号（2010年）４頁。
[17]　この資料は、商事法務1898号（2010年）35頁以下に掲げられている。

の利益の確保又は向上のための買収防衛策に関する指針（平成17年(2005年) 5月27日)」、および第三者割当増資に関する東証の上場ルールを例示し、「これらの指針やルールに共通しているのは、上場会社の利害関係者の間で明確な利害の対立が生じうる場面においては、意思決定プロセスの中に独立した立場の者の客観的な判断を取り込むことが、一般株主の利益に配慮した公平で公正な決定のために有効かつ必要であるという考え方である」と分析されている。上記のことは、経営者と一般株主との間で利害の対立が顕在化する局面だけの問題ではなく、日常の経営判断の積重ねが結果的に一般株主の利益を損なう場合があることに鑑みれば、平素から、上場会社の意思決定プロセスに独立した客観的視座が必要である。このような枠組みの整備は、外部から理解され易い形で提供される必要がある。独立役員制度の意義は、ここに求められるべきである。およそ、以上のような主旨が展開されている。

　かくして、上場会社は、社外取締役または社外監査役の中から、一般株主と利益相反のおそれがない者（有価証券上場規程436の2）を独立役員として1名以上確保することが義務づけられることになったのである（同規程445の4）。

　東証の規程改正は、上に述べた多くの提言を意識したものであること、自明であろうが、株式会社の意思決定プロセスに客観的かつ公平・公正な視点を盛り込むという流れは、もはや既定路線となったといえよう。

　㈭なお付言すれば、わが国の企業経済の長期低迷の原因のひとつとして、わが国の企業は必ずしも企業価値（株主利益）を最大化するようには経営されておらず、しばしば経営者や従業員の金銭的・非金銭的な利益を優先する経営がなされているのではないかとの疑いがある[18]との指摘にも留意しておく必要がある。このような、日本型経営姿勢への、ある種の「苛立ち」が、ＡＣＧＡをはじめとする日本企業に対するガバナンス批判につながったのではないか。日本企業は総じて世界的にみても優秀である。しかし、それがグローバルに還流する資金を日本市場に呼び込むことができないのは、ひとえに投資家にとって安心できる投資環

---

[18] 落合：太田：柴田編・注[10]前掲5頁。

境を与えることに成功していなかったからではなかろうか。これが内外投資家の苛立ちの遠因なのであろう。

(ク) 現行会社法制定後の行政主導の活動、市井の活動を駆足で振り返ってみた。各々がなすべき事はなしている。しかし、これらの活動のみでは不十分である。根本的な解決は、立法の手に委ねられたのである。

◆ 2–3 補遺──各政党の取組み

(ア) 上に述べたように、会社法改正に係る法制審議会への諮問およびこれに対する法務大臣への答申は、民主党政権下で実施された。

ところで、民主党は、会社法見直しに先立つ平成21年(2009年)7月に、同党の公開会社法プロジェクトチーム(座長・鈴木克昌(1943～　))による「公開会社法(仮称)制定に向けて」という文書を公開している。このチームは、平成19年(2007年)3月から同21年(2009年)6月にかけて、斯界の学識経験者等を交えて、計17回に及ぶ勉強会を実施し、その結果として、この文書を纏めたようである。これによれば、その構想のポイントは、①情報開示の徹底、②内部統制の強化、③企業集団の明確化、を主な要素とする「公開会社法」(仮称)を制定し、よりいっそう透明で責任のある経済社会を構築するという点にあるとされている。つまり、株式を公開している会社に適用される特別法を制定しようとするものであった。そこで挙げられた主たる問題点は、①会社法と金融商品取引法との間で、情報開示や会計のあり方が不明確となっている、②適正な企業統治を実現するシステムが担保されていない、という2点である。後者につき、具体的に指摘されているのは、(ⅰ)資本市場から見て、企業統治を実現するシステムが担保されていない(社外取締役制度の狙いが達成されていない)、(ⅱ)「会社のあり方」に対して、従業員の意見を反映する仕組みがない(会社法では、清算時以外は従業員の意見を聴かなくてよい)、(ⅲ)M&A法制が整備されていない(企業買収者に対する「全部買付義務」や「企業経営方針の明示義務がない」)、(ⅳ)監査役が有効に機能していない(経営陣になれなかった人が監査役になるようでは、牽制にならない)、(ⅴ)会計監査への経営陣の影響が強い、というものであった。この提言は、一時、経済界の耳目を引いたものの、今回の改

正にあたっては、この案は、あくまでも議論の材料の１つにすぎないという位置づけであった[19]。また、見直し事項が、必ずしも改正法に反映されているわけでもないと評価しうる。

　(イ)　政権を奪い返した自民党は、平成25年(2013年) 6 月14日に「日本再興戦略── JAPAN is BACK ──」を閣議決定したが、その中に「会社法を改正し、外部の視点から、社内のしがらみや利害関係に縛られず監督できる社外取締役の導入を促進する」旨が謳われていた。加えて、閣議決定より遡ること約 1 ヵ月前の同年 5 月10日、「自由民主党日本経済再生本部の中間提言」において、「公開会社に関しては、少なくとも 1 人の独立社外取締役導入を確実なものとするよう、政府において年内に適切な施策を講じることを要請する」旨の記載がなされたことも注目されよう。

---

[19]　「法制審議会第162回議事録」(平成22年(2010年)) 32頁〔園藤丈士発言〕。

第2章　各　論

● 1 ● 記述の原則

　今次の改正によって、監査等委員会設置会社制度（平成26年（2014年）改正後会2⑪の②——以降、今次の改正後条文は、原則として、今次改正後と表記する）が新たに設けられた。この制度の創設にともない、改正法が、「監査等委員会設置会社」および「監査等委員会」という名称を新たに用いたため、改正前の「委員会設置会社」および「委員会」の名称は、各々、「指名委員会等設置会社」および「指名委員会等」と変更された（今次改正後会2⑫）。従来の委員会設置会社および委員会の名称をこのように変更したのは、今次改正前会社法2条12号が、3つの委員会の中で指名委員会を最初に掲げていたという単純な理由からである[1]。

　本通論既巻の記述において、「委員会設置会社」および「委員会」という単語は、随所で用いており、これを逐一変更することは、もはや困難である。したがって、とくに記述を要する場合を除いて、その都度、この変更作業を行うことは、しない。

● 2 ● 第1帖関係

　第1帖第4章3－1において、会社を含む法人が、会社法上、取締役、監査役、執行役または清算人となる資格がない旨、記述している（通論Ⅰ126頁）。その根拠条文中、清算人資格に係る会社法478条6項が、同条8項に繰り下げられている。

　第1帖第4章3－2において、株式会社における定款所定の目的の逸

---

[1] 坂本三郎：高木弘明：宮崎雅之：内田修平：塚本英巨：辰巳郡：渡辺邦広「平成26年改正会社法の解説（Ⅱ）」商事法務2042号（2014年）29頁脚注㉓。

113

脱行為に言及している（通論Ⅰ128頁）。そこに掲げた①の行為に関する記述を以下のように変更する。

「①取締役等のそのような行為によって会社に著しい損害が生じるおそれのある場合には、当該行為の差止請求事由となる（今次改正後会360、385、399の6、407Ⅰ——一部改正のない条文を含む）。」

第1帖第5章7-2において、自益権について解説し、その例のひとつに株式買取請求権を挙げている（通論Ⅰ185頁）。この権利を生じる場面が増加したため、そこに掲げた根拠条文に次の1ヵ条を加える。すなわち、会社法182条の4である。

同じく、第1帖第5章7-2において、共益権について解説し、その例のひとつに議事録・書面閲覧請求権を挙げている（通論Ⅰ185頁）。その対象資料に増加を見たので、そこに掲げた根拠条文に以下の2ヵ条を加える。すなわち、会社法179条の5第2項および同182条の2第2項である。

第1帖第5章9-2の第2段落中、「加えて」以下の文章を次のように変更する（通論Ⅰ191頁-192頁）。

「加えて、会社法は、議決権（会308Ⅰ）、売渡株主に対する金銭の割当ての事項に関する定め（今次改正後会179の2Ⅲ）、募集株式の割当権（会202Ⅱ）、新株予約権の割当権（会241Ⅱ、278Ⅱ）、剰余金の配当（会454）、残余財産の分配（会504Ⅲ）などについて、個別の規定においても、持株数に応じた平等の取扱いをなすべき旨を定めている。」

第1帖第5章11の種類株式の説明において、現行会社法が許容する9種の種類株式を紹介した（通論Ⅰ212頁以下）。

このうち、取締役・監査役選任種類株式に係る記述を変更しなければならない。この種類の株式に限っては、指名委員会等設置会社および公開会社は、これを発行することができない（会108Ⅰ柱書ただし書）。つまり、監査等委員会設置会社は、非公開会社であれば、取締役選任等種類株式を発行できる。監査等委員会設置会社にあっては、監査等委員たる取締役またはそれ以外の取締役の各々につき、各別に種類株主総会において選任するという内容の種類株式とすることが可能である（今次改正後会108Ⅰ⑨かっこ書）（通論Ⅰ227頁）。

● 3 ● 第2帖関係

◆ 3-1 設立プランとしての株式会社の機関設計

3-1-1 緒言

本通論においては、第2帖第3章において、株式会社の機関設計を、設立プランの一環として紹介するという記述方法を採っている。

今次改正の監査等委員会設置会社制度の創設は、単なる機関設計の選択肢の増加という以上に大きな意義を有するものであるが、さしあたって、本通論の記述に沿う形で、補訂を進めることとする。

3-1-2 機関設計の起点

設立しようとする株式会社の、株主総会を除く機関設計をどう行うか、その起点となる条文が会社法326条であることに変わりはない。あらゆる株式会社には、同条1項に依拠して、少なくとも1人以上の取締役を置くことが必要とされる、これも変わりはない。今次の改正により、同条2項は、「株式会社は、定款の定めによって、取締役会、会計参与、監査役、監査役会、会計監査人、監査等委員会または指名委員会等を置くことができる。」と改められた。しかし、その本則は、改正前と同様である。すなわち、取締役を除く各機関は、強行法規に反しない限り、定款の定めによって、自由に設計することができる（通論Ⅰ281頁）。

3-1-3 非公開・非大会社の機関設計

(ア)第2帖第3章2-3には、9種の機関設計を挙げているが、これに10番目の機関設計が加わることとなった（通論Ⅰ284頁）。

⑩「取締役会」＋「監査等委員会」＋「会計監査人」

これが監査等委員会設置会社の機関設計である。今次改正後会社法327条1項3号により、この会社は、必ず取締役会を置かなければならず、また会計監査人をも置かなければならない（今次改正後会327Ⅴ）。この会社は、監査役を置いてはならない（今次改正後会327Ⅳ）。なお、この会社も、定款の定めによって、任意に会計参与を置くことができる（今次改正後会326Ⅱ）。

(イ)今次の改正にともない、⑨の機関設計は次のように変更される。

⑨「取締役会」＋「指名委員会等」＋「会計監査人」

外の帖　平成26年（2014年）改正会社法と通論既巻

　指名委員会等設置会社に監査役を置いてはならないとの条文が、会社法327条4項から同条6項へ繰り下げられるとともに、この会社が、取締役会を置かなければならない根拠規定は、今次改正後会社法327条1項4号に変更された（通論Ⅰ284頁）。

3-1-4　非公開・大会社の機関設計

　この類型に属する株式会社の機関設計に係る条文は、監査等委員会設置会社制度の創設にともなう改正を施されているが、ここに記した依拠すべき条項の番号は、そのまま妥当する（通論Ⅰ284頁）。

　記述④の機関設計が本帖本章3-1-3の⑨のように変更されるとともに、⑤として、本帖本章3-1-3の⑩の機関設計が追加される（通論Ⅰ285頁）。

3-1-5　公開・非大会社の機関設計

　この類型に属する株式会社の機関設計に係る条項も、上述と同様の理由により、改正を施されているが、ここに記した依拠すべき条項の番号は、やはりそのまま妥当する（通論Ⅰ285頁）。

　記述⑤の機関設計が本帖本章3-1-3の⑨のように変更されるとともに、⑥として、本帖本章3-1-3の⑩の機関設計が追加される（通論Ⅰ285頁）。

3-1-6　公開・大会社の機関設計

　この類型に属する株式会社の機関設計に係る条項も、上述と同様の理由により、改正を施されているが、依拠すべき条項の番号は、指名委員会等設置会社とするときは、会社法327条5項および6項となる（通論Ⅰ285頁）。

　記述②の機関設計が本帖本章3-1-3の⑨のように変更されるとともに、③として、本帖本章3-1-3の⑩の機関設計が追加される（通論Ⅰ285頁）。

　結局、監査等委員会設置会社は、あらゆる類型の株式会社が選択可能な会社として提供されている。

◆3-2　株式会社の設立の手続

3-2-1　発起人の意義

　第2帖第3章4-1-1-1において、発起人の意義を説明した。この際、擬似発起人の責任について言及したが、当該責任に係る条文の条項が、会社法103条2項から同条4項へと変更された（通論Ⅰ287頁）。

3-2-2　定款の絶対的記載・記録事項

　第2帖第3章4-1-2-3において説明した会社法27条各号について、改正はない。本店の所在地（会27③）は、いくつかの会社関係の訴えの専属管轄地を定める指標となるが、その例示条文中に、会社法846条の4および同868条を加えることとしたい。なお、後者の条文は、新しい非訟事件手続法制定にともなう改正をも施されている（平成23年（2011年）法律第53号）（通論Ⅰ293頁）。

3-2-3　発起設立の設立時役員の選任

3-2-3-1　設立時取締役の選任

　第2帖第3章4-3-3-1の記述中、発起設立にあっては、設立に際して取締役となる設立時取締役を定めおくことができ、この場合には、出資の履行が完了した時に選任がなされたものとみなされる（今次改正前会38Ⅲ）旨の記述について、以下のように補足する（通論Ⅰ310頁）。すなわち、改正前の会社法38条3項が同条4項に繰り下げられるとともに、監査等委員会設置会社にあっては、原始定款に定めおかれる設立時取締役は、これを設立時監査等委員たる設立時取締役とそれ以外の設立時取締役とに区別して定めおくことになる（今次改正後会38Ⅳかっこ書参照）。

　発起設立にあって、原始定款をもって設立時取締役を定めていない場合には、発起人は、出資の履行が完了した後、遅滞なく、設立時取締役を選任しなければならない（会38Ⅰ）。ただし、設立しようとする会社が監査等委員会設置会社である場合には、設立時取締役の選任は、設立時監査等委員たる設立時取締役とそれ以外の設立時取締役とを区別して、選任することを要する（今次改正後会38Ⅱ）（通論Ⅰ310頁）。

　なお、設立しようとする会社が監査等委員会設置会社である場合には、設立時監査等委員たる設立時取締役は、3人以上でなければならない（今次改正後会39Ⅱ）。

発起設立にあって、設立しようとする会社が種類株式発行会社であって、取締役の選任に関する議決権制限株式（会108Ⅰ③）が発行されておれば、当該種類株式を有する発起人は、当該取締役となる設立時取締役の選任について、議決権を行使することができない（会40Ⅲ）。監査等委員会設置会社の設立にあっては、上の規定中、「取締役」を「監査等委員である取締役又はそれ以外の取締役」と、「当該取締役」を「これらの取締役」と、各々読み替えて適用する（今次改正後40Ⅳ）（通論Ⅰ310頁）。

　各種類の株主の総会において取締役を選任できる種類株式（会108Ⅰ⑨）が発行されておれば、各種類の設立時発行株式を引き受けた発起人の当該種類株式の議決権の過半数をもって決定するが、監査等委員会設置会社のこの種類株式が、監査等委員たる取締役またはそれ以外の取締役につき、各別に種類株主総会において選任するという内容になっておれば、やはり各々の種類の設立時発行株式を引き受けた当該種類株式の議決権の過半数をもって、これを決定することとなる（今次改正後会41Ⅰ）（通論Ⅰ310頁）。

　取締役（監査等委員会設置会社の取締役を除く）の選解任につき、拒否権付株式（会108Ⅰ⑧）が発行されておれば、当該種類株式の設立時発行株式を引き受けた発起人の議決権の過半数による同意も併せて必要である（今次改正後会45Ⅰ①・Ⅱ）。監査等委員会設置会社の、監査等委員たる取締役またはそれ以外の取締役の選解任につき、拒否権付株式が発行されているときも、同様の同意が必要である（今次改正後会45Ⅰ②・Ⅱ）（通論Ⅰ310頁）。

　設立時取締役の解任手続につき、監査等委員会設置会社に係る改正により、その手続は、今次改正後会社法43条、同44条および同45条1項1号2号・2項に従うことになる。設立時監査等委員たる設立時取締役の解任要件が加重されている（今次改正後会43Ⅰかっこ書）（通論Ⅰ311頁）。

　設立しようとする会社が取締役会設置会社であって、指名委員会等設置会社でない場合には、設立時取締役は、自分達の中から、会社の設立に際して代表取締役となる設立時代表取締役を選定しなければならないが、監査等委員会設置会社の設立にあっては、設立時監査等委員たる設

立時取締役以外の者から、これを選定しなければならない（今次改正後会47Ⅰ）（通論Ⅰ311頁）。

3-2-3-2 他の機関の選任

取締役を除く他の機関の選任につき、依拠すべき改正前会社法38条2項が、改正により、同条3項に繰り下げられた（通論Ⅰ311頁）。同じく、改正前会社法39条3項は、監査等委員会設置会社制度創設に係る修正を経たうえで、同条4項に繰り下げられた（通論Ⅰ311-312頁）。

選任方法につき依拠すべき条項につき、会社法40条1項・2項は、これまでと同様であるが、同条4項は、改正後5項に繰り下げられた（通論Ⅰ312頁）。同じく、会社法38条3項が、同条4項に繰り下げられた（通論Ⅰ312頁）。

設立時監査役の解任につき、参照すべき条文は、今次改正後会社法42条、同43条5項、同44条5項、同45条1項4号・2項となる（通論Ⅰ312頁）。

設立時会計参与および設立時会計監査人の解任につき、参照すべき条文は、今次改正後会社法42条、同43条5項、同45条1項3号5号・2項となる（通論Ⅰ312頁）。

3-2-4 募集設立

第2帖第3章4-2-2-1の記述中、株式の申込みの効力を確保すべく、民法の意思表示の瑕疵の効力に係る特則を設けた旨の説明をした部分につき、依拠すべき条文が、会社法102条3項から同条5項へと、同じく、同102条4項から同条6項へと繰り下げられた（通論Ⅰ315頁）。

種類創立総会の招集が要求される場合として挙げた参照条文を、会社法84条ないし同86条、同90条、同92条1項・4項、同100条1項、同101条1項に変更する（通論Ⅰ324頁）。

創立総会は、当該設立しようとする会社の機関設計に応じて、設立時取締役・設立時会計参与・設立時監査役・設立時会計監査人を選任しなければならないが（今次改正後会88Ⅰ）、設立しようとする会社が監査等委員会設置会社である場合には、設立時取締役の選任は、設立時監査等委員たる設立時取締役とそれ以外の設立時取締役とを区別してしなければならない（今次改正後会88Ⅱ）（通論Ⅰ324頁）。

各種類の株主の総会において取締役の選任ができる種類株式が発行されている場合には、当該設立時種類株主を構成員とする種類創立総会において、これを選任しなければならないが、設立しようとする会社が監査等委員会設置会社である場合の選任につき、改正が施された（今次改正後会90Ⅰ）（通論Ⅰ325頁）。

3-2-5 設立の登記

第2帖第3章4-5-1において、会社法911条3項に列挙された登記事項を掲げた。うち、①から⑫までは、これまでと同様である。次いで、⑬取締役（監査等委員会設置会社の取締役を除く）の氏名、⑭代表取締役の氏名および住所（指名委員会等設置会社を除く）、が掲げられ、⑮および⑯は、これまでと同様である。続けて、⑰監査役設置会社（定款の定めによりその監査の範囲を会計に関するものに限定する会社を含む）であるときは、(i)監査役の監査の範囲を会計に関するものに限定する旨の定款の定めがあるときは、その旨、(ii)監査役の氏名、とある。⑱ないし㉑は、これまでと同様である。さらに、㉒監査等委員会設置会社であるときは、(i)監査等委員である取締役およびそれ以外の取締役の氏名、(ii)取締役のうち社外取締役であるものについて、社外取締役の氏名、(iii)会社法399条の13第6項の規定による重要な業務執行の決定の取締役への委任についての定款の定めがあるときは、その旨、が掲げられる。㉓ないし㉕は、改正前の㉒ないし㉔と同様である。改正前の㉕および㉖が削られた。改正後の㉖ないし㉘は、改正前の㉗ないし㉙と同様である。改正前の㉚が号番号の修正を施され（第28号を第27号に変更）、㉙に繰り上げられた。以上である（通論Ⅰ329-330頁）。

第2帖第3章4-5-2の設立登記の効力に係る記述中、発起人・設立時募集株式の引受人の意思表示の瑕疵に係る参照条文は、会社法51条2項と会社法102条5項となる（通論Ⅰ331頁）。

3-2-6 設立関与者の責任

3-2-6-1 出資の履行を仮装した場合の責任

第2帖第3章6-5において、平成17年(2005年)改正前商法192条について解説をした（通論Ⅰ354頁）。

同法同条2項を、発起人・取締役の払込み・給付担保責任と称してい

たが、同条同項は、払込みの仮装（第２帖第３章4-3-2-2）があるときにも、発起人・（設立時）取締役にこの責任を負わせて、設立の無効を回避しようとしていた[2]。しかし、会社法制定にあたり、この責任に関する規定は削除された（通論Ⅰ355頁）。

　同じく、平成17年（2005年）改正前商法280条ノ13第１項が、当時の新株発行の際の取締役の引受担保責任に係る規定を設けていたが、これは、設立の場合における発起人・取締役の引受担保責任に対応するものであった[3]。この規定も同様に、現行会社法の制定の際に削除された。

　これによって、わけても仮装払込みによる募集株式の発行の際における「見せ金」による払込みの問題につき、法律関係が不明確となったとして、手当ての必要性がいわれるようになった[4]。

　それゆえ、今次改正法は、新たに会社法52条の２第１項および同102条の２第１項において、設立の際における出資の履行の仮装につき、対処規定を整備した。すなわち、発起人または設立時募集株式の引受人が、出資の履行を仮装した場合（払込みの仮装を行った場合）には、これらの者は、成立後の会社に対し、仮装払込みに係る金銭等の全額（金銭以外の場合は、全部）の支払い（金銭以外の場合は、給付）をする義務を負うものとしたのである。

　この場合には、当該発起人・引受人がその出資の履行を仮装することに関与した発起人・設立時取締役として法務省令で定める者は、会社に対し、当該発起人・引受人と連帯して、上と同様の支払義務を負う（今次改正後会52の２Ⅱ本文・Ⅲ、103Ⅱ本文）。ただし、仮装払込みに関与した発起人・設立時取締役として法務省令で定める者が、自己の職務を行うについて注意を怠らなかったことを証明したときは、この義務を免れる（今次改正後会52の２Ⅱただし書、103Ⅱただし書）。

　出資の履行を仮装した発起人・引受人は、上のいずれかの支払い・給付義務が履行された後でなければ、仮装払込みに係る設立時発行株式に

---

[2]　北澤正啓『会社法（第６版）』（青林書院・2000年）116頁。
[3]　同前520頁。
[4]　岩原紳作「「会社法制の見直しに関する要綱案」の解説（Ⅱ）」商事法務1976号（2012年）10頁参照。

ついて、設立時株主および株主の権利を行使することができない（今次改正後会52の2Ⅳ、102Ⅲ）。ここに権利を行使できる者は、支払い・給付義務の履行者ではなく、当初の発起人・引受人である。支払い・給付義務が履行される前の株式は未成立と解されるべきであるから、出資の仮装が明らかになるまでの間、会社が、株式が存在するかのごとき取扱いをしたとしても、行われた剰余金の配当は無効であり、株主総会における議決権の行使は決議取消事由となる。出資の履行の仮装が明らかになった後は、当該株式数は、総会決議の成立の判断に際し、定足数に算入されず、少数株主権の存否等の際、分母に算入されない[5]。以上が、今次改正法に対する江頭憲治郎の見解であるが、これは、出資の履行が仮装された株式が、仮装出資者の手許に残っている場合に限ってのことと思われる。なぜなら、仮装払込みをした発起人・引受人から当該設立時発行株式またはその株主となる権利を悪意・重過失なしに譲り受けた者は、当該支払い・給付義務の履行前であっても、設立時株主および株主の権利を行使することができる（今次改正後会52の2Ⅴ、102Ⅳ）からである。善意無重過失の譲受人が登場すれば、当該株式は、成立したものとみなされざるをえないであろう。

したがって、真当(まっとう)な出資の履行をした株主は、これによって不利益を被る。江頭憲治郎の言を借りれば、「権利の水割り[6]」を被ることになる。よって、発起人・引受人によるこのような株式の譲渡を阻止すべく、会社を被告とする当該株式の不存在の訴えを本案訴訟として、発起人・引受人による譲渡の禁止を命ずる仮処分（民保23Ⅰ）を求めるべきことになる[7]。

最後に、上述した支払い・給付義務は、総株主の同意がなければ、免除することをえない（今次改正後会55、102の2Ⅱ、103Ⅱ）。

3-2-6-2 擬似発起人の責任

第2帖第3章6-4で擬似発起人の責任に係る記述をしているが、すでに述べたように（本帖本章3-2-1）、当該責任に係る条文の条項は、

---

[5] 以上、江頭憲治郎『株式会社法(第5版)』（有斐閣・2014年）111-112頁脚注(2)。
[6] 同前112頁脚注(3)。
[7] 同前。

上に述べた会社法103条の改正により、同条2項から同条4項へ繰り下げられた（通論Ⅰ353頁、357頁）。

3-2-7 設立の無効

第2帖第3章7-2-2に、株式会社の設立無効原因を掲げた（通論Ⅰ357頁）。

今次改正との関連で付言しておくと、出資の履行の仮装の結果、実際に出資された財産の価額が会社法27条4号に定める額を下回っており、今次改正後会社法52条の2、同102条の2および同103条の支払い・給付義務の履行によって当該不足額が塡補される見込みも立たない場合には、そのことが設立無効原因になると解さざるをえない[8]。

●4● 第3帖関係

◆4-1 株主名簿の閲覧・謄写等

株主および会社債権者は、会社の営業時間内は、いつでも、請求の理由を明らかにして、株主名簿の閲覧・謄写等の請求をすることができるが（会125Ⅱ）、この請求があったとき、会社は、会社法125条3項各号所掲の拒否事由に該当する場合を除き、これを拒むことができない。

第3帖第2章1-3の記述において、上の拒否事由を紹介した（通論Ⅱ164頁）。

改正前にあって、拒否事由として、会社法125条3項には、1号から5号まで、5つの事由が掲げられていたが、このうち、改正前の3号、すなわち、「請求者が当該株式会社の業務と実質的に競争関係にある事業を営み、又はこれに従事するものであるとき」との事由が削除され、改正前の4号および5号が、それぞれ3号および4号へと繰り上げられた。

元来、平成16年(2004年)12月に当時の法制審議会会社法（現代化関係）部会が公表した「会社法制の現代化に関する要綱案」において、この3号は、拒絶事由として列挙されていなかったものである（ちなみに、2

---

[8] 同前脚注(2)。

号もそうであった)。この事由が現行法の法案の段階で追加された理由について、立法者は、「政府部内での法制的な検討の過程において、株主名簿からも当該株式会社の資本政策等に係る情報が把握され得ることから、あらゆる会計帳簿の閲覧請求等につき定められている拒否事由(会社法433条2項3号)との平仄が考慮されたものである[9]」と説いていた。

しかしながら、今次改正前の会社法125条3項3号については、制定当時から、その合理性に対する疑問が呈されていた。すなわち、会計帳簿閲覧・謄写請求の対象となる「会計帳簿」(会433Ⅰ)の範囲はきわめて広く、原価その他仕入れまたは販売価格や売上げに関する情報を含む会計帳簿の内容が競業者に知られると、会社に大きな損害が生じるおそれがあるから、これをその開示を拒むことができる理由とすることは合理性があるが、株主名簿の開示拒絶について、この拒絶事由を援用する余地はないとの指摘である[10]。本通論においても、志谷匡史の同様の指摘に言及していた(通論Ⅱ165頁)。

かかる批判を受けて、今次の改正がなされたわけである。

◆ 4-2 所在不明株主の株式の取得

第3帖第2章1-4-2において、会社が、所在不明株主の株式を自己株式として取得する場合の手続について説明している(通論Ⅱ167-168頁)。その内容の決定は、原則として取締役会の決議によらなければならない(会197Ⅳ)。これは変わらない(通論Ⅱ168頁)。しかし、例外についての記述は、次のように変更される。

「ただし、監査等委員会設置会社においては、社外取締役要件を満たすか、定款授権があれば、この決定を取締役に委任できるし(今次改正後会399の13Ⅴ柱書・Ⅵ)、指名委員会等設置会社においては、この決定を執行役に委任できる(今次改正後会416Ⅳ柱書本文)。

---

[9] 相澤哲編著『一問一答新・会社法(改訂版)』(商事法務・2009年)64頁。
[10] 大塚和成:西岡祐介:高谷裕介編著『Q&A平成26年改正会社法』(金融財政事情研究会・2014年)294頁〔熊谷真喜〕。

第2章 各 論

◆ 4-3 株券発行会社の株式の譲渡
　第3帖第2章2-3-1-1の記述中、会社法209条を引いているが、同条の改正により、該当箇所を会社法209条1項に改める（通論Ⅱ171頁）。

◆ 4-4 株式の譲渡制限
　第3帖第2章2-8-1の最終部に以下の文章を加える（通論Ⅱ203頁）。
「事実、今次改正後会社法399条の13第5項1号・6項は、社外取締役要件を満たし、または定款授権があろうとも、監査等委員会設置会社において、代表取締役等を承認機関とすることを禁じており、取締役設置会社一般についても、同様に、かかる包括的委任は認められないというべきであろう。」

◆ 4-5 株式質権者の物上代位権・優先弁済
　第3帖第2章3-5-1中、株式を目的とする物上代位権について、会社法151条が規整する旨を記述しているが（通論Ⅱ222頁）、特別支配株主の株式等売渡請求に係る改正により、これを会社法151条1項に改める。
　同じく、第3帖第2章3-5-1の最終部に、改行のうえ、以下の文章を加える（通論Ⅱ223頁）。
「今次改正により、会社法151条に同条2項が加えられた。これによれば、特別支配株主（今次改正後会179Ⅰ参照）が、株式売渡請求（今次改正後会179Ⅱ参照）により売渡株式（今次改正後会179の2Ⅰ②参照）の取得をした場合には、売渡株式を目的とする質権は、当該取得によって当該売渡株式の株主が受けることのできる金銭について存するとされている。売渡対象株式に係る登録株式質権者の物上代位権に関する規定である。」
　第3帖第2章3-5-3において、登録株式質権者の優先弁済権について記述している（通論Ⅱ224頁）。この中の、「すなわち、これによって優先弁済を受けることができる。」に続く記述を、以下のように変更する。
「登録株式質権者は、会社が、①会社法151条1項1号から6号まで、8号、9号または14号までに掲げる行為をした場合に、その行為の時点で被担保債権が未到来であるときは、会社に対し、②組織変更をした場合に、その時点で被担保債権が未到来であるときは、組織変更後持分会

社（会744Ⅰ①）に対し、③合併（合併により当該会社が消滅する場合に限る）をした場合に、その時点で被担保債権が未到来であるときは、吸収合併存続会社（会749Ⅰ）または新設合併設立会社（会753Ⅰ）に対し、④株式交換をした場合に、その時点で被担保債権が未到来であるときは、株式交換完全親会社（会767）に対し、⑤株式移転をした場合に、その時点で被担保債権が未到来であるときは、株式移転設立完全親会社（会773Ⅰ①）に対し、それぞれ当該金銭等に相当する額を供託させることができ、このときは、質権は、当該供託金について存在する（今次改正後会154Ⅱ）。特別支配株主が株式売渡請求により売渡株式を取得した場合に、その時点で被担保債権が未到来であるときは、登録株式質権者は、特別支配株主に対し、当該金銭に相当する額を供託させることができ、このときも、質権は、当該供託金について存在する（今次改正後会154Ⅲ）。」

同じく第3帖第2章3-5-3の記述中、金銭以外のものについて、質権の効力がその上に生じている旨の根拠条文を会社法151条から同条1項に変更する（通論Ⅱ224頁）。

◆ 4-6 自己株式の取得関連

4-6-1 株主との合意による自己株式の取得

第3帖第2章5-2-2-1の記述のうち、不特定株主からの自己株式の取得に係る決定事項を取締役会限りで定めることができる旨を定款で定めることができる会社（会459Ⅰ①）の範囲を、指名委員会等設置会社、監査等委員会設置会社で監査等委員でない取締役の任期が1年を超えない会社または取締役の任期が1年を超えない会計監査人を設置する監査役会設置会社、と改める（通論Ⅱ235頁）。

同じく第3帖第2章5-2-2-1の記述中、取締役会設置会社が株主総会の授権に基づき自己株式を取得しようとするときは、会社は、その都度、取締役会の決定をもって、法定された具体的な内容を決定しなければならない（会157Ⅰ・Ⅱ）。これは変わらない（通論Ⅱ235頁）。この取締役会の決定権限の授権に係る通論Ⅱ236頁の第1段落最終文を次のように変更する。

「なお、社外取締役要件を満たすか、定款授権のある監査等委員会設

置会社においては、取締役会が取締役に、指名委員会等設置会社においては、取締役会が執行役に、上の決定権限を、それぞれ委ねることを許される（今次改正後会399の13Ⅴ柱書本文・Ⅵ、416Ⅳ柱書本文）。」

4-6-2　市場取引・公開買付けによる取得

第3帖第2章5-2-2-4の第3段落の最終文を次のように変更する（通論Ⅱ241頁）。

「また、社外取締役要件を満たし、または定款授権があろうとも、監査等委員会設置会社において、取締役会がこの決議事項の決定を取締役に委ねることは許されておらず（今次改正後会399の13Ⅴ②・Ⅵ）、指名委員会等設置会社において、取締役会がこの決議事項の決定を執行役に委ねることも許されていない（今次改正後会416Ⅵ②）。」

4-6-3　全部取得条項付種類株式の取得

4-6-3-1　緒　言

すでに述べたように（第1帖第6章11-2-6）、この株式の制度は、元来が、倒産状態にある会社を、任意整理によって再生する際などに行う100％減資を、総株主の同意によってではなく、特別決議によって行うことを可能にするためのそれとして設けられたものであった。しかし、会社法には、取得時に会社が債務超過であることといった要件が課されていないため、全部取得条項付種類株式は、現行会社法の下で、キャッシュ・アウト（cash out）を実施する手段として利用されてきた。ここに「キャッシュ・アウト」とは、現金を対価として株式会社から少数株主を排除することをいう[11]。必ずしも経済（学）上の用法に一致しない。つまりは、「手切金」を対価とする少数株主の締出しである。近藤光男が挙げた例によれば、たとえば、2種類以上の株式を発行する旨の定款変更を行い、募集株式の発行をして、これを従前の株主の一部に割り当てる。次に、既発行株式を全部取得条項付種類株式とする旨の定款変更を行い、取得に際してその対価を金銭にするならば、一部株主の締出しが可能となる[12]。

そもそも全部取得条項付種類株式は、このようなキャッシュ・アウト

---

[11]　岡伸浩編著『平成25年会社法改正法案の解説』（中央経済社・2014年）126頁。
[12]　近藤光男『最新株式会社法(第7版)』（中央経済社・2014年）70頁。

のための制度として設けられたものではなかったため、上の例のような用途が拡大すると、現金対価の組織再編によるキャッシュ・アウトの場合と比べて、情報開示等の規律が不十分であることを始め、制度の整合化が必要と認識されるようになったのである[13]。

4-6-3-2 事前開示手続

第3帖第2章5-2-3-3に、以下の記述を追加する（通論Ⅱ246〜249頁）。

「今次改正により、全部取得条項付種類株式の取得に際しても、組織再編の場合と同様の事前開示手続を要求することとした。すなわち、会社が全部取得条項付種類株式を取得するには、取得を決定する株主総会の日（会171Ⅰ）の2週間前の日または全部取得する旨の通知・公告の日（会172Ⅱ・Ⅲ）のいずれか早い日から、取得後6ヵ月を経過する日までの間、株主総会における決議事項（会171Ⅰ各号）および法務省令で定める事項を記載・記録した書面または電磁的記録を本店に備え置かなければならない（今次改正後会171の2Ⅰ）。全部取得条項付種類株式を取得する会社の株主は、当該会社に対して、その営業時間内はいつでも、会社の定めた費用を支払って、これらのものの閲覧・謄本または抄本の交付等の請求をすることができる（今次改正後171の2Ⅱ）。」

4-6-3-3 価格決定の申立期間

今次改正前会社法172条1項は、株主総会において取得の対価に関する事項を定めた場合には、当該株主総会に先立って、決議に反対する旨を会社に通知し、かつ、決議に反対した株主（当該株主総会において議決権を行使できるものに限る）、および、当該株主総会において議決権を行使することができない株主は、「総会の日から」20日以内に、裁判所に対し、全部取得条項付種類株式の取得の価格の決定を申し立てることができる旨を規定していた（通論Ⅱ248頁）。しかし、これについては、申立期間の満了前に取得日が到来することがありえるところ、取得日後に取得価格決定の申立てがされると、いったん交付された対価の返還が必要となるなど、法律関係が複雑化するおそれがあるとの指摘がなされて

---

[13] 大塚：西岡：髙谷編・注(10)前掲225頁〔西岡祐介〕参照。

いた⑭。そこで、かかる指摘をふまえ、今次改正により、申立期間を「取得の日の20日前の日から取得日の前日までの間」と改めた（今次改正後会172Ⅰ）。

4-6-3-4 通知・公告

上に述べたように、会社法172条 1 項は、取得に関する決定をする株主総会の決議（会171Ⅰ）において、議決権を行使することのできない株主にも価格決定の申立てを容認している（会172Ⅰ②）。しかし、改正前の法制では、取得を行う旨の通知・公告の制度が設けられていないため、これらの株主が取得の事実を知らないまま、申立期間が経過するおそれも指摘されていた⑮。それゆえ、組織再編等における株式買取請求の場合（会785Ⅲ～Ⅴ）を参考に⑯、会社は、取得日の20日前までに、全部取得条項付種類株式の株主に対し、当該全部取得条項付種類株式の全部を取得する旨を通知または公告しなければならないものとした（今次改正後会172Ⅱ・Ⅲ）。

申立てに基づき裁判所が価格を決定したときは、会社は、当該決定価格に対する取得日後の年 6 分の利率により算定した利息をも支払わなければならない旨の、改正前の会社法172条 2 項の規定は、上の各項の挿入により、同条 4 項に繰り下げられた（通論Ⅱ248頁）。

4-6-3-5 仮払制度

会社は、全部取得条項付種類株式の取得の価格の決定があるまでは、株主に対し、当該会社がその公正な価格と認める額を支払うことができることとされた（今次改正後会172Ⅴ）。これは、いわば仮払いの制度である。仮払いによって、上に述べた利息負担の軽減を図る趣旨である。

4-6-3-6 対価の交付の留保

本通論において、今次改正前会社法173条 2 項に基づき、全部取得条項付種類株式の株主は、株主総会の決議で定められたところに従い、取

---

⑭　法務省民事局参事官室「会社法制の見直しに関する中間試案の補足説明」第 2 部第 3 、 2(2)ア参照（商事法務1952号（2011年）50-51頁）。
⑮　同前参照。
⑯　岩原紳作「「会社法制の見直しに関する要綱案」の解説（Ⅳ）」商事法務1978号（2012年）49頁。

得の対価を取得日に取得し、この効力は、裁判所に取得対価の価格決定の申立てをなし、決定未了の株主の有する株式にも一律に及ぶと解されると記述した（通論Ⅱ249頁）。しかし、取得価格決定の申立てがなされている場合にまで一律にそのような効果を発生させることは合理的でないとして[17]、今次改正により、申立てを行った株主には、そのような効力を生じない（取得対価は交付されない）とされた（今次改正後会173Ⅱ柱書かっこ書）。ただし、上で述べた仮払いは可能である（今次改正後会172Ⅴ）。

4-6-3-7 事後開示

事後開示の制度もまた整備された。すなわち、会社は、取得日後遅滞なく、会社が取得した全部取得条項付種類株式の数その他の取得に係る事項として法務省令で定める事項を記載・記録した書面または電磁的記録を作成し、これらを取得日から6ヵ月間、その本店に備え置かなければならない（今次改正後会173の2Ⅰ・Ⅱ）。全部取得条項付種類株式を取得した会社の株主または取得日に全部取得条項付種類株式の株主であった者は、当該会社に対し、その営業時間内はいつでも、会社の定めた費用を支払って、これらのものの閲覧・謄本または抄本の交付等の請求をすることができる（今次改正後会173の2Ⅲ）。

4-6-3-8 差止請求

以上に加え、全部取得条項付種類株式の取得が法令または定款に違反する場合において、株主が不利益を受けるおそれがあるときは、株主は、会社に対し、当該全部取得条項付種類株式の取得をやめることを請求することができることとされた（今次改正後会171の3）。締め出される少数株主の利益の保護を図る一環である。裁判所に対する価格決定の申立てだけでは、利益保護として不十分であるから、追加された。もっとも、多数決により公正な対価をもって株主資格を失わせること自体は会社法が予定しているというべきであるから[18]、単に少数株主を排除する目的があるというだけでは、差止請求は難しかろう。

4-6-4 自己株式の消却

取締役会設置会社が、自己株式の消却をしようとするときは、取締役

---

[17] 同前。
[18] 近藤・注(12)前掲70頁。

会決議によって法定事項を定めなければならない（会178Ⅱ）。これは変わらない（通論Ⅱ264頁）。しかし、上の事項の決定は、社外取締役要件を満たすか、定款授権のある監査等委員会設置会社においては、これを取締役に、指名委員会等設置会社においては、これを執行役に、それぞれ委任することができる（今次改正後会399の13Ⅴ柱書本文・Ⅵ、416Ⅳ柱書本文）（通論Ⅱ264頁）。

◆ 4-7 株式の併合

4-7-1 緒言

第3帖第2章6-1-3に記述したように、株式の併合によって1株に満たない端数を生じるときは、端数の合計数（1未満は切捨て）に相当する数の株式の売却等によって得られた代金を、端数に応じて当該会社から株主に交付するという措置を執る（会235、234）。すなわち、端数を生じたことによって株主が被った不利益は、金銭交付をもって経済的補填によって処理されるわけである（通論Ⅱ274頁）。

もっとも、株式の併合においては、多くの端数が生じる結果、上のような処理によると、市場価格の下落や、売却先の確保が困難となること等により、端数について適切な対価が交付されないおそれもあるとの指摘がなされていた[19]。それゆえ、今次改正において、端数となる株式の株主に対し、適正な対価が交付されるための手続を充実させる目的をもって、組織再編の場合の手続と平仄を合わせる形で[20]、いくつかの制度を設けることとした。

4-7-2 併合の手続（主として既述関連）

第3帖第2章6-1-3につき、会社は株式の併合をしようとするときは、その都度、株主総会の決議によって、①併合の割合、②株式の併合がその効力を生ずる日（効力発生日）、③種類株式発行会社にあっては、

---

[19] 法務省民事局参事官室・注[14]前掲第1部第3、2(1)参照（商事法務1952号（2011年）33頁）。

[20] 大塚：西岡：高谷編・注[10]前掲230頁〔西岡祐介〕。なお、この改正に関連して、この文献においては、同頁に平成19年（2007年）10月から同21年（2009年）5月に至る、株式会社モック事件が紹介されている。

併合する株式の種類、④効力発生日における発行可能株式総数、を定めなければならない（今次改正後会180Ⅱ）。今次改正に際し、会社法180条2項に4号が追加された（通論Ⅱ272頁）。これにともない、上記④の発行可能株式総数は、公開会社の場合には、効力発生日における発行済株式の総数の4倍を超えることができない旨が明定された（今次改正後会180Ⅲ）。公開会社における授権資本制度（いわゆる4倍ルール）の基本的枠組みを、併合後の株式数にも及ぼすものと考えられる。よって、第3帖第2章6-1-1の記述のうち、株式の併合によって、発行可能株式総数に変動を来たすことがありうる（通論Ⅱ271頁）。つまり、株式の併合が効力を生じた日における発行可能株式総数は、効力が生じた時点の発行済株式総数の4倍を超えない範囲で、総会において、任意に定めうるわけである。これらの項号の挿入により、取締役が、併合の決定に係る株主総会において、併合を必要とする理由を説明しなければならない旨の改正前会社法180条3項は、同条4項に繰り下げられた（通論Ⅱ273頁）。

改正前の会社法181条にあっては、会社は、株式の併合が効力を生じる日の2週間前までに、株主（種類株式発行会社にあっては、併合対象種類株主）および登録株式質権者に対し、併合に係る株主総会の決議内容を通知し、または公告しなければならないものとされていた（通論Ⅱ273頁）。これは、公示を主たる目的とするものであったといえる。

今次改正により、①単元株式数に関する定めが定款にある場合であって、単元株式数に併合の割合を乗じて得た数が整数となる場合（今次改正後会182の2Ⅰ柱書かっこ書参照）には、従前どおり併合の効力発生日の2週間前（今次改正後会181Ⅰ）までに、②それ以外の場合には、効力発生日の20日前（今次改正後会182の4Ⅲ）までに、株主等に対する通知または公告をしなければならないものとされた。①の単元株式数に併合の割合を乗じて得た数が整数となる場合には、株主が被る不利益が少ないと見込まれ[21]、したがって、新たに創設された株式買取請求権の行使と無関係であるがゆえに、従前どおりの公示を要求するにとどめたのであろう。よって、①の通知・公告の瑕疵は、併合の効力に影響を及ぼさない。対

---

[21] 江頭・注(5)前掲284頁脚注(2)。

して、②は、金銭対価の組織再編（会785Ⅲ・Ⅳ）と平仄を合わせ、株式買取請求権の行使や差止めの機会を与えるという意義を有するものであるから[22]、その通知・公告の瑕疵は、併合の効力に影響する[23]。

株券発行会社にあっては、併合が効力を生じる日までに会社に対して株券を提出しなければならない旨を「株券提出日」の1ヵ月前までに公告し、かつ、株主・併合対象種類株主および登録株式質権者には、各別にこれを通知しなければならない（今次改正後会219Ⅱ①）。上の括弧内の文言の修正を見たが、実際の運用においては、改正前と異ならないものと思われる（通論Ⅱ273頁）。

併合の効力発生日に、株主は、その前日に有する株式（種類株式発行会社にあっては、併合対象種類株式）の数に併合の割合を乗じて得た数の株式の株主となる旨の根拠条文を、今次改正にともない、会社法182条1項に改める（通論Ⅱ274-275頁）。なお、今次改正にあたり、同条に2項として加えられたのは、株式の併合をした会社が、効力発生日に、当該日の発行可能株式総数に係る事項についての定め（今次改正後会180Ⅱ④）に従い、当該事項に係る定款の変更をしたものとみなされる旨の規定である。

株券発行会社においては、併合前の株式に係る旧株券は、「株券提出日」に無効となる（今次改正後会219Ⅲ）（通論Ⅱ275頁）。併合の通知・公告によって会社に旧株券を提出した株主は、併合後の新株券を新たに交付されるが、会社に提出されなかった旧株券に対応する新株券は、旧株券の提出があるまで交付されない旨の根拠条文を、今次改正にともない、会社法219条2項1号に改める（通論Ⅱ275頁）。

第3帖第2章6-1-3の最後の記述、すなわち、「すでに述べたように（本章6-1-1）、発行可能株式総数に影響はない。発行済株式総数の減少により、公開会社においても発行可能株式総数が発行済株式総数の4倍を超える事態になっても差し支えないこと、自己株式の消却の場合と同様である（本章5-5-1）。」との文章を削除する（通論Ⅱ275頁）。

便宜上、株式の分割に係る記述部分にここで触れておくと、第3帖第

---

[22]　大塚・西岡：高谷編・注(10)前掲235頁〔西岡祐介〕。

[23]　江頭・注(5)前掲285頁脚注(3)。

２章６－２－３の分割手続中、取締役会設置会社が、株式の分割をしようとするときは、その都度、原則として、取締役会の決議によって、法定事項を定めなければならない（会183Ⅱ）。これは変わらない（通論Ⅱ277頁）。しかし、社外取締役要件を満たすか、定款授権のある監査等委員会設置会社においては、上の決定を取締役に委ねることができ（今次改正後会399の13Ⅴ柱書・Ⅵ）、指名委員会等設置会社においては、これを執行役に委ねることができる（今次改正後会416Ⅳ本文）。

4-7-3 併合の手続（主として追加関連）

4-7-3-1 事前開示

今次改正前にあっては、株式の併合に関して、事前開示の定めはなかった。しかし、繰り返し述べるように、組織再編と平仄を合わせる形式で株式買取請求権や差止請求権の制度が設けられたので、事前開示の手続が整備されることとなった。

株式の併合を行う会社は、原則として、①株式の併合を決定する株主総会（株式の併合をするために種類株主総会の決議を要する場合には、当該種類株主総会を含む）の日の２週間前の日、または、②会社法182条の４第３項、同181条に依拠する株主に対する通知または公告の日、のいずれか早い日から、株式の併合の効力発生日後６ヵ月を経過する日までの間、会社法180条２項各号に掲げる事項その他法務省令で定める事項を記載・記録した書面または電磁的記録を本店に備え置かなければならない（今次改正後会182の２Ⅰ）。ただし、単元株式数を定款で定めている会社においては、当該単元株式数に併合の割合を乗じて得た数に１に満たない端数を生じる場合に限り、この備置義務を生じる（今次改正後会182の２Ⅰ柱書かっこ書）。つまり、単元株式数に併合の割合を乗じて得た数が整数になる場合には、備置義務を生じない。

当該備置義務のある会社の株主は、会社に対して、その営業時間内はいつでも、会社の定めた費用を支払って、備え置いたものの閲覧・謄本または抄本の交付等の請求をすることができる（今次改正後会182の２Ⅱ）。

4-7-3-2 事後開示

株式の併合についても、交付される対価の著しい不当性は、全部取得条項付種類株式の取得の場合と同様に、決議取消事由（会831Ⅰ①）に該

当すると考えられることから、事後的に情報収集を行うための制度も重要である[24]。それゆえ、事後開示の手続も整備された。

株式の併合をした会社は遅滞なく、併合が効力を生じた時における発行済株式（種類株式発行会社にあっては、併合対象種類株式の発行済株式）の総数その他の株式の併合に関する事項として法務省令で定める事項を記載・記録した書面または電磁的記録を作成のうえ、これらを効力発生日から6ヵ月間、その本店に備え置かなければならない（今次改正後会182の6Ⅰ・Ⅱ）。株式の併合をした会社の株主または効力発生日に当該会社の株主であった者は、会社に対して、その営業時間内はいつでも、会社の定めた費用を支払って、これらのものの閲覧・謄本または抄本の交付等を請求することができる（今次改正後会182の6Ⅲ）。

4-7-4 株式買取請求

先に述べたように（本帖本章4-7-1）、株式買取請求の制度は、株式の併合によって大きな端数が生じる場合に、端数となる株式の株主に対して、適正な対価が交付される途を充実させる目的で、改正前の端数の処理に加えて、創設された制度である。

ただし、このような制度の創設は、買取りの代金の支払い等による資金負担や価格決定に係る時間的・手続的コストの増大にもつながる[25]。したがって、「株式の併合によって生ずる端数の数等に照らして、端数が生ずることによる株主への影響が小さいと考えられる場合には、端数となる株式の買取請求を認めない[26]」との制限の下、立法がなされた。

結果、会社が単元株式数を定款で定めている場合に、当該単元株式数に併合の割合を乗じて得た数に1に満たない端数が生じない場合には、買取請求権が認められないこととされた（今次改正後会182の2Ⅰ柱書かっこ書、182の4参照）。この場合を除き、株式の併合により1株未満の端数を生じる場合には、反対株主（今次改正後会182の4Ⅱに掲げる要件を満たした株主）は、会社に対し、自己の有する株式のうち、1株に満たない端

---

[24] 大塚：西岡：高谷編・注(10)前掲236頁〔西岡祐介〕。
[25] 法務省民事局参事官室・注(14)前掲第1部第3、2(1)参照（商事法務1952号（2011年）33頁）。
[26] 同前。

数となるものの全部を公正な価格で買い取ることを請求することができる（今次改正後会182の4 I）。一部のみの買取請求はできない[27]。一部請求を認めると、端数の処理が無用に複雑化するおそれがあるからである[28]。この請求は、効力発生日の20日前の日から効力発生日の前日までの間に、その株式買取請求に係る株式の数（種類株式発行会社にあっては、株式の種類および種類ごとの数）を明らかにしてしなければならない（今次改正後会182の4 IV）。株券が発行されている株式について買取請求しようとするときは、当該株式の株主は、株券喪失登録の請求（会223）をした場合を除き、当該株式に係る株券を提出しなければならない（今次改正後会182の4 V）。また、株式買取請求をした株主は、会社の承諾を得た場合に限り、その請求を撤回することができる（今次改正後会182の4 VI）。

　株式の価格の決定等に関して、他に反対株主の株式買取請求権が生ずる場合に準じて（今次改正後会117、470、786、798、807）、これらと平仄を合わせた規定が設けられた（今次改正後会182の5）。株式買取請求に係る株式の買取りは、効力発生日に、その効力を生じるとされている（会182の5 VI）。買取りの効力発生時期につき、組織再編における株式買取請求においては、代金の支払いの時とされている場合（今次改正前会470V、798V、807Vかっこ書）と組織再編の効力発生日とされている場合（今次改正前786V、807V）とがあったが、端数となる株式の買取請求においては、端数の処理の機動性を確保する観点から、株式の併合の効力発生日に買取りの効力が発生するものとしたのである[29]。

　反対株主による端数となる株式買取請求に応じて、会社が自己株式を取得する場合には、他の反対株主による株式買取請求と同様、財源規制（会461 I）は適用されない。他方、株式の併合は、会社が単独で行うことができるため、端数となる株式の買取請求が濫用的な会社財産の還元に用いられるおそれがないとはいえない[30]。よって、株式の併合の場合

---

[27]　江頭・注(5)前掲287頁。
[28]　大塚：西岡：高谷編・注(10)前掲233頁〔西岡裕介〕参照。
[29]　法務省民事局参事官室・注(14)前掲第1部第3、2(1)参照（商事法務1952号（2011年）34頁）。
[30]　同前（同前34-35頁）。

には、同様の指摘が妥当しうる会社法116条1項の株式買取請求に係る規整に倣い、端数となる株式の買取請求をした株主に対して支払った金銭の額が当該支払いの日における分配可能額を超えるときは、当該株式の取得に関する職務を行った業務執行者は、その職務を行うにつき注意を怠らなかったことを証明しない限り、会社に対し、連帯してその超過金額を支払う義務を負うものとされた（今次改正後会464Ⅰ）。

4-7-5 差止請求

株式の併合が法令または定款に違反する場合において、株主が不利益を受けるおそれがあるときは、株主は、会社に対し、当該株式の併合をやめることを請求することができる（今次改正後会182の3）。組織再編と平仄を合わせるべく追加された規定である。

4-7-6 併合の瑕疵

第3帖第2章6-4-1-1において、「会社法181条に係る通知・公告に瑕疵があっても、この通知・公告は、株主総会の決議を経た事項に関するものであり、株主に対し何らかの行為を促すものではないから、株式の併合の効力に影響はない。」と記述した（通論Ⅱ282頁）。しかし、上述のように、今次改正後の会社法182条の4第3項、同181条に依拠する通知・公告は、株式買取請求権の行使や差止めの機会を与える意義をも有するものとなったため、その瑕疵は、併合の効力に影響を及ぼすこととなった。

◆ 4-8 種類株主間の利益調整

第3帖第2章7-3において、会社法322条1項各号が掲げる会社の行為を各別に示している（通論Ⅱ288頁以下）。

今次改正により、同条同項に、新たに1号の2が加えられた。すなわち、特別支配株主の株式等売渡請求に対する会社の承認（今次改正後会179の3Ⅰ）である。特別支配株主から対象会社に対し売渡請求の通知がなされた場合、その通知の内容として、対象会社が種類株式発行会社であるときに、売渡株主に対して対価として交付する金銭の額またはその算定方法およびその金銭の割当てに関する事項（今次改正後会179の2Ⅰ②③）の定めは、種類株式について異なる扱いをすることができるため

(今次改正後会179の２Ⅱ)、会社の承認にあたり、そのような定めがある種類の株式の種類株主に損害を及ぼすおそれがあるときは、種類株主総会の決議がなければ、承認を行うことができないとしたのである。

◆ 4-9 株式買取請求権

4-9-1 買取請求が認められる場合

第３帖第２章８-２において、株主が会社に株式買取請求ができる場合を、①ないし⑦まで列挙している（通論Ⅱ293-294頁）。これに新たに、株式の併合の場合が加えられるが、これについては上述したので繰り返さない。

4-9-2 買取請求の撤回制限の実効化等

第３帖第２章８-３の株式買取に係る手続について、通論Ⅱ295頁に記載したように、会社が買取請求を認められる行為をしようとする場合には、会社の行為の効力発生日の20日前までに、買取請求が認められる株式の株主に対し、当該行為をする旨を通知または公告しなければならない（会469Ⅲ・Ⅳ、785Ⅲ・Ⅳ、797Ⅲ・Ⅳ、806Ⅲ・Ⅳ、116Ⅲ・Ⅳ）。これを受けて、株式買取請求をなさんとする株主は、効力発生日の20日前の日から効力発生日の前日までの間に、当該買取請求をする株式の数（種類株式発行会社にあっては、株式の種類および種類ごとの数）を明らかにして、これを行う（会469Ⅴ、785Ⅴ、797Ⅴ、806Ⅴ、116Ⅴ）。

今次改正により、株券が発行されている株式について、株式買取請求が行われた場合には、会社法223条の喪失登録をした株主を除いて、当該買取請求に係る株券を、会社に提出しなければならないものとされた（今次改正後会469Ⅵ、785Ⅵ、797Ⅵ、806Ⅵ、116Ⅵ）。株式買取請求の撤回制限の実効化を図る趣旨である[31]。すなわち、株券発行会社の株主は、買取請求をしながら、株式を他に譲渡することができない[32]。

上に対応して、会社法133条１項の規定は、株式買取請求に係る株式については、適用しないものとされた（今次改正後会469Ⅸ、785Ⅸ、797Ⅸ、

---

[31] 岩原紳作「「会社法制の見直しに関する要綱案」の解説（Ⅴ）」商事法務1979号（2012年）7頁。

[32] 近藤・注(12)前掲75頁。

806Ⅸ、116Ⅸ）。株券不発行会社においては、株式買取請求に係る株式について、意思表示のみによってこれを譲渡することができることから、株式買取請求の撤回制限の実効化を図るために、株式買取請求対象株式を譲り受けた者が、株主名簿の名義書換請求をすることができないようにするものである[33]。

　買取請求をした株主が、会社の承諾を得られない限り、当該買取請求の撤回を許されないとする根拠条文の項番号が繰り下げられた（今次改正後会469Ⅶ、785Ⅶ、797Ⅶ、806Ⅶ、116Ⅶ）（通論Ⅱ295頁）。

　会社が買取請求を認められる行為をすることを中止すれば、株式買取請求が失効する旨の根拠条文の項番号も、同様に繰り下げられた（今次改正後会469Ⅷ、785Ⅷ、797Ⅷ、806Ⅷ、116Ⅷ）（通論Ⅱ295頁）。

4-9-3 買取請求の効力発生時期

　改正前会社法にあっては、株式買取りの効力が生じる時点につき、①会社法116条1項各号の行為をする会社、事業譲渡等をする会社、存続会社等、吸収分割会社または新設分割会社に対する株式買取請求については、「当該株式の代金の支払の時」と定め（今次改正前会117Ⅴ、470Ⅴ、786Ⅴかっこ書、798Ⅴ、807Ⅴかっこ書）、②吸収合併または株式交換における吸収合併消滅会社または株式交換完全子会社に対する株式買取請求については、「効力発生日」と定め（今次改正前会786Ⅴ）、③新設合併または株式移転における新設合併消滅会社または株式移転完全子会社については、「設立会社の成立の日」と定めていた（今次改正前会807Ⅴ）。

　しかし、裁判所に対し、買取価格決定の申立てがなされた場合には、会社は、裁判所が決定した価格に対して、効力発生日から60日の期間が満了した日後の年6分の利率により算定した利息をも支払わなければならない（会470Ⅳ、786Ⅳ、798Ⅳ、807Ⅳ、117Ⅳ）ところ（通論Ⅱ297頁）、他方で、株主が株式買取請求をした後、株式買取りの効力が生じるまでの間、当該株式に係る剰余金配当受領権および議決権を有するか否かについて、会社法は明確な規定を欠いていた。結果、①の場合に株式買取請求を行った株主が、たとえば価格決定手続が長びいて、代金支払いによる株

---

[33] 岩原・注(31)前掲7頁。

式の移転が遅れた場合に、上述の利息を受け取る権利と剰余金配当金の両方を受け取ることは、二重取りになっておかしいとの指摘がなされた[34]。本通論においても、関俊彦による同様の指摘を紹介したところである（通論Ⅱ297頁）。

そこで、会社法制の見直しに関する中間試案第2部第4、2の（注4）においては、「反対株主は、株式買取請求をした後、当該請求に係る株式について剰余金配当受領権を有しないものとするかどうかについては、なお検討する」と記され、この点を検討課題として残したが、パブリック・コメントにおいては、剰余金配当受領権を否定することへの賛成意見が多数を占めたようである[35]。

これを受けて、パブリック・コメント手続終了後の会社法制部会においては、株式買取請求を行った株式について剰余金配当受領権を否定するとすれば、反対株主は、当該会社につき経済的利害関係が希薄になることとなり、そうならば当該会社につき議決権等の共益権も有するべきでないということになり、自益権も共益権も否定するのであれば、そもそも株式買取請求を行った株主については、株主としての地位を否定する、すなわち、株式買取請求に係る株式の買取りの効力が生じる時点も、株式買取請求の効力発生日とすることが素直ではないかということになったとされている。つまり、反対株主が買取請求をするということは、会社から退出するという意思表示を明確に行ったことになるので、後は対価の決定の問題が残るだけという理解になったわけである[36]。

それゆえ、今次改正後会社法117条6項、同470条6項、同786条6項、同798条6項は、株式買取請求の効力が生じる日を「効力発生日」と改め、同807条6項において、改正前同条5項のかっこ書を削除したのである。

4-9-4 仮払制度

上に述べたように、裁判所に対し、買取価格決定の申立てがなされた場合には、会社は、裁判所が決定した価格に対して、効力発生日から60

---

[34] 同前6頁参照。
[35] 同前参照。
[36] 以上、同前参照。

日の期間が満了した日後の年6分の利率により算定した利息をも支払わなければならない（会470Ⅳ、786Ⅳ、798Ⅳ、807Ⅳ、117Ⅳ）（通論297頁）。しかし、現在の経済状況等を踏まえると、年6分の利率による利息が付くことが株式買取請求の濫用を招く原因になっているとの指摘がなされるとともに、早期の支払いおよびそれによる利息の負担の軽減のために、裁判所による価格決定がされる前に、反対株主と会社との間で、会社が、反対株主に対し、株式買取請求に係る株式につき、一定の価格を支払う旨の合意をするとの実務が執られているとの指摘があった[37]。それゆえ、会社の利息負担の軽減と買取請求の濫用を防止すべく、仮払いの制度が整備された（今次改正後会470Ⅴ、786Ⅴ、798Ⅴ、807Ⅴ、117Ⅴ）。

新たな項の挿入により、株券発行会社は、株券が発行されている株式について株式買取請求があったときは、株券と引換えに、その株式買取請求に係る株式の代金を支払わなければならないとする各条文の各項番号が繰り下げられた（今次改正後会470Ⅶ、798Ⅶ、807Ⅶ、117Ⅶ）（通論Ⅱ297頁）。

4-9-5 振替株式と株式買取請求──追加

4-9-5-1 緒 言

株式買取請求をした株主は、会社の承諾がなければ、買取請求の撤回を許されない（今次改正後会116Ⅶ、182の4Ⅵ、469Ⅶ、785Ⅶ、797Ⅶ、806Ⅶ）。これは、たとえば市場価格のある株式につき、とりあえず買取請求を行い、その後の株価の動向等を見て、市場で売却した方が有利な状況であれば請求を撤回する等の、濫用的な権利行使がなされることを防止する目的で、平成17年(2005年)の会社法制定時に導入された規制であった[38]。すなわち、買取請求権の濫用防止の趣旨である。

しかしながら、上場会社の株式は、株式振替制度に基づき電子的に決済されており、株式売買の効力は振替口座間の振替えによって生じることとされている（社債株式振替140）ところ、株式買取請求に係る株式の売却・振替えは制限されていないことから[39]、株主は、株式買取請求権

---

[37] 法務省民事局参事官室・注(14)前掲第2部第4、2参照（商事法務1952号（2011年）53頁）。

[38] 江頭・注(5)前掲834頁脚注(8)。

を行使した後も、株式買取請求に係る株式を市場で売却することにより、事実上、会社の承諾を得ることなく、株式買取請求を撤回することが可能であると指摘されていた[40]。

そこで、今次改正において、株式買取請求の撤回の制限をより実効的なものにするため[41]、株式買取請求に係る株式が、社債株式振替法上の振替株式（社債株式振替118Ⅰ）である場合につき、株主が、株式買取請求権を行使した後に、勝手に当該株式を売却することができない制度を創設することとしたのである。

なお、株式の併合に係る買取請求（本帖本章4-5-4）も、この制度の対象とされることになった。また、一定の場合に新株予約権者に新株予約権買取請求権が認められるが（会118、787、808）、これについても同様の規整が設けられることとされた（今次改正後社債株式振替183、215）。

4-9-5-2 買取口座の開設

振替株式を発行する会社が、株式買取請求権を生じる行為をなす場合には、当該会社は、株式買取請求に係る振替株式の振替えを行うため、振替機関に対し、「買取口座」の開設の申出をしなければならない（今次改正後社債株式振替155Ⅰ本文）。ただし、当該会社（振替株式の発行者）が開設の申出をした買取口座があるとき、または、上の行為に係る株式買取請求をすることができる振替株式の株主が存しないときは、この限りでない（今次改正後社債株式振替155Ⅰただし書）。

4-9-5-3 買取口座の公示

振替株式の発行者が、今次改正後社債株式振替法161条2項に基づき、株式買取請求権を生じる行為に係る公告を行う場合には、併せて、買取口座を公告しなければならない（今次改正後社債株式振替155Ⅱ）。

4-9-5-4 買取口座への振替申請

振替株式の株主が、その有する振替株式について、株式買取請求をしようとする場合には、当該振替株式について、買取口座を振替先とする

---

[39] 大塚：西岡：高谷編・注(10)前掲244頁〔水川聡・木田飛鳥〕。
[40] 法務省民事局参事官室・注(14)前掲第2部第4、1（参照）（商事法務1952号（2011年）52頁）。
[41] 岩原・注(31)前掲5頁。

振替えの申請をしなければならない（今次改正後社債株式振替155Ⅲ）。反対株主が、株式買取請求に係る振替株式について、そのような申請をしなかった場合には、当該請求はその効力を生じない[42]。その結果、反対株主は、株式買取請求を行うと、当該株式を市場において処分することができなくなるわけである[43]。

なお、振替株式を発行する会社が買取口座を開設しなかった場合、形式的には反対株主が株式買取請求権を行使できなくなるという不合理な結果を生じうる。この場合、手続上の瑕疵として、会社の行為の無効原因となりうると考えられる他、手続を懈怠した会社に株式買取請求権の無効の主張を許すことは信義則に反することから、反対株主は、買取口座の振替申請をしなくても、適法に株式買取請求をなしうるとすべきとの指摘がある[44]。

4-9-5-5 買取口座に記載・記録された振替株式の扱い

振替株式を発行する会社は、上述の申請に基づいて、買取口座に記載・記録された振替株式について、会社の行為の効力発生日まで、当該会社の口座を振替先口座とする振替えの申請をすることができない（今次改正後社債株式振替155Ⅳ）。

振替株式を発行する会社が、上述の申請を行った振替株主の株式買取請求の撤回を承諾したときは、遅滞なく、買取口座に記載・記録された振替株式（当該撤回に係る株式買取請求に係るものに限る）について、当該株主の口座を振替先とする振替えの申請をしなければならない（今次改正後社債株式振替155Ⅴ）。

なお、振替株式を発行する会社は、買取口座に記載・記録された振替株式については、会社または反対株主の口座以外を振替先口座とする振替えの申請をすることができない（今次改正後社債株式振替155Ⅵ）。反対株主以外の加入者は、買取口座を振替先口座とする振替えの申請をするこ

---

[42] 同前参照。
[43] 同前。
[44] 篠原倫太郎・藤田知也「キャッシュ・アウト及び組織再編における株式買取請求権等」商事法務1959号（2012年）31頁、大塚・西岡・高谷編・注(10)前掲246頁〔水川聡・木田飛鳥〕。

とができない（今次改正後社債株式振替155Ⅶ）。株式買取請求に係る株式が買取口座に記載・記録された後にあっても、当該振替株式の買取りの効力が生じるまでは、総株主通知は、上述の申請をした反対株主を株主として通知しなければならない（今次改正後社債株式振替151Ⅱ③）。

4-10 特別支配株主の株式等売渡請求（第3帖第2章関連新設制度）

4-10-1 緒　言

　現金を対価とする少数株主の締出し（キャッシュ・アウト）は、長期的な視野に立った柔軟な経営の実現、株主総会に関する手続の省略による意思決定の迅速化、有価証券報告書の提出義務等の法規整を遵守するためのコストや株主管理コストの削減等を実現しうる点で、メリットを有すると指摘されている[45]。

　会社法の下でキャッシュ・アウトの手法として利用しうるものは、①現金対価の株式交換（会768Ⅰ②）に代表される現金対価の組織再編、②株式の併合（今次改正前会180～182）を用いたキャッシュ・アウト、③全部取得条項付種類株式（会108Ⅰ⑦）を用いたキャッシュ・アウト、を挙げることができる。このうち、①は、平成17年（2005年）の会社法改正で認められた制度であり、実務上、キャッシュ・アウトを目的として利用されることが期待されていた制度であるが、平成18年（2006年）度税制改正によって、税制非適格として完全子会社となる会社の含み益に課税がなされることとなったため、現在の実務では事実上用いられなくなっている[46]。また、②については、今次改正前にあっては、反対株主に株式買取請求が認められておらず、キャッシュ・アウトされる株主にとって争う手段が設けられていなかったため、かえって法的安定性を欠く（株式の併合に係る株主総会決議の取消しのリスクがある）ことから、用いられてこなかった[47]。それゆえ、今次改正前にあっては、上の③の方法が最も多く用いられていた。つまり、株式を対価とする全部取得条項付種

---

[45]　法務省民事局参事官室・注(14)前掲第2部第3、1(1)参照（商事法務1952号（2011年）46頁）。

[46]　大塚：西岡：高谷編・注(10)前掲196-197頁〔西岡祐介〕。

[47]　同前197頁〔西岡祐介〕。

類株式の取得により、少数株主の有する株式を端数株式とした後、端数の処理により当該端数株式の売却代金を少数株主に交付する手法が、最も多く用いられていたといわれる[48]。

　しかしながら、③の方法によるときは、今次改正前にあっては、すでに述べたように（本帖本章4-6-2-1）、現金対価の組織再編によるキャッシュ・アウトの場合と比べて、情報開示等の規律が不十分であるといった難点があった。また、上述の手法に依るときは、常にキャッシュ・アウトの対象となる株式を発行している会社（対象会社）の株主総会の特別決議が必要とされ（会171Ⅰ、309Ⅱ③）、とくに、事後的な定款の変更により全部取得条項付種類株式とした上でこのようなキャッシュ・アウトを行う場合には、定款の変更のための株主総会の特別決議も必要であった[49]（会108Ⅱ⑦、466、309Ⅱ⑪）。

　また、①の方法による場合でも、キャッシュ・アウトを行う株主が、対象会社の議決権の10分の9（会468Ⅰ参照）を有するときは、略式組織再編の手続により、対象会社の株主総会の決議を省略することができるものの（会784Ⅰ）、それ以外の場合には、原則として、株主総会の特別決議を必要とした（会783Ⅰ、309Ⅱ⑫）。

　対象会社の特別決議を要するとなれば、キャッシュ・アウトを完了するまでに長時間を要し、時間的・手続的コストが大きいとの指摘があり、また、キャッシュ・アウトが行われる場合には、これに先行して公開買付けが行われることが多いところ、かかる公開買付けの完了後、キャッシュ・アウトが行われるまでに長時間を要する場合には、その間、公開買付けに応募しない株主が不安定な立場に置かれることから、公開買付けの強圧性が高まる（すなわち、公開買付けの買付価格が不十分であると考える株主も、応募しないことから生じる不利益を避けるために、公開買付けに応募してしまう可能性が高まる）との指摘もあった[50]。

　以上のような指摘ないし問題点をふまえ、キャッシュ・アウトをなす

---

[48]　岩原・注(16)前掲39頁。
[49]　同前
[50]　法務省民事局参事官室・注(14)前掲第2部第3、1(1)参照（商事法務1952号（2011年）46-47頁）。

ための時間的・手続的コストの低減を図り、少数株主に交付される対価の適正化を図るべく、新たにキャッシュ・アウトの制度として設けられたのが、特別支配株主の株式等売渡請求の制度である。

4-10-2 制度の概要

4-10-2-1 特別支配株主

　会社の特別支配株主は、対象会社の株主（対象会社および当該特別支配株主を除く）の全員に対し、その有する対象会社の株式の全部を、自己に売り渡すことを請求することができる（今次改正後会179Ⅰ本文）。ここに、「特別支配株主」とは、対象会社の総株主の議決権の10分の9（定款による引上げを許される）以上を有する者をいうが、仮にこの者をAとすると、Aが発行済株式の全部を有する株式会社その他これに準ずるものとして法務省令で定める法人（特別支配株主完全子法人）が有している対象会社の株式を合算して10分の9以上の要件を満たす者であっても、特別支配株主と認められる。つまり、①A単独で、または、②Aと、Aの特別支配株主完全子法人とが、対象会社の総株主の議決権の10分の9以上を掌握していればよいということになる（以上、今次改正後会179Ⅰ本文かっこ書参照）。

　また、Aは、対象会社の株主の全員に対し、売渡請求をすることができるのが原則であるが、特別支配株主完全子法人を除くことは可能である（今次改正後会179Ⅰただし書）。これを除いても、Aの目的は達せられるからである。

　Aの有する上述の請求権は、対象会社に対する権利ではなく、自己が特別支配株主たる対象会社の他の株主に対する権利である点において、特殊な少数株主権である[51]。

　対象会社の総株主の議決権の10分の9以上というこの少数株主権の要件は、略式組織再編の手続を利用することができる特別支配会社の定義（会468Ⅰ第2かっこ書）を参考としたものである[52]。

---

[51] 江頭・注(5)前掲275頁。
[52] 法務省民事局参事官室・注(14)前掲第2部第3、1(2)参照（商事法務1952号（2011年）47頁）。

4-10-2-2 新株予約権売渡請求

　特別支配株主が株式売渡請求をするときは、併せて、対象会社の新株予約権の新株予約権者（対象会社および自己を除く）の全員に対し（ただし、特別支配株主完全子法人を除くことが可能）、その有する対象会社の新株予約権の全部を自己に売り渡すよう請求（新株予約権売渡請求）することができる（今次改正後会179Ⅱ）。また、特別支配株主が、新株予約権付社債に付された新株予約権について、新株予約権売渡請求をするときは、併せて、新株予約権付社債についての社債の全部を自己に売り渡すよう請求しなければならないが、当該新株予約権付社債に付された新株予約権につき別段の定めがある場合には、この限りでない（今次改正後会179Ⅲ）。新株予約権が他人の手中に残されていると、100％持株関係が将来崩壊するおそれがあるからである[53]。対象会社の新株予約権を売渡請求の対象に認めることは、とりわけ、対象会社がストック・オプションとして発行している新株予約権等の一括処理を可能とする点で、キャッシュ・アウトの実効性の確保に資するものと考えられる[54]。

4-10-2-3 売渡請求手続(1)——特別支配株主による対象会社への通知と対象会社による承認

　特別支配株主が、株式等売渡請求をするときは、以下の事項を定めなければならない。すなわち、①特別支配株主完全子法人に対して株式売渡請求をしないこととするときは、その旨および当該法人の名称、②売渡請求によりその有する対象会社の株式を売り渡す株主（売渡株主）に対して、売渡株式の対価として交付する額またはその算定方法、③売渡株主に対する上記②の金銭の割当てに関する事項、④併せて新株予約権売渡請求をもするときは、それに係る上記①ないし③に相当する事項、⑤特別支配株主が売渡株式等を取得する日（取得日）、⑥その他法務省令で定める事項、である（今次改正後会179の2Ⅰ）。なお、対象会社が種類株式発行会社である場合には、対象会社の発行する種類の株式の内容に応じ、上の③に掲げる事項として、上記②の金銭の割当てについて、

---

[53]　江頭・注(5)前掲276頁。
[54]　法務省民事局参事官室・注(14)前掲第2部第3、1(2)参照（商事法務1952号（2011年）47頁）。

売渡株式の種類ごとに異なる取扱いを行う旨、および、当該異なる扱いの内容を定めることができる（今次改正後会179の2Ⅱ）。また、上記③についての定めは、売渡株主の有する売渡株式の数（種類株式につき異なる扱いを定めたときは、各種類の売渡株式の数）に応じて、金銭を交付することを内容とするものでなければならない（今次改正後会179の2Ⅲ）。

特別支配株主は、株式等売渡請求をしようとするときは、対象会社に対し、上に定めた事項を通知し、対象会社の承認を得なければならない（今次改正後会179の3Ⅰ）。

対象会社が取締役会設置会社であるときは、承認の可否の決定は、取締役会の決議によらなければならない（今次改正後会179の3Ⅲ）。ただし、監査等委員会設置会社にあっては、一定の要件を備えれば、その決定を取締役に委ねることを許され（今次改正後会399の13Ⅴ・Ⅵ）、指名委員会等設置会社にあっては、執行役にこれを委ねることを許される（今次改正後会416Ⅳ）。取締役会非設置会社にあっては、取締役の過半数をもって、これを決する（会348Ⅱ）。なお、対象会社は、特別支配株主が株式売渡請求に併せて新株予約権売渡請求をしようとするときは、新株予約権売渡請求のみを承認することはできない（今次改正後会179の3Ⅱ）。

対象会社の承認を売渡請求の要件として要求したのは、売渡株主の利益への配慮という観点から、特別支配株主による一方的な条件提示のみによって無条件にキャッシュ・アウトを認めることは適切ではなく、これに一定の制約が必要であると考えられたためである[55]。それゆえ、承認の可否の決定に際しては、承認機関は、売渡株主の利益に配慮し、当該条件が適正か否かを検討して判断しなければならない。

承認に際し、種類株主総会の決議を要する場合がありえることは、すでに述べた（本帖本章4-6）。

承認は、取得日の20日前までになすことを要する（今次改正後会179の4Ⅰ柱書参照）。

対象会社は、承認の可否を決定したときは、特別支配株主に対し、当該決定の内容を通知しなければならない（今次改正後会179の3Ⅳ）。

---

[55] 同前第2部第3、1(3)参照（商事法務1952号（2011年）48頁）。

4-10-2-4　売渡請求手続(2)──売渡株主等に対する情報の開示

　対象会社が、特別支配株主の株式等売渡請求を承認したときは、取得日の20日前までに、①売渡株主（売渡新株予約権者を含む）に対して、(i)当該承認をした旨、(ii)特別支配株主の氏名・名称、(iii)会社法179条の2第1項の1号から5号までに掲げる事項、(iv)その他法務省令で定める事項、を通知しなければならず、②売渡株式の登録株式質権者（売渡新株予約権の登録新株予約権質権者を含む）に対して、当該承認をした旨、を通知または公告しなければならない（今次改正後会179の4Ⅰ・Ⅱ）。つまり、売渡株主に対しては、原則として、必ず通知を要し公告による代替は許されない（今次改正後会179の4Ⅱかっこ書）。この通知または公告の費用は、特別支配株主が負担する（今次改正後会179の4Ⅳ）。対象会社が上の通知または公告をしたときは、特別支配株主から売渡株主等に対し、株式等売渡請求がなされたものとみなされる（今次改正後会179の4Ⅲ）。画一的処理のための擬制である。なお、振替株式発行会社の売渡株主および登録株式質権者に対しては、株主名簿上、その時点の株主を把握できないので、通知すべき事項を公告しなければならない（今次改正後社債株式振替161Ⅱ）。

　対象会社は、上の通知の日または公告の日のいずれか早い日から取得後6ヵ月（対象会社が非公開会社であるときは、1年）を経過する日までの間、①特別支配株主の氏名・名称および住所、②会社法179条の2第1項各号に掲げる事項、③売渡請求に係る承認（今次改正後会179の3Ⅰ）をした旨、④その他法務省令で定める事項、を記載・記録した書面または電磁的記録を、本店に備え置かなければならない（今次改正後会179の5Ⅰ）。売渡株主等は、営業時間内はいつでも、会社の定めた費用を支払って、対象会社に対し、これらのものの閲覧・謄本または抄本の交付等を請求することができる（今次改正後会179の5Ⅱ）。

　対象会社は、売渡株式等の売買の当事者ではないが、対象会社が売渡株主等に対する情報開示について一定の役割を果たすものとすることにより、キャッシュ・アウトの条件の周知徹底を図ることで、売渡株主等の救済方法（本帖本章4-10-3）の実効性を確保しようとしている[56]。

4-10-2-5　売渡請求手続(3)——売渡請求の撤回の場合

　特別支配株主は、対象会社による承認（今次改正後会179の3Ⅰ）を受けた後は、取得日の前日までに、対象会社の承諾を得た場合に限り、売渡株式等の全部について、株式等売渡請求を撤回することができる（今次改正後会179の6Ⅰ）。撤回の承諾の可否を決する機関は、売渡請求の承認の可否を決するそれと同様である（今次改正後会179の6Ⅱ、399の13Ⅴ・Ⅵ、416Ⅳ、348Ⅱ——一部改正のない条文を含む）。対象会社が、撤回の承諾の可否を決したときは、特別支配株主に対し、その決定の内容を通知しなければならない（今次改正後会179の6Ⅲ）。対象会社が、撤回の承諾をしたときは、遅滞なく、売渡株主等に対し、その旨を通知または公告しなければならない（今次改正後会179の6Ⅳ・Ⅴ）。この通知または公告の費用は、特別支配株主が負担する（今次改正後会179の6Ⅶ）。対象会社が、この通知または公告をしたときは、株式等売渡請求は、売渡株式等の全部について、撤回されたものとみなされる（今次改正後会179の6Ⅵ）。なお、特別支配株主が、新株予約権売渡請求のみを撤回する場合にも、売渡新株予約権者に対する関係で、上と同様の手続が執られる（今次改正後会179の6Ⅷ）。

4-10-2-6　売渡請求手続(4)——売渡株式等の取得

　特別支配株主は、取得日（今次改正後会179の2Ⅰ⑤）に、売渡株式等の全部を取得する（今次改正後会179の9Ⅰ）。これすなわち、画一的強制取得である。特別支配株主の取得に係る株式または新株予約権が、譲渡制限株式または譲渡制限新株予約権であるときは、対象会社は、特別支配株主がこれらを取得したことについて、承認する旨の決定（会137Ⅰ、263Ⅰ）をしたものとみなされる（今次改正後会179の9Ⅱ）。

　対価である金銭は、取得日に、売渡株主等に対し交付すべきことになる[56]。もし特別支配株主が支払いの履行を遅滞する場合には、個々の売渡株主等は、特別支配株主に対し、履行を直接強制することはできるものの、売買契約の解除は、売渡株式等の取得の無効の訴え（今次改正後会846の2Ⅰ）によらなければ主張できないと解すべきであろう。偶発的な

---

(56)　同前参照（商事法務1952号（2011年）48頁参照）。
(57)　江頭・注(5)前掲278頁。

一部の不履行によって一部の売渡株式等の取得の効力が喪失することを認めると、完全子会社化という制度目的を阻害するからである[58]。

4-10-2-7 事後開示

対象会社は、取得日後遅滞なく、特別支配株主が取得した売渡株式等の数その他の売渡請求に係る売渡株式等の取得に関する事項として法務省令で定める事項を記載・記録した書面または電磁的記録を作成しなければならない（今次改正後会179の10Ⅰ）。対象会社は、取得日から6ヵ月間（非公開会社にあっては、1年間）、これらのものを本店に備え置かなければならず、取得日に売渡株主等であった者は、対象会社に対して、その営業時間内はいつでも、会社の定めた費用を支払って、これらのものの閲覧・謄本または抄本の交付等を請求することができる（今次改正後会179の10Ⅱ・Ⅲ）。

4-10-3 売渡株主等の救済

4-10-3-1 売買価格決定の申立て

株式等の売渡請求があった場合には、売渡株主等は、取得日の20日前の日から取得日の前日までの間に、裁判所に対し、その有する売渡株式等の売買価格決定の申立てをすることができる（今次改正後会179の8Ⅰ）。特別支配株主は、裁判所の決定した売買価格に対する取得日後の年6分の利率により算定した利息をも支払わなければならない（今次改正後会179の8Ⅱ）。特別支配株主は、売渡株式等の売買価格の決定があるまでは、売渡株主等に対し、当該特別支配株主が公正な価格と認める額を支払うことができる（今次改正後会179の8Ⅲ）。

特別支配株主と対象会社との間で決定された対価に不満を持つ売渡株主等に与えられた救済措置である。全部取得条項付種類株式の取得に係る救済措置（今次改正後会172）と平仄を合わせるもののようであるが、対価が金銭に限られ、取得の主体が会社ではなく、常に特別支配株主となる点に留意を要する。

4-10-3-2 差止請求

①株式等売渡請求が法令に違反する場合、②対象会社が売渡株主等に

---

[58] 以上、同前279頁脚注(6)。

対する通知義務（今次改正後会179の4Ⅰ①参照）または株式等売渡請求に関する書面等の備置き・閲覧等に供する手続規定（今次改正後会179の5）に違反した場合、③対価として交付される金銭の額もしくはその算定方法または割当て（今次改正後会179の2Ⅰ②③④ロハ）が、対象会社の財産の状況その他の事情に照らして著しく不当である場合、において、売渡株主等が不利益を受けるおそれがあるときは、売渡株主等は、特別支配株主に対し、株式等売渡請求に係る売渡株式等の全部の取得をやめることを請求することができる（今次改正後会179の7）。

株式等売渡請求による売渡株式等の取得については、全部取得条項付種類株式の取得等の他の手法によるキャッシュ・アウトと異なり、対象会社の株主総会等の決議の取消しの訴え（会831）による救済の余地がないことから、それに代わる売渡株主等の救済方法として、差止請求を認めるものである[59]。差止請求の要件については、略式組織再編の差止請求の制度（今次改正後会784の2、796の2等）を参考としている[60]。上記①と②を分けて規定したのは、対象会社の通知義務違反・事前開示手続違反が、必ずしも株式等売渡請求それ自体の法令違反には該当しないと考えられるためである[61]。

4-10-3-3 売渡株式等の取得の無効の訴え

売渡株式等の取得手続に瑕疵があれば、その取得の無効が問題となる。しかし、取得の無効は、多数の株主等の利害に影響があることから、法的安定性を図る目的で[62]、その無効の主張は、訴えをもってのみなすことができるものとされている（今次改正後会846の2Ⅰ）。

無効原因としては、①取得者の持株要件（今次改正後会179Ⅰ）の不足、②対価たる金銭の違法な割当て（今次改正後会179の2Ⅲ）、③対象会社の取締役会・種類株主総会の決議の瑕疵（今次改正後会179の3Ⅲ、322Ⅰ①の②）、④売渡株主等に対する通知・公告・事前開示書類等の瑕疵・不実

---

[59]　法務省民事局参事官室・注(14)前掲第2部第3、1(4)イ参照（商事法務1952号（2011年）49頁参照）。
[60]　同前参照。
[61]　同前参照（商事法務1952号（2011年）49-50頁）。
[62]　江頭・注(5)前掲280頁。

第 2 章　各　論

記載（今次改正後会179の 4 、179の 5 ）、⑤取得の差止仮処分命令への違反（今次改正後会179の 7 ）、⑥対価たる金銭交付の著しい不履行、⑦対価たる金銭額の著しい不当（今次改正後会179の 7 Ⅰ③）、等である[63]。締出しの目的の不当も、無効原因となりうる[64]。

　提訴の期間は、取得日から 6 ヵ月以内（非公開会社にあっては 1 年以内）である（今次改正後会846の 2 Ⅰ）。

　訴えを提起することができるのは、①取得日において売渡株主等であった者、②取得日において対象会社の取締役（監査役設置会社にあっては取締役・監査役、指名委員会等設置会社にあっては取締役・執行役）であった者または対象会社の上記の者もしくは清算人、に限られる（今次改正後会846の 2 Ⅱ）。被告となるのは、特別支配株主である（今次改正後会846の 3 ）。

　訴えは、対象会社の本店の所在地を管轄する地方裁判所の管轄に専属する（今次改正後会846の 4 ）。

　裁判所は、被告の申立てにより、訴えを提起した売渡株主等に対し、相当の担保を立てるべきことを請求することができるが、該売渡株主等が対象会社の取締役、監査役、執行役または清算人であるときは、この限りでない（今次改正後会846の 5 Ⅰ）。被告がこの申立てをなすには、原告の訴えの提起が悪意によるものであることを疎明しなければならない（今次改正後会846の 5 Ⅱ）。同一の請求を目的とする無効の訴えが数個同時に係属するときは、その弁論および裁判は、これを併合してなすことを要する（今次改正後会846の 6 ）。無効の訴えを提起した原告が敗訴した場合において、原告に悪意または重大な過失があったときは、原告は、被告に対し、連帯して損害賠償責任を負う（今次改正後会846の 9 ）。

　取得を無効とする判決が確定すると、その判決は、対世効を有する（今次改正後会846の 7 ）。加えて、当該判決において無効とされた売渡株式等の全部の取得は、将来に向かってその効力を失う（今次改正後会846の 8 ）。

---

[63]　同前281頁脚注⑵参照。
[64]　同前。

◆ 4-11 株式会社における機関の分化の進展

　第3帖第3章3-2において、商法会社編時代から平成17年(2005年)会社法制定に至るまでの、株式会社の機関の分化の進展の概略を述べた（通論Ⅲ5頁以下）。

　今次改正により、取締役会の監督機能の充実という観点から、自ら業務執行をしない社外取締役を複数置くことで、業務執行と監督の分離を図りつつ、そのような社外取締役が、監査を担うとともに、経営者の選定・解職等の決定への関与を通じて監督機能を果たすものとするための制度として[65]、監査等委員会設置会社の制度が創設されたことを、ここで言及しておくべきであろう（通論Ⅲ22頁）。

◆ 4-12 会社法が定める株主総会の決議事項

　第3帖第4章1-2-2-2において、会社法が定める株主総会の決議事項を例示している（通論Ⅲ29頁）。このうち、①(カ)に掲げた「事業の譲渡」については、親会社による子会社株式等の譲渡に関して、事業譲渡と同様の手続を要するとされたため、(カ)の記述を「事業の譲渡・親会社による子会社株式等の譲渡」に変更する（今次改正後会467Ⅰ）。

◆ 4-13 株主総会の招集の時期

　第3帖第4章2-4-1において、「また、剰余金の配当を取締役会で定めることができる旨を定款で定めた会社は、取締役の任期が1年を超えてはならないため（会459Ⅰ④）、このような会社では、取締役の選任も定時株主総会の議題とされるのが通常である」と記述したが、これを「また、剰余金の配当を取締役会で定めることができる旨を定款で定めた会社は、取締役（監査等委員会設置会社にあっては、監査等委員である取締役以外の取締役）の任期が1年を超えてはならないため（今次改正後会459Ⅰ④）、このような会社では、かかる取締役の選任も定時株主総会の議題とされるのが通常である」と改める（通論Ⅲ45頁）。

---

[65] 平成23年（2011年）12月7日法制審議会会社法制部会「会社法制の見直しに関する中間試案」第1部第1、2参照（商事法務1952号（2011年）4頁）。

◆ 4-14　株主等の権利行使に関する利益供与の禁止

　第3帖第4章3-2-6-2において、会社法120条1項について説明している（通論Ⅲ78頁）。多重代表訴訟等の制度の創設のため、同条同項も改正を受けており、記述を改めなければならない。

　すなわち、今次改正後会社法120条1項は、「株式会社は、何人に対しても、株主の権利、当該株式会社に係る適格旧株主（第847条の2第9項に規定する適格旧株主をいう。）の権利又は当該株式会社の最終完全親会社等（第847条の3第1項に規定する最終完全親会社等をいう。）の株主の権利の行使に関し、財産上の利益（当該株式会社又はその子会社の計算においてするものに限る。以下この条において同じ。）をしてはならない。」と規定している。上の規定中、子会社の計算においてする部分は、平成12年（2000年）改正において追加されたものである（同年改正後商294ノ2）。ここでいう「株主」とは、今次改正前と同様、当該株式会社の株主を意味するが、今次改正によって、「適格旧株主」すなわち組織再編後も当該株式会社の役員等に対して代表訴訟を提起できる株主（今次改正後会847の2参照）や、特定責任追及の訴え（多重代表訴訟）を提起できる「最終完全親会社等の株主」（今次改正後会847条の3）をも含むこととなった[66]。

　上のような、会社法120条1項の規整の拡大は、本通論Ⅲ81頁で言及した、吉本健一の指摘にも影響を及ぼすものと思われる。

◆ 4-15　株主総会の特別決議事項

　第3帖第4章5-2-2において、会社法309条2項各号に整序された特別決議事項を列挙した（通論Ⅲ102頁）。今次改正により、同条同項に若干の変容があるので、改めてこれを掲げる。

　①譲渡制限株式の会社による買取決定および買受人の指定（会140Ⅱ・Ⅴ）（なお、通論Ⅲ102頁は、これを「議決権制限株式」と記したが、これは単純な誤りであり、ここで訂正する）、②特定の株主からの自己株式取得の決定（会156Ⅰ、160Ⅰ）、③全部取得条項付種類株式の取得の決定（会171Ⅰ）および一般承継人に対する株式売渡請求の決定（会175Ⅰ）、④株

---

[66]　近藤・注(12)前掲227頁参照。

式の併合の決定（会180Ⅱ）、⑤非公開会社における募集株式の募集事項の決定、公開会社における有利発行等に係る決定、取締役会非設置会社における募集譲渡制限株式の割当てに係る決定および取締役会非設置会社における募集譲渡制限株式の総数引受契約の承認（会199Ⅱ、201Ⅰ、202Ⅲ④、204Ⅱ、205Ⅱ）、⑥非公開会社における新株予約権の募集事項の決定、公開会社における有利発行等に係る決定、取締役会非設置会社における募集新株予約権の目的たる株式の全部もしくは一部が譲渡制限株式である場合または募集新株予約権が譲渡制限新株予約権である場合の割当てに係る決定および取締役会非設置会社における募集新株予約権の目的たる株式の全部もしくは一部が譲渡制限株式である場合または募集新株予約権が譲渡制限新株予約権である場合の総数引受契約の承認（会238Ⅱ、239Ⅰ、241Ⅲ④、243Ⅱ、244Ⅲ）、⑦累積投票により選任された取締役・監査等委員たる取締役・監査役を解任する決議（会399Ⅰ）、⑧役員等の責任の一部免除の決定（会425Ⅰ）、⑨資本金の減少の決定（ただし、定時総会で決議し、かつ、欠損の填補に充てる場合を除く）（会447Ⅰ）、⑩現物配当決議（株主に対して金銭分配請求権を与えないこととする場合に限る）（会454Ⅳ）、⑪定款の変更・事業譲渡等・解散・会社の継続に係る決議（会2編6章～8章）、⑫組織変更・合併・会社分割・株式交換・株式移転に係る決議（会5編）、である。

◆ **4-16 種類株主総会の特別決議**

第3帖第4章5-4-2において、種類株主総会の特別決議事項を列挙している（通論Ⅲ107-108頁）。このうち、⑤の事由を以下のように変更する。

⑤種類株主総会により選任された監査役・監査等委員である取締役の解任（会347Ⅱ→339Ⅰ→今次改正後会309Ⅱ⑦）。

◆ **4-17 株主総会の決議取消しの訴えに係る原告適格**

会社法831条1項が、平成17年（2005年）改正前商法247条1項の承継規定であることは、第3帖第4章5-5-2-1において述べたところである（通論Ⅲ109頁）。

第3帖第4章5-5-2-2の(ア)において、決議取消しの訴えに係る原告適格について記述したが（通論Ⅲ114頁以下）、決議取消訴訟係属中に株主資格を失った者の原告適格についての説明を欠いていた。

商法会社編時代、古い通説・判例は、株主として取消訴訟を提訴した者は、提訴時から取消判決確定時まで株主資格を有していなければならないと解していた[67]（大判昭和8年(1933年)10月26日民集12巻2626頁）。ただし、この見解に従うとしても、訴訟要件の一般原則よりすれば、口頭弁論終結時まで株主資格があれば足りることになったであろう[68]。ともかくも、この見解によれば、決議取消訴訟の係属中に株主資格を失った者は、株主としての原告適格を失うことになる。

しかしながら、減資決議取消訴訟の係属中に、当該減資の結果として株主資格を失った者は、当該決議の取消しにより回復されるべき潜在的株主資格を有しているとして、原告適格を失わないと解されていた[69]。このような解釈は、会社法制定前には通説的見解とされていたものと思われる[70]。

しかし、今次改正前の会社法831条1項は、その後段において、当該決議の取消しにより取締役、監査役または清算人となる者については、原告適格を認められる旨が明文をもって示されているのに対し、株主等となる者については特段の規定を設けなかった（今次改正前会831Ⅰ前段）。それゆえに、「当該決議の取消しにより株主となる者」を意図的に提訴権者から排除することが立法者意思ではないかとの疑義を生じることとなった[71]。しかし、取締役等と株主等とを別異に取り扱う合理的理由は見当たらず、加えて、全部取得条項付種類株式の取得日以降に、旧株主が株主総会決議の取消しの訴えを提起しえないとすることは、他の

---

[67] 西原寛一・大隅健一郎・鈴木竹雄・石井照久監修『注釈会社法(4)(増補版)』（有斐閣・1980年）193頁〔谷川久〕。

[68] 上柳克郎・鴻常夫・竹内昭夫編『新版注釈会社法(5)』（有斐閣・1986年）328頁〔岩原紳作〕。

[69] 同前〔岩原紳作〕、西原・大隅・鈴木・石井監修・注(67)前掲193頁〔谷川久〕参照。

[70] 篠原・藤田・注(44)前掲30頁。

[71] 同前参照、大塚・西岡・高谷編・注(10)前掲240頁〔西岡祐介〕。

キャッシュ・アウトにおける救済手法との均衡を欠くことにもなりかねないとする指摘もあった[72]。

　この点に関しては、会社法制定後に、全部取得条項付種類株式を利用したキャッシュ・アウトによって株主資格を喪失した者が提起した決議取消訴訟たる東京高裁平成22年（2010年）7月7日判決金商1347号18頁が注目される。裁判所は、株主総会の決議によって株主の地位を奪われた者に関して、「当該決議が取り消されない限り、その者は株主としての地位を有しないことになるが、これは決議の効力を否定する取消訴訟を形成訴訟として構成したという法技術の結果にすぎないのであって、決議が取り消されれば株主の地位を回復する可能性を有している以上、会社法831条1項の関係では株主として扱ってよい」と認め、会社法831条1項の解釈に関して、以下のように説示した。すなわち、「会社法の条文中には、商法旧規定における明文の規定も最高裁判所の判例もないが、下級審裁判例の大勢を占め、学説及び会社実務において有力な異論のない解釈を明文化したものがあり、会社法831条1項後段も、商法旧規定下における取締役解任決議取消訴訟における解任取締役の原告適格を認める多数の下級審裁判例の蓄積とこれを支持する学説及び会社実務を受けて、明文化されたものである。他方において、商法旧規定の時代には、株主総会決議により株主の地位を強制的に奪われる局面はほとんどなく、下級審裁判例の蓄積も乏しかったため、会社法立案の際には、株主総会決議により株主の地位を強制的に奪われた株主の原告適格の明文化が見送られたにすぎず、このような株主の原告適格を否定する趣旨で立法がされたものとはみられない。株主総会決議により株主が強制的に株主の地位を奪われるという現象は、全部取得条項付種類株式の制度が会社法制定時に新設されたことにより、同法施行後に著しく増加したものであることは、公知の事実である。そうすると、明文化されなかったものについては、その原告適格を否定するという立法者意思があったものとみることはできず、会社法831条1項後段を限定列挙の趣旨の規定と解することには無理がある」と説いて、決議の取消しにより回復されるべき

---

[72] 篠原：藤田・同前。

潜在的株主資格を有する者の原告適格を容認したのである。

今次改正法は、上のような考え方を容れ、株主総会の決議により株主の地位を奪われた株主（会171Ⅰが、上に観たように代表例である）は、当該決議の取消しにより、株主たる地位を回復する可能性があるので、当該決議の取消訴訟の原告適格を有する旨を明定した（今次改正後会831Ⅰ後段）。

◆ 4-18 代表訴訟関連

4-18-1 既述関連

繰り返し述べるように、今次改正によって、多重代表訴訟制度が導入されたため、株主代表訴訟制度に係る記述を変更しなければならない。

まず、何はさておき、第3帖第4章6-2-4-4の最後の段落で記述した以下の文章を削除しなければならない。すなわち、「なお、会社法は、親会社の株主が子会社の取締役等の責任を追及するために一般的に代表訴訟の提起を認める、いわゆる二重代表訴訟の制度は認めていない。」（通論Ⅲ145頁）。

少し記述を遡って、第3帖第4章6-2については、とりあえず、会社法847条に係る代表訴訟に特化した説明という位置づけにしたい（通論Ⅲ131頁以下）。

会社法847条自体も改正を受けている。

第3帖第4章6-2-1に係る記述において、株主代表訴訟の目的の価額の算定についての改正経緯を説明している（通論Ⅲ133頁）。この訴訟の目的の価額の算定については、財産上の請求でない請求に係る訴えとみなすとの趣旨に何ら変更はないが、会社法847条6項が削除され、その根拠条文は、今次改正後会社法847条の4第1項に移された。

第3帖第4章6-2-1の最後の段落において、会社法847条に依拠した訴えが、取締役の責任を追及する手段以外に利用されうる場合を列挙したが（通論Ⅲ134頁）、この部分を次のように変更する。すなわち、「この制度は、①発起人、設立時取締役もしくは設立時監査役（会52、53）または役員等（会423Ⅰ）もしくは清算人（会486）の責任を追及する訴え（このうち、発起人・設立時取締役等については、出資の履行を仮装した場合

外の帖　平成26年（2014年）改正会社法と通論既巻

の支払責任の追及を含み（今次改正後会52の2Ⅰ・Ⅱ、103Ⅱ）、同じく取締役についても、仮装払込みに関与した者の支払責任の追及を含む（今次改正後会213の3Ⅰ））、②出資の履行を仮装した募集株式の引受人等に対する支払い・給付を求める訴え（今次改正後会102の2Ⅰ、213の2Ⅰ、286の2Ⅰ）、③不公正な払込金額で株式・新株予約権を引き受けた者に対する公正な価額との差額支払いを求める訴え（会212Ⅰ、285）、④違法な利益供与を受けた者に対する利益の返還を求める訴え（会120Ⅲ）（この④は、既述事由の②に当たるが、既述に単純な誤りがあった。「利益配当」ではなく「利益供与」が正しい。改正法と無関係ながら、ここで訂正しておく）、についても認められる（今次改正後会847Ⅰ本文）。」

　第3帖第4章6-2-2における代表訴訟が認められる範囲の記述について。通論Ⅲ139頁の記述を次のように改める。すなわち、「よって、代表訴訟が濫用されるおそれも勘案して、現行会社法上、代表訴訟が認められるのは、総株主の同意がなければ免除できない責任ないし一部免除しか認められない責任（会53Ⅰ、120Ⅳ、423Ⅰ、428、462Ⅰ、464Ⅰ、465Ⅰ）、または免除できないもしくは総株主の同意がなければ免除できない資本充実責任（会52Ⅰ、213Ⅰ、286Ⅰ）・仮装払込みに係る支払責任（今次改正後会52の2Ⅱ、103Ⅱ、213の3Ⅰ）に限定されるべきことになる。」

　第3帖第4章6-2-4-2の提訴前の手続について。株主が代表訴訟を提起するには、原則として、まず、会社に対し、書面その他の法務省令で定める方法をもって、取締役等の責任を追及する訴えの提起を請求しなければならないが（今次改正後会847Ⅰ）、会社がこの請求を受ける場合、監査役設置会社にあっては、監査役が会社を代表する（取締役の責任を追及する訴えの提起の請求に限る）（今次改正後会386Ⅱ①）。監査等委員会設置会社にあっては、監査等委員（当該監査等委員が当該訴えに係る訴訟の相手方となる場合を除く）が会社を代表する（取締役の責任を追及する訴えの提起の請求に限る）（今次改正後会399の7Ⅴ①）。指名委員会等設置会社にあっては、監査委員（当該監査委員が当該訴えに係る訴訟の相手方となる場合を除く）が会社を代表する（執行役または取締役の責任を追及する訴えの提起の請求に限る）（今次改正後会408Ⅴ①）（通論Ⅲ141-142頁）。

　第3帖第4章6-2-4-4における企業再編行為によって株主でなく

なった者の訴訟の追行（原告適格の存続）について。代表訴訟を提起した株主またはそれに共同参加した株主は、その訴訟の係属中に株主でなくなったとしても、①その者が当該株式会社の株式交換または株式移転により当該株式会社の完全親会社の株式を取得したとき、②その者が当該株式会社が合併により消滅する会社となる合併により、合併により設立する株式会社または合併後存続する株式会社もしくはその完全親会社の株式を取得したとき、には、訴訟を追行することができる（今次改正後会851Ⅰ）（通論Ⅲ144-145頁）。

第3帖第4章6-2-4-5(イ)の、濫訴の防止措置の一環としての担保提供について。株主が代表訴訟を提起した場合に、被告取締役等が、当該代表訴訟の提起が原告株主の悪意によるものであることを疎明して申立てをすれば、裁判所は、この申立てにより、相当の担保を立てるべきことを当該株主に命ずることができるが、その根拠条文が、今次改正により、会社法847条の4第2項・3項に移された（通論Ⅲ147頁）。

第3帖第4章6-2-5-1で記述した共同訴訟参加について。訴訟参加を容易ならしめるため、また、参加の機会を確保せしめるため、株主が代表訴訟を提起したときは、遅滞なく、会社に対して訴訟告知をしなければならない旨の今次改正前会社法849条3項が、同条4項に繰り下げられた（通論Ⅲ149頁）。訴訟告知を受ける場合、監査役設置会社にあっては、監査役が会社を代表する（取締役の責任を追及する訴えに係るものに限る）（今次改正後会386Ⅱ②）。監査等委員会設置会社にあっては、監査等委員（当該監査等委員が当該訴えに係る訴訟の当事者である場合を除く）が会社を代表する（取締役の責任を追及する訴えに係るものに限る）（今次改正後会399の7Ⅴ②）。指名委員会等設置会社にあっては、監査委員（当該監査委員が当該訴えに係る訴訟の当事者である場合を除く）が会社を代表する（執行役または取締役の責任を追及する訴えに係るものに限る）（今次改正後会408Ⅴ②）（通論150頁）。次いで、会社自らが責任追及等の訴えを提起したときまたは訴訟告知を受けたときは、遅滞なく、その旨を公告し、または株主に通知しなければならないと規定した、今次改正前会社法849条4項は、同条5項に繰り下げられた（通論Ⅲ150頁）。非公開会社にあっては、公告は要求されないが、株主への通知をなす必要があ

る旨の、今次改正前会社法849条5項は、同条9項に繰り下げられた（通論Ⅲ150頁）。

　第3帖第4章6−2−5−2の補助参加について。会社が被告側に補助参加することを歯止めなく認めるならば、被告取締役等に有利になるおそれがある。それゆえ、会社が、取締役（監査等委員および監査委員を除く）、執行役および清算人ならびにこれらの者であった者を補助するため、責任追及等の訴えに係る訴訟に参加するにあたっては、監査役設置会社においては監査役（監査役が2人以上ある場合にあっては、各監査役）の、監査等委員会設置会社においては各監査等委員の、指名委員会等設置会社においては各監査委員の、それぞれ同意を得なければならないものとされている（今次改正後会849Ⅲ）（通論Ⅲ151頁）。

　第3帖第4章6−2−6の和解について。会社法850条1項本文によれば、代表訴訟につき和解をする場合に、会社がその当事者でないとき、たとえば、原告株主と被告取締役とが和解をするときは、その訴訟の目的について、民事訴訟法267条の規定の適用がないものとされている。しかし、会社法850条1項ただし書は、会社の承認がある場合にはこの限りでないとしている。すなわち、当該会社の承認があれば、確定判決と同一の和解の効力が認められるのである。会社の承認を得るには、裁判所が、会社に対して和解の内容を通知し、和解に異議があれば2週間以内に異議を述べるべき旨を催告しなければならない（会850Ⅱ）。この通知・催告を受ける場合、監査役設置会社にあっては監査役が会社を代表する（取締役の責任を追及する訴えに係る訴訟における和解に関するものに限る）（今次改正後会386Ⅱ②）。監査等委員会設置会社にあっては、監査等委員（当該監査等委員が当該訴えに係る訴訟の相手方である場合を除く）が会社を代表する（取締役の責任を追及する訴えに係る訴訟における和解に解するものに限る）（今次改正後会399の7Ⅴ②）。指名委員会等設置会社にあっては、監査委員（当該監査委員が当該訴えに係る訴訟の当事者である場合を除く）が会社を代表する（執行役または取締役の責任を追及する訴えに係る訴訟における和解に関するものに限る）（今次改正後会408Ⅴ②）（通論Ⅲ154頁）。さらに、この訴訟につき会社が和解をする場合には、取締役の責任につき総株主の同意がなければ免除できないという規定の適用がな

いとする会社法850条4項の、適用除外として列挙された条文に増加をみている。改正後会社法850条4項に列挙されたものは、同55条、同102条の2第2項、同103条3項、同120条5項、同213条の2第2項、同286条の2第2項、同424条（486条4項において準用する場合を除く）、同462条3項（同項ただし書に規定する分配可能額を超えない部分について負う義務に係る部分に限る）、同464条2項および同465条2項である（通論Ⅲ154頁）。

　第3帖第4章6-2-8の再審の訴えについて。会社または株主が、確定した終局判決に関し、再審の訴えをもって不服を申し立てることができる旨の根拠条文は、今次改正後会社法853条1項1号となる（通論Ⅲ157頁）。

4-18-2　多重代表訴訟（新設）

4-18-2-1　意　義

　「多重代表訴訟」というは、株式会社の役員等の当該会社に対する責任について、当該会社が当該役員等に対する責任を追及しないときに、当該会社の最終完全親会社等の株主自らが原告となり、当該会社の役員等を被告とする責任追及の訴えをなす訴訟を容認するという制度である。今次改正法は、この訴えを、「特定責任追及の訴え」と称している。

4-18-2-2　導入の背景および経緯

　㈎　平成9年(1997年)の独占禁止法の改正によって、持株会社が解禁されたこと、および、平成11年(1999年)の商法改正によって、株式交換・株式移転制度の創設をみたことは、わが会社法の機能的変化を歴史的に概観した際に、すでに言及したところである（第1帖第1章2-4-5-4）。

　これらを契機に、企業結合に係る問題関心の主題が、質的な変容を来たすこととなった。すなわち、従来の関心事は、親会社が、子会社と不公正な取引条件で取引をする等、子会社を搾取するようなことから、子会社の少数株主や債権者を保護することにあったが、近時に至って大きな問題として意識されるようになったのは、持株会社が急速に広まった中で、持株会社グループの業務や経営の中心が子会社にあるにもかかわらず、持株会社による子会社の経営の監督が実効性をともなわない例が

多いのではないかというそれである[73]。完全親会社などでは、実質的に株主がいるのは、持株会社の側であるから、実際に業務上の問題を生じている子会社の経営に対し、株主側からのチェックが機能しないことになる。加えて、持株会社以外の一般の親子会社においても、わが国においては、子会社に対する親会社の監督が不十分であって、子会社の不祥事や経営不振が企業グループ全体に大きな悪影響を及ぼす場合が少なくないとの指摘もあった[74]。

⑷　株主代表訴訟がすでに係属しているならば、改正前の会社法にあっても、①原告たる株主（共同訴訟参加した株主を含む、以下同様）が当該株式会社の株式交換または株式移転により当該会社の完全親会社の株式を取得したとき、②原告たる株主が当該株式会社が合併により消滅する会社となる合併により、合併により設立する株式会社または合併後存続する株式会社もしくはその完全親会社の株式を取得したときに、訴訟を追行することができた（今次改正前会851Ⅰ）。さらに、原告株主が①および②の株式交換・株式移転や合併によって完全親会社または合併後存続会社の株主となった後、その完全親会社または合併後存続会社がさらに①および②の株式交換・株式移転や合併をしてこれらの会社の株主でなくなったときも、さらに訴訟を追行できた（会851Ⅱ・Ⅲ）。しかし、上のような例は、あくまでも例外的事象にすぎない。つまり、株主が、株式交換・株式移転等により、その保有する株式を発行する株式会社の完全親会社の株式を取得してしまえば、その後になって、元の株式を保有していた株式会社（完全子会社）の役員等に対しては、もはや株主代表訴訟を提起する術がない（東京地判平成19年（2007年）9月27日判タ1260号334頁）。

⑸　これが改正前会社法の限界であった。無論、子会社の株主たる親会社が、子会社の役員等の責任追及の訴えを提起することは、改正前会社法の下でも可能ではあった。しかし、企業集団における親会社の取締役等と子会社の取締役等との間の人的関係により、子会社の株主である

---

[73]　岩原紳作「「会社法制の見直しに関する要綱案」の解説（Ⅲ）」商事法務1977号（2012年）5頁参照。

[74]　同前参照。

親会社が子会社の取締役等の責任追及を懈怠するおそれが類型的・構造的に存在し、子会社の取締役等が子会社に対して責任を負っている場合であっても、子会社のみならず、親会社も子会社の取締役等の責任を追及しないために、子会社の損害が塡補されず、その結果、親会社の損害が塡補されない可能性があった[75]。上のような弊害を積極的に除去しようとするなら、親会社の株主の保護のため、多重代表訴訟の制度を創設すれば、事は簡単であった。

　(エ)　しかし、他方、子会社の取締役等が子会社に対して責任を負う場合には、親会社株主は、子会社の管理・監視を怠ったことについての親会社の取締役等の責任を追及することにより、親会社の損害の塡補を図ることができるとの指摘もあった。こう考える場合には、親会社の取締役等が株主代表訴訟の危険にさらされることで、親会社の取締役等の任務懈怠を抑止することができ、その結果、親会社の取締役等を通じて、子会社の取締役等の任務懈怠を間接的に抑止することができると解すべきことになろう[76]。多重代表訴訟制度導入慎重論である。慎重論の背景には、多重代表訴訟制度を創設すれば、企業の組織選択に影響を及ぼし、企業集団における効率的経営に支障を来たすとの判断があったものと思われる[77]。

　(オ)　しかしながら、慎重論に対しては、①親会社株主が、子会社の管理・監視に関する親会社の取締役等の責任の内容を明らかにし、損害および因果関係を併せて立証することは、子会社の取締役等の取締役等の責任を（直接）追及する場合よりも困難である。また、②多重代表訴訟が存在しないことで、子会社の形態が利用され、企業の組織選択がかえってゆがめられているおそれもある、との反駁を加えることができた[78]。

　(カ)　このため、中間試案の段階では、試案第2部第1、1において、

---

[75]　法務省民事局参事官室・注(14)前掲第2部第1、1(1)参照（商事法務1952号（2011年）37-38頁）。
[76]　同前参照（商事法務1952号（2011年）38頁）。
[77]　同前参照。
[78]　同前参照。

多重代表訴訟創設肯定案（Ａ案）と同否定案（Ｂ案）とが併記されて、パブリック・コメント手続に付されたのであった。

　パブリック・コメントにおける各界意見は、結論的には大きく分かれた[79]。概要をざっくり述べれば、Ａ案を支持する意見の側に立つ中では、弁護士会・海外投資家の存在が目立っている。大学関係は、Ａ案支持の方が多数意見であったといえよう。Ｂ案を支持する意見の側に立つ中では、経産省・経済団体・企業の存在が目立っている。一部大学もＢ案を支持していた。

　㈐　これを受けて、法制審議会会社法部会においても、意見が大きく対立したようであるが[80]、最終的には、要綱案第２部第１、１において、限定的な形をもって、多重代表訴訟制度の導入へと舵を切ったのであった。

4-18-2-3　制度の概要

　㈰　原告適格

　原告となりうるのは、最終完全親会社等の株主である（今次改正後会847の３Ⅰ）。ここに、「最終完全親会社等」というは、当該株式会社の完全親会社等であって、その完全親会社等がないものをいう（今次改正後会847の３Ⅰ第２かっこ書）。完全親会社等に該当するのは、①完全親会社たる株式会社、②株式会社の発行済株式の全部を他の株式会社およびその完全子会社等（株式会社がその株式または持分の全部を有する法人をいう）または他の株式会社の完全子会社等が有する場合における当該他の株式会社、をいう（今次改正後会847の３Ⅱ）。上の②は、たとえば、Ｃ社の発行済株式の全部を、Ａ社およびＡ社の完全子会社であるＢ社が有している場合のＡ社は、Ｃ社の完全親会社等に該当する。また、Ｃ社の発行済株式の全部をＢ社が保有しており、Ｂ社がＡ社の完全子会社であれば、Ａ社は、Ｃ社の完全親会社等に該当する。つまり、多重代表訴訟が認められる子会社の範囲は、完全子会社に限られるわけである。対象となる

---

[79]　坂本三郎・高木弘明・宮崎雅之・内田修平・塚本英巨「『会社法制の見直しに関する中間試案』に対する各界意見の分析（中）」商事法務1964号（2012年）23頁。

[80]　岩原・注[73]前掲６頁参照。

子会社に少数でも株主が存在するならば、当該株主に、子会社の取締役等の責任の追及を委ねることができるから、完全子会社に限って、多重代表訴訟を認めるべきであるとの指摘を踏まえた結果である[81]。

原告適格を最終完全親会社等の株主に限定したのは、完全親会社が多層的に存在する場合に、その最上位にある株式会社である完全親会社の株主に多重代表訴訟の原告適格を認めることを明確にする趣旨である[82]。したがって、上のA社の発行済株式のすべてを一般社団法人たるD法人が保有するときは、原告適格を有するのは、D法人であって、D法人の社員ではない。

さらに、原告となりうる最終完全親会社等の株主は、最終完全親会社等の総株主（株主総会において決議をすることができる事項の全部につき議決権を行使することのできない株主を除く）の議決権の100分の1（定款による引下げが認められる）以上の議決権を有する株主、または、当該最終完全親会社等の発行済株式の100分の1（定款による引下げが認められる）以上の数の株式を有する株主でなければならない（今次改正後会847の3Ⅰ）。すなわち、多重代表訴訟の提起権は、少数株主権とされている。この権利を単独株主権とするか、少数株主権とするかは、法制審議会会社法部会の審議においても最後まで争われたようである[83]。最終的には、経済界等からの反対論を押して多重代表訴訟制度を導入することとしたがために、100分の1という最も低い数字の少数株主権とするという形で結着をみたとされている[84]。言葉は悪いが、妥協的に「落とし所」を探ったものといえようか。

最終完全親会社等が公開会社であるときは、原告適格につき、さらに株式継続保有要件が課せられる。すなわち、上で述べた議決権数または株式数を6ヵ月（定款による引下げが認められる）前から継続して保有しなければならない（今次改正後会847の3Ⅰ）。この継続保有要件は、会社

---

[81] 法務省民事局参事官室・注(14)第2部第1、1(2)参照（商事法務1952号（2011年）39頁）。
[82] 同前参照。
[83] 岩原・注(73)前掲6頁参照。
[84] 同前参照。

法847条1項に倣ったものである[85]。非公開会社には、継続保有要件が課せられない（今次改正後会847の3Ⅵ）。

　上述のような原告適格を有する株主は、対象となる子会社に対し、書面その他の法務省令で定める方法により、特定責任に係る責任追及の訴え（これを「特定責任追及の訴え」という）の提起を請求することができる（今次改正後会847の3Ⅰ本文）。ただし、①特定責任追及の訴えが当該株主もしくは第三者の不当な利益を図り、または、当該株式会社もしくは当該最終完全親会社等に損害を加えることを目的とする場合、②当該特定責任の原因となった事実によって当該最終完全親会社等に損害が生じていない場合、には、この請求をすることができない（今次改正後会847の3Ⅰただし書）。このうち、①は、一般の代表訴訟と平仄を合わせるものである。②は、たとえば、親会社が子会社から利益を得た場合や子会社間において利益が移転した場合等のように、子会社に損害が生じた場合であっても親会社に損害が生じていないときには、親会社株主は、子会社の取締役等の責任追及について利害関係を有していないため、当該子会社の損害につき、親会社株主が多重代表訴訟を提起することを認めるべきではないと考えられたことによるものである[86]と説かれている。

　(ｲ)　被告となる者

　多重代表訴訟の被告となる者を整序してみれば、対象株式会社（子会社）の発起人・設立時取締役・設立時監査役・取締役・会計参与・監査役・執行役・会計監査人または清算人（会847Ⅰ第4かっこ書に「発起人等」と規定されている。なお、会423Ⅰ参照）である。この制度がどのように利用されるかは、今後の実務を見守るより他ないが、多くは取締役または執行役の責任の追及に利用されるのではなかろうか。

　(ｳ)　特定責任

　ここに「特定責任」とは、取締役等の会社に対する責任の原因となった事実が生じた日（行為の日。その日に完全親子会社関係が存在する必要がある[87]）において、最終完全親会社等およびその完全子会社等（今次改

---

(85)　同前7頁。
(86)　法務省民事局参事官室・注(14)前掲第2部第1、1(2)ｱ(ｱ)参照（商事法務1952号（2011年）39頁）。

正後会847の3Ⅲにより完全子会社等とみなされるものを含む）において計上された対象株式会社（子会社）の株式の帳簿価額が、当該最終完全親会社等の総資産額として、法務省令で定める方法により算定される額の5分の1（定款による引下げが認められる）を超える場合における、取締役等の責任である（今次改正後会847の3Ⅳ）。最終完全親会社等が、取締役等の責任の原因となった事実が生じた日において最終完全親会社等であった株式会社をその完全子会社等としたものである場合には、特別責任の適用については、当該最終完全親会社等であった株式会社を上記の最終完全親会社等とみなす（今次改正後会847の3Ⅴ）。つまり、最も簡略化すれば、責任原因が生じた日において、子会社の最終完全親会社が有する当該子会社の株式の帳簿価額が当該最終完全親会社の総資産の5分の1を超えることが、多重代表訴訟手続に付する要件となる。「重要な子会社」の取締役等の責任に限って、多重代表訴訟の対象とする趣旨である[88]。これは、子会社の取締役等であっても、実質的には親会社の事業部門の長である従業員にとどまる場合にまで、親会社株主による責任の追及の対象とすることは、役員間の提訴懈怠の可能性に着目した従来の株主代表訴訟の制度に整合しないという主張を踏まえて、親会社の取締役等に相当しうる重要な子会社の取締役等の責任に限り、親会社株主による責任追及を認めたものとされている[89]。「重要性」の基準を、責任事由発生日における総資産額の5分の1としたのは、簡易事業譲渡や簡易組織再編等（会467Ⅰ②かっこ書、784Ⅲ等）を参考にしたものである[90]。

(エ) その後の手続

特定責任の追及の訴えの提起の請求を受けたにもかかわらず、対象となる子会社が、請求の日から60日以内にこの訴えを提起しないときは、最終完全親会社等の株主は、当該対象子会社のために、自ら特定責任の追及の訴えを提起することができる（今次改正後会847の3Ⅶ）。従来の代表訴訟に係る会社法847条3項に対応する規定である。

---

[87]　江頭・注(5)前掲498頁。
[88]　岩原・注(73)前掲6頁。
[89]　同前7頁。
[90]　同前参照。

対象となる子会社が、最終完全親会社等の株主から、特定責任追及の訴えを提起するよう請求を受けた日から60日以内にこの訴えを提起しない場合において、当該請求を受けた最終完全親会社等の株主または当該請求に係るこの訴えの被告となる取締等から請求を受けたときは、この訴えを提起しない理由を書面その他の法務省令で定める方法により、通知する必要がある（今次改正後会847の3 Ⅷ）。これも、従来の代表訴訟に係る会社法847条4項に対応する規定である。

以上の手続規整にかかわらず、60日の経過を待っていたのでは、対象となる子会社に回復することができない損害が生じるおそれがある場合には、最終完全親会社等の株主は、会社法847条の3第1項ただし書に規定する場合を除き、対象となる子会社のために、直ちに特定責任追及の訴えを提起することができる（今次改正後会847の3 Ⅸ）。これまた、従来の代表訴訟に係る会社法847条5項に対応する規定である。

この訴えの、訴訟の目的額の算定についても、従来の代表訴訟と同様に、財産上の請求でない請求に係る訴えとみなされる（今次改正後会847の4 Ⅰ）。被告取締役等が、当該特定責任追及の訴えが原告最終完全親会社等の株主の悪意によるものであることを疎明して申立てをすれば、裁判所が、この申立てにより、相当の担保を立てるべきことを当該株主に命ずることができるのも、従来の代表訴訟手続に準じている（今次改正後会847の4 Ⅲ）。

(オ)　役員等の責任免除規定との関係

訴えの対象となる特定責任のうちに、当該責任の免除に「総株主の同意」を要するもの（今次改正後会55、103Ⅲ、120Ⅴ、424（486Ⅳにおいて準用する場合を含む）、462Ⅲただし書、464Ⅱ、465Ⅱ——一部改正のない条文を含む）については、当該対象子会社の総株主の同意の他、最終完全親会社等の総株主の同意をも必要とされている（今次改正後会847の3 Ⅹ）。加えて、多重代表訴訟の対象たりえる役員等の責任の一部免除について、当該子会社の株主総会のみならず、最終完全親会社等の株主総会決議をも必要とするとされている（今次改正後425Ⅰ柱書）。

改正前にあっては、役員等の責任は総株主の同意によって全部免除が可能であり（会424）、また、役員等が職務を行うにつき善意無重過失で

あれば、原則として、株主総会の決議によって、その責任の一部を制限することができた（今次改正前会425Ⅰ）。

　改正前の上の規整を、多重代表訴訟の対象となる子会社の取締役等にそのまま代入すると、最終完全親会社等の株主が、子会社の取締役等の責任を追及しようとしても、その前に、当該子会社の株式をすべて保有する最終完全親会社等の同意によって、当該取締役等の責任が全免されることになり、これでは多重代表訴訟を導入した意味がなくなってしまう。また、このことは、善意無重過失の取締役等に対する一部免除についても、同様であるといえる[91]。

　それゆえ、多重代表訴訟を認めた意義を減殺せしめないよう、対象となる子会社の取締役等の責任の上記の免除については、最終完全親会社等の総株主の同意をも要求することとし、責任の一部免除についても、最終完全親会社等の株主総会決議をも要求することにしたのである[92]。この決議は、特別決議事項に属する（会309Ⅰ⑧）。

　(カ)　訴えの管轄

　特定責任追及の訴えは、対象となる子会社の本店の所在地を管轄する地方裁判所の管轄に属する（今次改正後会848）。

　(キ)　訴訟参加

　親会社株主の提起に係る特定責任追及の訴えには、他の親会社株主または対象となる子会社が、原告側に共同訴訟人として参加することができ、当該子会社が、被告側に補助参加人として参加することもできる。また、対象となる子会社の提起に係る特定責任追及の訴えには、親会社株主が共同訴訟人として参加することができる（以上、今次改正後会849Ⅰ本文）。訴訟参加する株主には、少数株主要件が課されない。しかし、参加は、株主がなすと会社がなすとを問わず、不当に訴訟を遅延させることになるとき、または、裁判所に対し過大な事務負担を及ぼすこととなるときは、許されない（今次改正後会849Ⅰただし書）。

　最終完全親会社等もまた、当事者の一方に補助参加できることが明定されている（今次改正後会849Ⅱ②）。つまり、従来の代表訴訟に係る会社

---

[91]　以上、大塚：西岡：高谷編・注⑽前掲167頁〔大塚和成・小林隆彦〕。
[92]　同前参照〔大塚和成・小林隆彦〕。

法849条は、多重代表訴訟に応じて改正を施されたわけである。このため、従来の代表訴訟手続に準じた訴訟告知および通知・公告制度が整備されているが、特定責任追及の訴えを提起した親会社株主は、当該対象子会社に対し、訴訟告知をしなければならず（今次改正後会849Ⅳ）、そのような訴訟告知を受け、または自ら特定責任追及の訴えを提起した対象子会社は、その旨を遅滞なく最終完全親会社等に通知しなければならない（今次改正後会849Ⅶ）。その通知を受けた最終完全親会社等は、遅滞なく、その旨を公告しまたは当該最終完全親会社等の株主に通知しなければならない（今次改正後会849Ⅹ②、非公開会社にあっては、株主への通知で足り、公告は不要である（今次改正後会849ⅩⅠ））。

　最終完全親会社等が、対象となった子会社の取締役（監査等委員および監査委員を除く）、執行役および清算人ならびにこれらの者であった者を補助するため、特定責任追及の訴えに参加するには、監査役設置会社においては監査役（監査役が2人以上ある場合にあっては、各監査役）の、監査等委員会設置会社にあっては、各監査等委員の、指名委員会等設置会社にあっては、各監査委員の同意を得なければならないとされている（今次改正後会849Ⅲ）。最終完全親会社等自体の補助参加に、対象となる子会社の監査役等の同意は不要である。無論、子会社自体の補助参加には、子会社内部での監査役等の同意が必要であること、当然である。

(ク) 和解・再審の訴え等

　和解の手続（今次改正後会850）および勝訴した最終完全親会社等の株主の費用等の請求（今次改正後会852）については、従来の代表訴訟と同様に規律される。

　原被告間の共謀に係る再審の訴えについて、特定責任追及の訴えの場合に、最終完全親会社等の株主がこれを提起しうることが明定されている（今次改正後会853Ⅰ③）。

4-18-3 株式会社が株式交換等をした場合における株主代表訴訟（新設）

4-18-3-1 意　義

　繰り返し述べるように、株式交換等によって株主資格を喪失した者の原告適格の存続を例外的に認める会社法851条の規定は、あくまでも、「株主代表訴訟の提起後に」、会社が株式交換等によって他の会社の完全

子会社となった場合において、原告株主が、当該株式交換等の対価として、完全親会社の株式を取得したようなケースに適用されるという法構造を有している。

たとえば、現行会社法施行後に、かつてＢ社の株主であったＸが、株式移転による完全親会社たるＡ社の設立にともない、Ａ社の株主となった後に、株式移転前のＢ社の取締役および監査役の任務懈怠責任を追及すべく、株主代表訴訟を提起した事件がある。東京地裁平成19年(2007年)9月27日判決判時1992号134頁がこれである。裁判所は、「立法経緯、規定文言、条文相互間の関係等に照らすと、会社法847条に規定する「株式会社」とは、現に株主が保有している株式の「株式会社」を指し、例外的に、同法851条1項1号により、株主の地位を喪失しても、株主代表訴訟係属中に株式移転が行われたときには当該株主代表訴訟の原告適格を有しているものと解するのが相当である。そうだとすると、株式移転により完全親会社が設立された場合に当該完全親会社の株主となった者は、完全親会社の取締役、監査役等役員を相手に株主代表訴訟を提起することができるのであって、完全子会社の取締役、監査役等役員を相手に株主代表訴訟を提起することはできないというべきである」と説示して、Ｘの請求を棄却している。改正前にあっては、会社法851条が置かれていても、株主代表訴訟には、このような限界があったわけである。

今次の改正は、この会社法851条の定めの実質的な拡張を企図したものと評価できる。つまり、株式移転等が効力を生じる前に、原因たる事実が生じていた責任に係る株主代表訴訟であるならば、会社の行為の効力発生前に提訴しておらなくても、会社の行為によって株主資格を失った者が、対価として取得した完全親会社の株式を保有する限り、代表訴訟を提起できるようにしようとするものである。

4－18－3－2　制度の概要

たとえば、かつてＢ社の株主であった者が、①Ｂ社の株式移転または株式交換により、Ｂ社の完全親会社たるＡ社の株式を取得し、引き継ぎＡ社株式を有するとき、②Ｂ社が吸収合併により消滅する会社となる吸収合併により、吸収合併後存続するＣ社の完全親会社たるＡ社の株式を

取得し、引き継きＡ社株式を有するとき、には、この株主（旧株主）は、①にあっては、Ｂ社に対し、②にあっては、Ｃ社に対し、これらの行為の効力発生前に原因が生じているＢ社またはＣ社の取締役等の責任に係る責任追及等の訴えの提起を請求することができる（今次改正後会847の2Ⅰ参照）。上のＢ社またはＣ社を「株式交換等完全子会社」という。

会社法847条の2第1項1号、すなわち上の①の文言は、同851条1項1号に対応している。他方、同847条の2第1項2号、すなわち上記②の文言は、いわゆる三角合併により、吸収合併の存続会社の完全親会社の株式を消滅会社の株主が取得した場合についてのみ規定している。これに対し、同851条1項2号は、合併による消滅会社であるＢ社の株主が、新設合併設立会社たるC_1会社の株式を取得したとき、または、吸収合併存続会社たるC_2会社の株式を取得したときもしくはその完全親会社たるＡ社の株式を取得したときも、代表訴訟追行資格の喪失を来さないとしている。しかし、会社法847条の2第1項2号は、上のような合併による消滅会社たるＢ社の株主が、合併前の消滅会社の取締役等の責任につき、代表訴訟を提起する資格を失わしめることを意味しているわけではない[93]。三角合併の場合に旧株主の提訴が認められることは、三角合併以外の場合には、当然に上の代表訴訟の提起が認められる（消滅会社の地位は、存続会社において継続している）ことを意味している[94]。つまり、上のC_1会社やC_2会社は、合併という包括承継により、Ｂ社の当該取締役等に対する請求権も承継しているわけである[95]。

ひとたび株式交換等が行われた後に、再び、株式交換等が行われた場合であっても、旧株主は、責任追及等の訴えの提起を請求することができる（今次改正後会847の2Ⅲ～Ⅴ）。

提訴を請求することができる旧株主を「適格旧株主」というが、適格旧株主たりえるのは、上の①または②の行為の効力が生じた日の6ヵ月（定款による引下げが許される）前から当該日まで、継続してＢ社の株主であった者（会社法189条2項の定款の定めにより、その権利を行使するこ

---

[93] 岩原・注(73)前掲10頁。
[94] 江頭・注(5)前掲497頁脚注(5)。
[95] 岩原・注(73)前掲10頁。

とができない単元未満株主であった者を除く）である（今次改正後会847の2Ⅰ柱書）。非公開会社にあっては、継続保有要件を課されない（今次改正後会847の2Ⅱ）。すなわち、適格旧株主による提訴権は、単独株主権である。

　責任追及等の訴えの提起を請求する相手方会社は、上記①の場合には、株式交換完全子会社または株式移転完全子会社であり、上記②の場合には、吸収合併存続会社である（今次改正後会847の2Ⅰ）。

　適格旧株主が自ら代表訴訟を提起するための要件は、従来の株主代表訴訟に準じて規律されている（今次改正後会847の2Ⅵ）。

　株式交換等完全子会社に係る適格旧株主がある場合に、提訴請求の対象に含まれる責任のうち、その免除に総株主の同意を要するとされているもの（今次改正後会55、102の2Ⅱ、103Ⅲ、120Ⅴ、213の2Ⅱ、286の2Ⅱ、424（486Ⅳにおいて準用する場合を含む）、462Ⅲただし書、464Ⅱ、465Ⅱ——一部改正のない条文を含む）を免除するには、株式交換等完全子会社の総株主の同意の他、適格旧株主の全員の同意をも要する（今次改正後会847の2Ⅸ）。多重代表訴訟に係る本帖本章4-16-2-3(オ)で述べたと同様、適格旧株主に代表訴訟を認めた意義を減殺せしめない趣旨である。他方、責任の一部免除については、適格旧株主の関与は規定されていない。

　この訴えは、株式交換等完全子会社の本店の所在地を管轄する地方裁判所の管轄に専属する（今次改正後848）。

　適格旧株主の提起に係る責任追及等の訴えには、株式交換等完全子会社または適格旧株主は、原告の側に、共同訴訟人として参加することができ、また株式交換等完全子会社は、被告の側に、補助参加人として参加することができる（今次改正後会849Ⅰ）。株式交換等完全子会社の提起に係る責任追及等の訴えには、適格旧株主が共同訴訟人として参加することができる（今次改正後会849Ⅰ）。さらに、改正会社法は、株式交換等実施後の完全親会社の訴訟参加の規律を整備している。すなわち、株式交換等完全親会社は、適格旧株主の提起に係る株式交換等完全子会社の取締役（監査等委員および監査委員を除く）、執行役および清算人ならびにこれらの者であった者を補助するために、監査役設置会社にあっては監査役（監査役が2名以上ある場合にあっては、各監査役）の、監査等委

員会設置会社にあっては各監査等委員の、指名委員会等設置会社にあっては各監査委員の、各々同意を得たうえで、補助参加することができる（今次改正後会849Ⅱ①・Ⅲ）。

　責任追及等の訴えを提起した適格旧株主は、遅滞なく、株式交換等完全子会社に対し、訴訟告知をなすことを要する（今次改正後会849Ⅳ）。株式交換等完全子会社は、責任追及等の訴えを提起したとき、または、責任追及等の訴えを提起した適格旧株主から訴訟告知を受けたときは、株式交換等完全親会社に対し、遅滞なく、訴えを提起したことまたは訴訟告知を受けたことを通知しなければならない（今次改正後会849Ⅵ・Ⅷ）。株式交換等完全子会社からその旨の通知を受けた株式交換等完全親会社は、当該通知を受けた旨を公告し、または適格旧株主に対し通知しなければならない（今次改正後会849Ⅹ）。非公開会社たる親会社にあっては、公告は不要であり、適格旧株主に対する通知をもって足りる（今次改正後会849ⅩⅠ）。

　不提訴理由通知（今次改正後会847の2Ⅶ）、訴訟費用等（今次改正後会847の4）、和解（今次改正後会850）、費用等の請求（今次改正後会852）および再審の訴え（今次改正後会853）については、従来の代表訴訟に準じ、これと同様に扱われる。

◆ 4-19 株主による違法行為差止請求関連

　第3帖第4章6-3-1において株主による違法行為差止請求権の行使が認められる要件を記述した（通論Ⅲ158頁）。監査等委員会設置会社の創設にともない、その記述を次のように変更する。

　「取締役または執行役が、会社の目的の範囲外の行為その他法令もしくは定款に反する行為をし、または、これらの行為をするおそれがある場合において、当該行為によって会社に「著しい損害」を生じるおそれがあるときは、監査役設置会社、監査等委員会設置会社または指名委員会等設置会社にあっては、会社に「回復することができない損害」を生じるおそれがあるときは、6ヵ月前（定款による引下げが認められる）から引き継き株式を保有する株主は、会社のために、当該取締役または執行役に対し、その行為をやめることを請求することができる（今次改正

後会360Ⅰ・Ⅲ、422Ⅰ）。」

　同じく通論Ⅲ158頁の記述を次のように変更する。

「取締役・執行役の違法行為は、本来、会社が自ら差し止めるべきものであり、監査役設置会社にあっては監査役が取締役にこの請求をなし（会385Ⅰ）、監査等委員会設置会社にあっては監査等委員が取締役にこの請求をなし（今次改正後会399の6Ⅰ）、指名委員会等設置会社にあっては監査委員が取締役・執行役にこの請求をなすべきものであるが（今次改正後会407Ⅰ）、会社が差止めを怠っている場合（やはり、役員相互の密接な関係や仲間意識から、会社が現実に差止請求を積極的に行うとは限らない）に、株主がこの権利を発動することになるのである。」

　同じく通論Ⅲ160頁ないし161頁の記述を次のように変更する。

「会社法360条1項が適用されるのは、同条2項との対比で、公開会社であって、かつ、同条3項との対比で、監査役設置会社、監査等委員会設置会社または指名委員会等設置会社でない会社ということになるが、そのような会社は存在しない（第2帖第3章2-5、2-6参照）。よって、実際上、差止要件としての「著しい損害」規準の適用を受けるのは、非公開会社であって、監査役設置会社、監査等委員会設置会社または指名委員会等設置会社でない会社（非公開・非大会社の一部が該当する）ということになる。監査役設置会社・監査等委員会設置会社・指名委員会等設置会社の差止要件に「回復することができない損害」という表現を用いているのは、これらの会社では、著しい損害を生ずるおそれがあるときは、監査役・監査等委員・監査委員が差止めを請求できる（会385Ⅰ、今次改正後会399の6Ⅰ、407Ⅰ参照）という、これらの機関との権限の関係を勘案した結果であると解されている。」

　同じく、通論Ⅲ163頁の記述を次のように変更する。

「したがって、かねてより今日まで、とくに規定はないが、担保提供、訴訟参加、訴訟告知、株主でなくなった者の訴訟追行、勝訴株主の費用等の会社負担、敗訴株主の責任等については代表訴訟の規定（今次改正後会847の4Ⅱ・Ⅲ、849、851、852）を類推適用すべきであるというのが趨勢である。」

◆ 4-20 章題の変更

　第3帖第5章の章題を「株式会社（監査等委員会設置会社および指名委員会等設置会社を除く）の業務執行およびその自浄化の体制」と変更する（通論Ⅲ170頁）。監査等委員会設置会社については、各別に記述するのが適当であると考えるからである。

　第3帖第5章を上のように範囲を画した関係上、通論Ⅲ171頁の記述を次のように変更する。

　「しかし、本章では、指名委員会等設置会社の構造および平成26年（2014年）改正によって創設された監査等委員会設置会社の構造には触れず、従来型の、指名委員会等設置会社・監査等委員会設置会社を除く、株式会社の業務執行機関を中心に概観することとしたい。」

◆ 4-21 取締役の選任・終任関連

4-21-1 単純な誤植

　第3帖第5章2-1-1の会社法が定める欠格事由につき、③の番号が重なっているが、後者の③は、④の単純な誤りである（通論Ⅲ172頁）。今次改正と無関係であるが、この機会に訂正する。

　同じく、未成年者が、親権者や後見人から営業の許可または会社の無限責任社員となることの許可を得れば、その営業または社員たる資格に基づく行為に関して成年者と同一の能力を有するとした参照条文中、会社法857条も単純な誤りで、同584条でなければならない（通論Ⅲ173頁）。今次改正と無関係であるが、この機会に訂正する。

4-21-2 兼任の禁止

　第3帖第5章2-1-3の兼任禁止に係る記述を次のように変更する（通論Ⅲ175頁）。

　「しかし、本章の対象である監査等委員会設置会社および指名委員会等設置会社以外の取締役は、その会社の支配人その他の使用人（部長、工場長など）を兼務することは差し支えない（今次改正後会331Ⅲ・Ⅳ）。監査等委員会設置会社および指名委員会等設置会社以外の会社にあっては、使用人兼取締役という資格を認めても、会社のガバナンス体制にさしたる弊害がないからであろう。」

4-21-3 員　数

取締役会設置会社にあっては、取締役の員数が3人以上でなければならないとする今次改正前会社法331条4項の規定が、同条5項に繰り下げられた（通論Ⅲ177頁）。

4-21-4 社外取締役規整

4-21-4-1 議論の経緯

(ｱ)　従来わが国の取締役の多くは、従業員から昇進してきた者から構成されていた。しかし、それまで代表取締役の部下であった従業員出身の取締役が、独立して経営監督機能を発揮できるかどうか常に疑念が生じていた。そこで、多数の社外取締役が就任しているアメリカに倣い、このような経営者との関係を過去に持たなかった社外者を取締役に選任すべきであるという声が近時高まってきた[96]。

(ｲ)　平成23年(2011年)12月に公表された「会社法の見直しに関する中間試案」第1部第1、1において、社外取締役の選任の義務づけにつき、以下のA案ないしC案が提示されていた。

A案……監査役会設置会社（公開会社であり、かつ、大会社であるものに限る。）において、1人以上の社外取締役の選任を義務付けるものとする。

B案……金融商品取引法第24条第1項の規定により有価証券報告書を提出しなければならない株式会社において、1人以上の社外取締役の選任を義務付けるものとする。

C案……現行法の規律を見直さないものとする。

法務省民事局参事官室の中間試案補足説明は、まず社外取締役に期待される経営の監督に対する機能を整理するところから筆を起こしている。すなわち、①経営全般の監督機能に関して、(a)取締役会における重要事項の決定に関して議決権を行使すること等を通じて経営全般を監督する機能、(b)経営全般の評価に基づき、取締役会における経営者の選定・解職の決定に関して議決権を行使すること等を通じて経営者を監督する機能（経営評価機能）、②利益相反の監督機能に関しては、(a)株式会社と経

---
[96]　近藤・注(12)前掲235頁。

営者との間の利益相反を監督する機能、(b)株式会社と経営者以外の利害関係者との間の利益相反を監督する機能[97]、が社外取締役に期待されると整序されている。

　法制審議会会社法制部会での意見は、大きく割れたようである。

　社外取締役選任義務づけ賛成意見の概要は、およそ以下のようなものである。①社外取締役に期待される上述の経営判断機能や利益相反の監督機能については、経営者が監督を受ける立場となるので、これらの機能を活用するかどうかを経営者の判断に委ねるのではなく、法律的規律によりその活用を一律に強制することも考えられる。②日本企業のコーポレート・ガバナンスや資本市場の向上を図り、とくに海外機関投資家等からの信頼を維持するためには法律で社外取締役の設置を義務づけるべきである。③監査・監督委員会制度（後に監査等委員会制度へと発展）導入との整合性からも義務づけが必要である。④社外取締役を選任しない理由の開示という開示規制（comply or explain）だけでは効果がない[98]。主として、証券取引所・学識経験者の委員・幹事がこれを支持していると評価しうる。

　他方、反対意見の概要は、およそ以下のようなものである。①監査役会設置会社において、監査役は3人以上でそのうち半数以上は社外監査役でなければならないとされている（会335Ⅲ）ため、これに加えて社外取締役を選任することを監査役会設置会社に義務づけると、両者の機能が重複することになり規制として過剰である。②一律に社外取締役の選任を義務づけることは、各株式会社の規模、業種等に適した柔軟な企業統治体制の構築を阻害するおそれがある。③社外取締役の人材確保の点で株式会社に過度の負担を課すことになる。④社外取締役の導入がコーポレート・ガバナンス強化に役立つか、確実な効果の実証があるわけではない。⑤このような問題は上場規則で定めればよい[99]。主として経済界の委員が支持するところである。

---

(97)　法務省民事局参事官室・注(14)前掲第1部第1、1(1)①参照（商事法務1952号（2011年）20頁）。

(98)　大塚・西岡・高谷編・注(10)前掲90頁〔高谷裕介〕。

(99)　同前90-91頁。

まさに甲論乙駁とどまるところを知らない。それゆえ、義務づけを図るＡ案およびＢ案と、現行法を見直さないとするＣ案とが、中間試案の中に併記されたわけである。

　社外取締役の義務づけを企図するＡ案およびＢ案とも、その員数については、１人以上としている。上述の社外取締役の経営評価機能・利益相反監督機能の実効性を確保すべく、取締役の過半数を社外取締役とすることは、わが国の現状から現実的でなく、１人であっても一定程度はその機能を果たしうるという判断によるものである[100]。

　Ａ案は、監査役設置会社のうち、公開会社（会２⑤）であり、かつ、大会社（会２⑥）であるもの、すなわち会社法上監査役会の設置が強制されている株式会社（会328Ⅰ）に社外取締役の選任を義務づけるものである。このような会社は、株主構成の変動可能性やその規模に鑑みた影響力から、社外取締役による経営の監督の必要性が高くなると考えられることや、その規模から、社外取締役の人材確保にともなうコストを負担しうると考えられることが[101]、この案が作成された理由である。

　Ｂ案は、金融商品取引法24条１項により有価証券報告書を提出しなければならない株式会社（当時の委員会設置会社および当時検討中であった監査・監督委員会設置会社（現在の監査等委員会設置会社）を除く）に社外取締役の選任を義務づけるものである。このような会社は、不特定多数の株主が存在することから、株主による経営の監督が期待しづらく、社外取締役による監督の必要性が高くなると考えられることが[102]、この案が作成された理由である。

　(ウ)　パブリック・コメントの結果はどうであったか。

　意見が分かれたが、Ｃ案に賛成する意見が多数であった。もっとも、Ａ案に賛成する意見の数とＢ案に賛成する意見の数を合計すると、社外取締役の選任を義務づけることに賛成する意見の数が、Ｃ案に賛成する意見の数を上回っていた[103]。

---

[100]　法務省民事局参事官室・注(14)前掲第１部第１、１(3)参照（商事法務1952号（2011年）20頁）。
[101]　同前参照。
[102]　同前参照（商事法務1952号（2011年）21頁）。

とくにＢ案を採らずＡ案を支持する意見で特徴的なものを拾えば、株主・投資家のみならず、会社債権者の保護をも考慮した場合に、会社債権者が多数存在する非上場の大規模な会社が社外取締役の選任の義務づけの対象外となるＢ案では不十分であるとするものがある[104]。他方、とくにＡ案ではなくＢ案に賛成する意見で特徴的なものを拾えば、①有価証券報告書提出会社では、大会社と比べて、はるかに株式所有の分散化が大きいため、株主による直接的な経営を期待することができない度合いが大きいとするもの、さらに、②公開かつ大会社であっても、非上場・有価証券報告書提出義務がないなど、利害関係者が類型的に限定されている会社について、社外取締役の選任を義務づけることは、広きに失する、といったものがある[105]。

　Ｃ案支持の理由のうち、特徴的なものを拾えば、①非常勤である社外取締役は、会社の事業やリスクに精通するには限界があるとするもの、②会社において社外取締役の選任を義務づけると、各企業において最適なガバナンスを構築する余地を奪う可能性があるとするもの、③２人以上の社外監査役選任の義務づけに加えて社外取締役の選任を義務づけることについては、重複感があるとするもの、④社外取締役となる人材の不足が懸念されるとするもの、がある[106]。

　まさに「コーポレート・ガバナンスに正解なし」を如実に示す結果になったといえよう。

　㈡　かくして、法制審議会会社法制部会は、一定の会社に社外取締役を設置することを会社法上要求することは、要綱案の内容としては断念することとした。すなわち、要綱案第１部第１、２の前注において「監査役会設置会社（公開会社であり、かつ、大会社であるものに限る。）のうち、金融商品取引所法第24条第１項の規定によりその発行する株式について有価証券報告書を提出しなければならない株式会社において、社外

---

[103] 坂本三郎・髙木弘明・宮崎雅之・内田修平・塚本英巨「「会社法制の見直しに関する中間試案」に対する各界意見の分析（上）」商事法務1963号（2012年）6-7頁。
[104] 同前7頁。
[105] 同前。
[106] 同前。

取締役が存在しない場合には、社外取締役を置くことが相当でない理由を事業報告の内容とするものとする。」と記すにとどめ、この方向で会社法施行規則の改正を促すこととしたのである。さらに、この要綱案と一体をなすものとして、本帖第1章2-1で示した附帯決議を行ったのである。

4-21-4-2　改正会社法327条の2

　結局、改正会社法においては、要綱の内容を1歩進めて、会社法中に327条の2という株主総会における説明義務という形式で、条文を設けた。同条は、以下のように規定している。「事業年度の末日において監査役会設置会社（公開会社であり、かつ、大会社であるものに限る。）であって金融商品取引法第24条第1項の規定によりその発行する株式について有価証券報告書を内閣総理大臣に提出しなければならないものが社外取締役を置いていない場合には、取締役は、当該事業年度に関する定時株主総会において、社外取締役を置くことが相当でない理由を説明しなければならない。」

　実務上、関心の的となると思われるのは、「相当でない理由」という文言の解釈であろう。この文言は、上の要綱案の文言を引き継いでいるものと評価しえよう。単に「社外取締役を置かない理由」ではない。法務省大臣官房参事官は、次のような説明をしている。すなわち、この文言「は「置かない理由」あるいは「必要でない理由」というだけでは足りず、社外取締役を置くことがかえってマイナスの影響を及ぼすような事情を説明する必要があると考えています[107]」と。加えて、「ただ、社外取締役を置くことがマイナスになる、「必要でない理由」ではなく「相当でない理由」だということですので、まず社外監査役が2名いて、わが社は十分それが機能しているから社外取締役を置くことは不要ですという説明のみがなされたとしますと、それは「必要でない理由」の説明にすぎないということで、それだけでは足りないだろうと考えています。……社外取締役を置かない理由は各社それぞれによって事情が異なるはずですので、「相当でない理由」は個々の会社がその時点における

---

[107]　岩原紳作・坂本三郎・三島一弥・斎藤誠・仁科秀隆「座談会・改正会社法の意義と今後の課題（上）」商事法務2040号（2014年）10頁〔坂本三郎発言〕。

事情に応じて説明する必要があるだろうと考えています[108]」とも述べられている。

会社法327条の2は、株主総会における取締役の説明義務の一環という位置づけで立法されていると観察でき、総会における説明義務は柔軟であるべきであろうから、必ずしもたとえば事業報告の記載と一致しないこともありえよう。

会社法327条の2に違反した場合、直接的に過料による制裁の規定すら設けられていない。この規定に反すれば、民事責任の原因にはなりうるであろうが、損害の立証が困難であって、現実的な救済は想定し難い[109]。ただ、同条は、確かに特定の議案のための説明義務でないことは確かであるが（必ずしも取締役選任議案の上程がなくても適用される条文である）、取締役選任議案が係属している株主総会であれば、その審議の過程で社外取締役の存否が大きな材料と考えられるがゆえに、解釈として、取締役選任議案が係属している株主総会において同条違反があれば、決議の手続に法令違反があったとして、取締役選任決議について、決議取消事由（会831Ⅰ①）になりうる可能性がある[110]。この場合の違反は、一般の説明義務（会314）違反と同様に解してよい[111]。

この説明義務の対象となる会社が、上場会社とはその範囲が異なることに留意すべきであろう。

4-21-4-3　社外取締役の定義

今次改正により、社外取締役の定義も変更された。本通論においては、従前の社外取締役について、第3帖第5章4-1-2-2の職務執行の監督の部分で説明していた（通論Ⅲ213頁）。しかし、今次改正の経緯および社外取締役の重要性に鑑みれば、むしろ選任の部分で、社外取締役資格に触れておくべきが適当であるかも知れない。

今次改正後会社法2条15号によれば、社外取締役とは、株式会社の取締役であって、①当該株式会社またはその子会社（会2③、会施規3Ⅰ・

---

[108]　同前11頁〔坂本三郎発言〕。
[109]　同前〔岩原紳作発言〕。
[110]　同前12頁〔岩原紳作発言〕。
[111]　同前参照〔岩原紳作発言〕。

Ⅲ）の業務執行取締役（会363Ⅰ各号に掲げる取締役および業務を執行したその他の取締役）もしくは執行役または支配人その他の使用人でなく、かつ、その就任前10年間当該株式会社またはその子会社の業務執行取締役・執行役・支配人その他の使用人であったことがない者、②就任前10年内のいずれかの時に、当該株式会社またはその子会社の取締役、会計参与（会計参与が法人であるときは、その職務を行うべき社員）または監査役であったことがある者（業務執行取締役等であったことがある者を除く）については、それらの地位に就く前10年間当該株式会社またはその子会社の業務執行取締役・執行役・支配人その他の使用人であったことがない者、③当該株式会社の親会社等（今次改正後会2④の②）（自然人であるものに限る）または親会社等の取締役・執行役・支配人その他の使用人でない者、④当該株式会社の親会社等の子会社等（今次改正後会2③の②）（当該会社およびその子会社を除く）の業務執行取締役・執行役・支配人その他の使用人でない者、⑤当該株式会社の取締役・執行役・支配人その他の重要な使用人または親会社等（自然人であるものに限る）の配偶者または2親等内の親属でない者、という5要件のすべてを満たす者でなければならない。

　改正前の同2条15号に比較すると、③ないし⑤の要件が付加されたという点では、その資格要件が加重されている。しかし、①単独としては、10年間の対象期間が入れられたことによって、要件が緩和されている。これは、③ないし⑤の要件が付加される形で要件が厳格化されたことから、人材確保の要請上、過去に経営者の指揮命令系統に属したことがあっても、会社・子会社との関係がその後一定期間存在しないことによって社外取締役に期待される機能を実効的に果たすことが可能になった場合には資格を認めるべきであるとの改正論を呼び、10年間の対象期間の限定が導入されたものである[112]。②の要件は、たとえば当該会社の使用人であった者が続いて監査役に就任し、10年以上経過した後に社外取締役等に就任する等は、会社との関係が一定期間空白であるという社外取締役の制度の趣旨に合致しないことから設けられている[113]。

---

[112]　江頭・注(5)前掲383頁脚注(4)。
[113]　同前。

185

今次の改正によって加えられた③の要件は、この者が社外取締役に期待される利益相反の監督者としての役割に欠けるところがあることを慮ったものであり、④の者も③と類似した関係にあるといえる。⑤の者は、その会社の経営者と経済的利益を共通にするので、監督者たる資格を欠くと判断される[114]。なお、⑤にいう「重要な使用人」とは、取締役や執行役等の経営者にきわめて近い地位にある者を指し、そのような経営者に準じるような者をいうのであって、会社法362条4項3号にいう「重要な使用人」よりも限定された者として運用されよう。たとえば、執行役員のごときはこれに含まれるが、有力な支店の支店長等は当然には含まれるわけではないと考えられる[115]。

4-21-5 選任

第3帖第5章2-3-1において、取締役の選任に際し、これが欠けた場合または会社法もしくは定款で定めた取締役の員数を欠くこととなるときに備えて、補欠取締役を選任しうる旨、記述したが、根拠条文が、会社法329条2項から同条3項に繰り下げられた（通論Ⅲ180頁）。

4-21-6 任期

第3帖第5章2-6-2(ウ)における非公開会社の取締役の任期に係る記述を以下のように変更する（通論Ⅲ189頁）。

「非公開会社（監査等委員会設置会社および指名委員会等設置会社を除く）にあっては、定款をもって、取締役の任期を選任後10年以内に終了する事業年度のうち最終のものに関する定時株主総会の終結の時まで伸張することが認められている（今次改正後会332Ⅱ）。」

同じく、第3帖第5章2-6-2(エ)の、会社が、取締役としての性格に変容を来たすような定款の変更をした場合、取締役の任期は、定款の変更が効力を生じた時点で満了するとした、定款の変更の内容に係る記述を、以下のように変更する（通論Ⅲ190頁）。

「すなわち、①監査等委員会設置会社または指名委員会等設置会社となる旨の定款の変更、②監査等委員会設置会社または指名委員会等設置

---

[114] 同前脚注(5)参照。
[115] 以上、岩原紳作「「会社法制の見直しに関する要綱案」の解説（Ⅰ）」商事法務1975号（2012年）13-14頁参照。

会社である旨の定款の定めを廃止する旨の定款の変更、③全株式譲渡制限会社が公開会社となる旨の定款の変更（監査等委員会設置会社および指名委員会等設置会社がするものを除く）、である（以上、今次改正後会332Ⅶ）。」

4-21-7 欠員の場合の措置

　第3帖第5章2-7における、あらかじめ補欠取締役を選任しおく規定は、繰り返し述べるように会社法329条2項から同条3項に繰り下げられた（通論Ⅲ194頁）。

　同じく第3帖第5章2-7における、取締役の権利義務を有する退任取締役（会346Ⅰ）に対し、株主は、その解任の訴え（会854）を提起することができず、株主は、裁判所に対し、一時取締役の選任を申し立てるべきである旨の記述中、「会社法346条1項かっこ書は」とある部分は、「会社法346条1項第2かっこ書は」と変更される（通論Ⅲ195頁）。

◆ 4-22 取締役会非設置会社関連

　第3帖第5章3-1において、会社法348条3項に基づき、取締役が2人以上ある場合に、定款の定めや取締役の過半数をもってしても、各取締役にその決定を委任することは許されず、取締役の過半数をもって決定しなければならない事項を掲げている（通論Ⅲ199-200頁）。このうち、④について改正がなされ、④の記述は以下のように変更される。すなわち、下の括弧内の文言の部分が追加され、④取締役の職務の執行が法令および定款に適合することを確保するための体制その他会社の業務「ならびに当該会社およびその子会社から成る企業集団の業務」の適正を確保するために必要なものとして法務省令で定める体制の整備、となる（通論Ⅲ200頁）。いわゆる「内部統制システム」に関する事項である。本通論では、記述の順序の上で、この部分でこの制度の意義・沿革を説明した（通論Ⅲ200-201頁）。これは変わらない。もっとも、上の④の括弧内で示した今次改正によって付加された部分は、従来の会社法施行規則98条1項5号において、法務省令で定める事項として列挙されていたものである（通論Ⅲ201頁）。それゆえ、付加された部分は、いわば省令から法律への昇格であると評価しえよう。

第３帖第５章３-２について。原則上、取締役会非設置会社の取締役は全員が代表取締役であるとした根拠条文を、会社法47条１項第２かっこ書から同条同項第３かっこ書へと改める（通論Ⅲ202頁）。

　同じく第３帖第５章３-２について。監査役設置会社にあっては、会社・取締役間の訴えについて、監査役が会社を代表する旨の条文を会社法386条１項１号に変更する（通論Ⅲ203頁）。

◆ 4-23　取締役会設置会社の取締役会・代表取締役関連

　第３帖第５章４-１-２-１において、取締役会の専管決定決議事項、すなわち、会社法362条４項に基づき、定款の定めをもってしても、下位機関たる代表取締役等に委任することができない事項を列挙している（通論Ⅲ205頁）。このうち、⑥の事項が以下のように改正された。括弧内の文言の部分が追加され、⑥取締役の職務の執行が法令および定款に適合することを確保するための体制その他会社の業務「ならびに当該会社およびその子会社から成る企業集団の業務」の適正を確保するために必要なものとして法務省令で定める体制の整備、となる（通論Ⅲ205頁）。これまた、従来の会社法施行規則100条１項５号に法務省令で定める事項として掲げられていたものであり（通論Ⅲ208頁）、やはり省令から法律へと格上げされたものである。

　第３帖第５章４-１-２-２における業務執行取締役に係る記述ついて。業務執行取締役として選定されていない取締役が業務を執行すれば、その者は、業務執行取締役とみなされる旨の根拠条文を会社法２条15号から、同条同号イ第１かっこ書に変更する（通論Ⅲ213頁）。

　なお、繰り返し述べるように、本通論では、社外取締役の定義について、第３帖第５章４-１-２-２において説明していた（通論Ⅲ213頁）。すでに述べたように（本帖本章４-21-４-３）、社外取締役の定義は変更されている。その沿革や意義については、通論Ⅲ213頁ないし214頁が、目下のところ、妥当する。

　第３帖第５章４-２-１-１の記述のうち、株主による取締役会招集請求に係るそれを以下のように変更する（通論Ⅲ216頁）。

「監査役設置会社、監査等委員会設置会社および指名委員会等設置会

第2章 各論

社を除く会社の株主も、取締役が会社の目的外の行為その他法令・定款に違反する行為をし、もしくは当該行為をするおそれがあると認めるときは、取締役会の目的たる事項を示して、取締役（招集権者を定めおいたときは招集権者たる取締役）に対して、取締役会の招集を請求することができ（今次改正後会367Ⅰ・Ⅱ）、上と同じ要件の下に、自ら取締役会を招集することができる（会367Ⅲ）。」なお、旧記述中にも「監査役会設置会社」は「監査役設置会社」が正しいという単純な誤りがあった。

　第3帖第5章4－2－4－3の取締役会議事録の株主による閲覧・謄写等の請求権に係る記述を以下のように変更する（通論Ⅲ234頁）。

　「ただし、監査役設置会社にあっては、監査役の業務執行監査権限を勘案し、各株主に強い監視権限を付与する必要性が監査役非設置会社に比して相対的に低いためであろう、株主の上述の請求権行使に裁判所の許可を得ることが要求されている（会371Ⅲ）。監査等委員会設置会社および指名委員会等設置会社の株主も同様である（今次改正後会371Ⅲ）。」

◆ 4－24　代表取締役の代表権関連

　第3帖第5章4－3－4－1(ｳ)について。会社・取締役間の訴えについて、監査役設置会社においては、当該訴えにつき、監査役が会社を代表する旨の根拠条文が、会社法386条1項1号となった（通論Ⅲ248頁）。

◆ 4－25　取締役の報酬関連

　第3帖第5章6－3で説明した、いわゆるインセンティブ報酬（出来高制報酬）について、この形態の報酬等の新設または改訂に関する議案を株主総会に提出した取締役は、必ず総会において、その算定方法を相当とする理由を説明しなければならない旨の根拠条文が、会社法361条2項から、同条4項へ繰り下げられた（通論Ⅲ310頁）。同様に、社宅・社用車その他物的施設の利便性を享有する形態の報酬についても、総会議案を提出した取締役は、今次改正後の会社法361条4項に基づき、その相当とする理由を説明するを要する（通論Ⅲ310頁）。

◆ 4-26 取締役の責任の一部免除

4-26-1 緒言

第3帖第5章7-1-5-2で、取締役の責任の一部免除について説明をしている（通論Ⅲ329頁以下）。具体的には、会社法425条ないし同427条である。これらの規定が会社法（商法）中に設けられた経緯については、特段に変更を加える必要はない（通論Ⅲ329-330頁）。ただ、今次改正により、これらの条文の内容が変更されたため、この点、解説を要することとなった。必ずしも、本通論の記述に沿った説明とはならず、記述が相前後することになる。

4-26-2 改正前の責任限定契約

第3帖第5章7-1-5-2(ウ)の冒頭に記したように、いわゆる責任限定契約は、定款の定めに基づき、会社が、社外取締役との間で締結することができるものとされていた（今次改正前会427Ⅰ参照）（通論Ⅲ333頁）。会社法が、この契約を社外取締役に限って認めたのは、社外取締役の人材確保という観点が大きく作用していた（通論Ⅲ333頁）。つまり、社外取締役をして、賠償責任に係る不安を減殺せしめようとするものであった。

4-26-3 改正前の責任限度額係数

第3帖第5章7-1-5-2(ア)に記したように、取締役の任務懈怠責任は、取締役がその職務を行うにつき善意無重過失であるとき、株主総会の特別決議（会309Ⅱ⑧）をもって、賠償責任額から、今次改正前会社法425条1項各号が定める最低責任限度額を控除して得た額を限度として免責することができたが、取締役のうち、最低責任限度額の算定に係る、職務執行上の対価として受けるべき財産上の利益の額に乗ずべき数が2とされているのは、社外取締役だけであった（今次改正前会425Ⅰ①ハ）（通論Ⅲ330頁）。これが、多様な取締役の地位を考慮して、年俸の何年分という定め方を採用したものであることは、すでに記したとおりである（通論Ⅲ330頁）。

4-26-4 改正の必要性

今次の改正によって、社外取締役（社外監査役も）の要件の見直しが行われ、これが厳格化したことはすでに述べた（本帖本章4-21-4-3参

照)。この見直しによって、改正前まで社外取締役の要件を満たしていた者が、この要件を満たすことができなくなり、結果、上述の責任限定契約や有利な最低責任限度額の係数といった規律の適用を受けられないことになる[116]。しかしながら、このような取締役の中には、業務執行を行わず、知識・経験・インセンティブ等の面で、監督・監査機能を実効的に果たすと考えられる者も含まれうる[117]。それゆえ、かかる者の人材確保・活用といった観点から、見直しの後も、これら改正前の規整を及ぼすことが適当であると考えられたわけである。

　さらに、責任限定契約等の規整が及ぶべき取締役の範囲については、そもそも社外取締役であるか否かというよりは、業務執行に関与する者であるか否かにより、画すべきであるとの指摘があった。業務執行に関与することなく、もっぱら経営に関する監督を行うことが期待される者については、その責任が発生するリスクを自ら十分にコントロールすることが困難な立場にあるともいえようから、賠償責任を事前に限定しおく余地を認めることが適切であるとも考えられよう。加えて、業務執行に関与しない取締役であるならば、責任限定契約を認めたとしても、任務懈怠の抑止という観点からの弊害も小さいとの指摘もなされていた[118]。

　以上を踏まえ、要綱案の第1部第1、2(3)において、以下の3点が明記されたのである。

　①　株式会社は、取締役（業務執行取締役若しくは執行役又は支配人その他の使用人であるものを除く。）、会計参与、監査役又は会計監査人との間で、第427条第1項に定める契約（責任限定契約）を締結することができるものとする。

　②　最低責任限度額（第425条第1項）の算定に際して、職務執行の対価として受ける財産上の利益の額に乗ずべき数は、次のアからウまでに掲げる役員等の区分に応じ、当該アからウまでに定める数とするものとする（同項第1号参照）。

---

[116]　法務省民事局参事官室・注(14)前掲第1部第1、3(3)参照（商事法務1952号（2011年）28頁）。
[117]　同前。
[118]　以上、同前。

外の帖　平成26年（2014年）改正会社法と通論既巻

　　ア　代表取締役又は代表執行役　6
　　イ　代表取締役以外の取締役（業務執行取締役若しくは執行役又は支配人その他の使用人である者に限る。）又は代表執行役以外の執行役　4
　　ウ　取締役（ア又はイに掲げる者を除く。）、会計参与、監査役又は会計監査人　2
　③　第911条第3項25号及び26号を削除するものとする。

　上の①および②は、パブリック・コメントの結果においても賛成意見が多数であり、法制審議会会社法制部会においても、異論なく承認された[119]。③は、①の定めを行うことによる登記事項の修正である[120]。今次改正法は、上述のことをそのまま反映している。

4-26-5　本通論の記述の変更

　第3帖第5章7-1-5-2(ア)の記述を、さしあたって、以下のように変更する（通論Ⅲ330頁）。

「(ア)　株主総会の特別決議による一部免除

　取締役の任務懈怠責任は、取締役が職務を行うにつき善意無重過失であるとき、株主総会の特別決議（会309Ⅱ⑧）をもって、賠償責任額から、下記①および②の合計額（最低責任限度額）を控除して得た額を限度として免除することができるが、会社に最終完全親会社等（今次改正後会847の3Ⅰ）があって取締役の責任が特定責任（今次改正後会847の3Ⅳ）であるときは、責任を免除するためには当該会社のみならず最終完全親会社等の株主総会特別決議をも要する（今次改正後会425Ⅰ柱書）。要は、この最低責任限度額に責任を制限できるわけである。

　①当該取締役がその在職中に会社から職務執行の対価として受け、または受けるべき財産上の利益の1年間当たりの額に相当する額として法務省令で定める方法により算定される額に、代表取締役にあっては6を、代表取締役以外の取締役（業務執行取締役等であるものに限る）にあっては4を、上記以外の取締役にあっては2を、それぞれ乗じた額（今次改正後会425Ⅰ①）。」

---

[119]　岩原・注(115)前掲15頁。
[120]　同前。

第2章　各　論

　同じく、第3帖第5章7－1－5－2㈲の記述を以下のように変更する（通論Ⅲ330-331頁）。

　「この制度は、いわば事後的責任軽減制度であるから、株主総会の場で取締役の責任軽減の是非を決定するにあたっては、取締役は、一部免除を行う総会において、①責任の原因となった事実および賠償責任額、②責任を免除することができる額の限度およびその算定の根拠、③責任を免除すべき理由および免除額、を開示しなければならない。なお、最終完全親会社等がある場合で、免除すべき責任が特定責任であるときには、最終完全親会社等の取締役も、当該親会社等の株主総会において、上と同様の事項を開示しなければならない（以上、今次改正後会425Ⅱ）。

　監査役設置会社にあっては、株主総会に責任免除の議案を提出するには、監査役（監査役が2人以上ある場合には各監査役）の同意を得なければならないが、最終完全親会社等がある場合で、免除すべき責任が特定責任であるときには、当該親会社等の株主総会への議案提出に際し、当該親会社等の監査役（監査役が2人以上ある場合には各監査役）の同意を得なければならない（今次改正後会425Ⅲ）。」

　第3帖第5章7－1－5－2㈶の記述を以下のように変更する（通論Ⅲ332頁）。

　「定款規定に基づいて取締役・取締役会が責任の一部免除に係る同意・決議を行ったときは、取締役は、遅滞なく会社法425条2項各号所掲の事実および免除に異議がある場合には1ヵ月以上の一定の期間内に異議を述べるべき旨を公告し、または株主に通知しなければならない（会426Ⅲ）。ただし、非公開会社にあっては、上の手続は、株主に対する通知に限られる（会426Ⅳ）。会社に最終完全親会社等がある場合で、特定責任の免除に係る通知または公告がされたときは、当該最終完全親会社等の取締役もまた、遅滞なく、当該親会社等の株主に対し、上と同様の事項および1ヵ月以上の一定の期間内に免除に異議を述べるべき旨を公告または通知することを要する（今次改正後会426Ⅴ）。最終完全親会社等が非公開会社であれば、通知のみで足りる（今次改正後会426Ⅵ）。そして、①責任減免対象取締役であるものを除く総株主の議決権の100分の3（定款による引下げが認められる）以上の議決権を有する株主が、上の

期間内に異議を述べたとき、②会社に最終完全親会社等がある場合で、特定責任の減免であるときには、責任減免対象取締役であるものを除く総株主の議決権の100分の3（定款による引下げが認められる）以上の議決権を有する株主または責任減免対象取締役であるものを除く当該最終完全親会社等の総株主の議決権の100分の3（定款による引下げが認められる）以上の議決権を有する株主が、上述の一定の期間内に異議を述べたとき、には、会社は、当該定款の定めに基づく責任の一部免除をすることができない（今次改正後会426Ⅶ）。

責任一部免除後の退職慰労金の支給制限や新株予約権行使等の制限については、㈠の場合と同様である（今次改正後会426Ⅷ）。」

同じく、第3帖第5章7-1-5-2㈣の記述中、取締役・取締役会に対し責任免除権限を授権する旨の定款の定めを登記事項とする旨の規定が、会社法911条3項23号から同条同項24号へ繰り下げられた（通論Ⅲ333頁）。

第3帖第5章7-1-5-2㈢の記述を、以下のように変更する（通論Ⅲ333-334頁）。

「㈢　取締役との責任限定契約

会社は、定款の定めに基づき、業務執行取締役等であるものを除く取締役（非業務執行取締役）との間で契約を締結することにより、その責任の限度をあらかじめ定めおくことができる（今次改正後会427Ⅰ）。ここに「業務執行取締役等」とは、業務執行取締役・執行役・使用人を指すから（今次改正後会2⑮イ参照）、「非業務執行取締役」とは、これに該当しない取締役であって、会社の意思決定への関与と監督に特化した取締役であると解される。なお、「非業務執行取締役等」というときは、かかる取締役・会計参与・監査役・会計監査人を含む（今次改正後会427Ⅰ参照）。

上記㈠㈡の制度の下では、責任の一部免除に株主総会の決議や取締役・取締役会の同意・決議を要し、会社に最終完全親会社等があって、免除されるべき責任が特定責任であるときは、当該最終完全親会社等の関与も要求されることから、一部免除の決定がなされるか否か、免除額がいくらになるか、不確定であるが、事前に責任限度額が確定しておれ

ば、取締役に就任する者の賠償責任に関する不安が除去される。そこで、非業務執行取締役の人材確保のため、責任限定契約の制度が整備されているのである。

　会社は、定款をもって、非業務執行取締役の任務懈怠責任について、この者がその職務を行うにつき善意無重過失であるときは、定款で定めた額の範囲内であらかじめ会社が定めた額と最低責任限度額（代表取締役・業務執行取締役等である者を除く取締役に係る㈠の金額と実質的に同じ）とのいずれか高い額を限度とする旨の契約を、この者と締結ができる旨を定めることができる（今次改正後会427Ⅰ）。

　この責任限定契約は、当該非業務執行取締役が、当該会社の業務執行取締役等に就任したときは、将来に向かってその効力を失う（今次改正後会427Ⅱ）。

　定款を変更して、責任限定契約に係る定めを設ける議案を総会に提出するに際しては、監査役設置会社にあっては、監査役（監査役が2人以上あるときは各監査役）の同意を要する（今次改正後会427Ⅲ）。

　責任限定契約を締結した会社が、契約の相手方たる非業務執行取締役の任務懈怠により損害を受けたことを知ったときは、その後最初に招集される株主総会において、①責任の原因となった事実および賠償責任額、②免除できる額の限度およびその算定の根拠、③契約の内容およびその契約を締結した理由、④会社が受けた損害のうち当該非業務執行取締役が責任を負わないとされた額、を開示しなければならない（今次改正後会427Ⅳ）。

　契約に基づき非業務執行取締役の賠償責任が一部免除された後の、退職慰労金の支給制限や新株予約権行使等の制限については、上記㈠㈡の場合と同様である（今次改正後会427Ⅴ）。

　非業務執行取締役との責任限定契約に関する定款の定めは、登記事項とされている（今次改正後会911Ⅲ㉕）。」

◆ 4-27　章題の変更・2
　第3帖第6章は、監査役について記述している（通論Ⅳ3頁以下）。繰り返し述べるように、新設された監査等委員会設置会社に監査役は置か

れない（今次改正後会327Ⅳ）。したがって、第3帖第6章の章題を「株式会社（監査等委員会設置会社および指名委員会等設置会社を除く）の社内監査の体制」に変更しなければならない（通論Ⅳ3頁）。

◆ 4-28 監査役・監査役会関連

4-28-1 監査役・監査役会の設置

第3帖第6章3-1の冒頭の記述を、以下のように変更する（通論Ⅳ6頁）。

「監査等委員会設置会社および指名委員会等設置会社を除く株式会社（以下、同様）は、定款の定めによって、監査役または監査役会を置くことができる（今次改正後会326Ⅱ、327Ⅳ）。」

4-28-2 監査の範囲の制限

会社法2条9号は、監査役設置会社の定義を定めているが、監査役の監査の範囲を会計に関するものに限定する旨の定款の定めがある会社を、監査役設置会社と称しないこととしている。そして、非公開会社にあっては、監査役会設置会社および会計監査人設置会社を除き、その監査権限を、会計に関するものに限定する旨を定款で定めおくことができるとされている（会389Ⅰ）（通論Ⅳ8頁）。

ところが、今次改正前会社法911条3項17号は、株式会社の登記事項として、「監査役設置会社（監査役の監査の範囲を会計に関するものに限定する旨の定款の定めがある株式会社を含む。）であるときは、その旨及び監査役の氏名」とのみ規定していたため、登記の上では、監査役設置会社といわゆる会計限定監査役設置会社とは、区別されていなかったのである。

つまり、監査役設置会社と会計限定監査役設置会社とでは、会社法上の扱いを異にするにもかかわらず、その監査役の権限の相違が公示対象から外されていたことになる。たとえば、監査役設置会社が会社法847条1項の訴えの提起を受ける場合には、監査役が当該会社を代表する（会386Ⅰ①）が、会計限定監査役設置会社にあっては、代表取締役が会社を代表する（会349Ⅳ）といったごとくである。

それゆえ、監査役の範囲を会計に関するものに限定する旨の定款の定

めがある場合には、その旨を登記上も明確にするのが相当であると考えられることから[121]、今次改正後会社法911条3項17号イは、「監査役の監査の範囲を会計に関するものに限定する旨の定款の定めがある株式会社であるときは、その旨」と定め、会計限定監査役設置会社である旨を登記事項に加えたのである。

4-28-3 社外監査役

　第3帖第6章4-2において、社外監査役の定義を説明している（通論Ⅳ11頁）。

　社外監査役の定義もまた、会社法2条16号の改正によって、変更されている。すなわち、ここに「社外監査役」とは、株式会社の監査役であって、①その就任の前10年間当該会社またはその子会社の取締役、会計参与（会計参与が法人であるときは、その職務を行うべき社員、以下同様）もしくは執行役または支配人その他の使用人であったことがないこと、②その就任の前10年内のいずれかの時において当該会社またはその子会社の監査役であったことがある者にあっては、当該監査役への就任の前10年間当該会社またはその子会社の取締役、会計参与もしくは執行役または支配人その他の使用人であったことがないこと、③当該会社の親会社等（自然人であるものに限る）または親会社等の取締役、監査役もしくは執行役もしくは支配人その他の使用人でないこと、④当該会社の親会社等の子会社等（当該会社およびその子会社を除く）の業務執行取締役等でないこと、⑤当該会社の取締役もしくは支配人その他の重要な使用人または親会社等（自然人であるものに限る）の配偶者または2親等内の親族でないこと、のすべての要件を満たすものでなければならない（以上、今次改正後2⑯）。社外取締役の定義に係る今次改正後会社法2条15号と平仄を合わせる定めとなっている。当該会社の親会社などの関連会社の出身者は排除される。

4-28-4 監査役の選任

　第3帖第6章4-3-1の記述中、株主総会において監査役を選任する場合に、監査役が欠けまたは員数を欠くことになる事態に備えて、補欠

---

[121]　法務省民事局参事官室・注(14)前掲第3部第3、2参照（商事法務1952号（2011年）61頁）。

の監査役を選任することができる旨の条文が、会社法329条2項から同条3項へ繰り下げられた（通論Ⅳ11頁）。

同じく第3帖第6章4-3-3の記述につき、繰り返し述べるように、会計限定監査役設置会社である旨が登記事項となった（今次改正後会911Ⅲ⑰）（通論Ⅳ13頁）。

4-28-5 監査役の終任

第3帖第6章4-2-2(ｳ)の記述を以下のように変更する（通論Ⅳ15頁）。すなわち、ここに掲げた②の事由が「監査等委員会設置会社または指名委員会等設置会社となる旨の定款の変更」となる（今次改正後会336Ⅳ）。

4-28-6 取締役・会社間の訴えにおける代表権

第3帖第6章5-3-5の記述中、監査役設置会社が、取締役（取締役であった者を含む、以下同様）に対し、または、取締役が、監査役設置会社に対し、訴えを提起する場合に、監査役が、当該訴えについて会社を代表する旨の根拠条文は、会社法386条1項1号となった（通論Ⅳ28頁）。

今次改正により創設された、株式交換等完全子会社の旧株主による責任追及訴訟（本帖本章4-16-3）または最終完全親会社等の株主による特定責任追及訴訟（多重代表訴訟、本帖本章4-16-2）の対象となる訴えを提起する場合の会社代表権限もまた、監査役にある（今次改正後会836Ⅰ②③）。

よって、これらの訴えを提起する前の株主による会社に対する提訴請求を受ける場合や訴訟告知を受ける場合にも、会社を代表するのは、監査役である（今次改正後会386Ⅲ）。

なお、会社等、株式交換等完全子会社、株式交換等完全親会社または最終完全親会社等が、当該会社等、当該株式交換等完全親会社の株式交換等完全子会社または当該最終完全親会社等の完全子会社等である会社の取締役、執行役および清算人ならびにこれらの者であった者を補助するため、これらの訴訟に補助参加するには、監査役（監査役が2人以上ある場合にあっては、各監査役）の同意を得なければならない（会849Ⅲ①）。

4-28-7 会計監査人の選解任等に関する議案および報酬の決定

4-28-7-1 緒　言

第3帖第6章5-3-6は、「会計監査人の選解任関与権限」と題し、

会社法344条について記述している（通論Ⅳ28-29頁）。

　そこで述べたように、改正前の会社法344条は、会計監査人の選解任・不再任の議案を取締役が株主総会に提出するに際し、監査役・監査役会の同意を要するという形式をもって立法されており、監査役・監査役会は、取締役に対し、これらの議案を株主総会に提出するよう請求する権利が与えられているにすぎなかった。また改正前会社法399条は、会計監査人の報酬決定権が取締役にあるとの前提の下、その決定に監査役・監査役会の同意を要するとの形式をもって立法されていた。今次改正にあたり、これらの条項にメス（mes）が加えられた。

4-28-7-2　背　景

　現行会社法が立法されて以降、大型粉飾決算の発覚が相次いだことにより、公認会計士法の改正が行われ、企業会計における粉飾を防止する立場にある公認会計士・監査法人の規律の強化が図られた（平成19年(2007年)法律第99号）。その審議等の過程において、金融審議会や公認会計士・監査法人からは、監査される立場にある会社の経営者たる取締役が株主総会への会計監査人選任議案を決定し、また会計監査人の報酬を決定していることが、会計監査人の経営者（取締役）に対する立場を弱め、会計監査人が粉飾決算を防ぐことができない原因になっているという、いわゆる「インセンティブのねじれ論」が強く主張され、会計監査人の選解任の議案の決定権や報酬の決定権を、取締役ではなく監査役に変更する会社法改正が強く主張された[122]。

　この点については、平成19年(2007年) 6 月 8 日、衆議院財務金融委員会において、公認会計士法等の一部を改正する法律案の可決に際して、「財務情報の適正性の確保のためには、企業のガバナンスが前提であり、監査役又は監査委員会の権能の適切な発揮を図るとともに、監査人の選任決議案の決定権や監査報酬の決定権限を監査役に付与する措置についても、引き続き真剣な検討を行い、早急に結論を得るよう努めること。」との附帯決議がなされ、同月15日の参議院財政金融委員会においても、同旨の附帯決議がなされた[123]。

---

[122]　岩原・注(4)前掲 4 頁。

4-28-7-3 中間試案

　法制審議会会社法制部会では議論が分かれたため、会計監査人の選解任等に関する議案および報酬等についての決定権の双方を監査役・監査役会（当時の委員会設置会社にあっては、監査委員会、以下同様）が有するとしたＡ案、会計監査人の選解任等に関する議案の決定権のみを監査役・監査役会が有するものとし、報酬等については同意権にとどめるとしたＢ案、現行法の規律を見直さないものとしたＣ案、を併記の上、パブリック・コメント手続に付した。

　パブリック・コメント手続における各界意見も区々であったが、Ａ案に賛成する意見とＣ案に賛成する意見が多く、これらはほぼ同数であった[124]。

　Ａ案支持意見としては、会計監査人の選解任等に関する議案等および報酬等を会計監査人による監査を受ける立場にある取締役（会）が決定する仕組みは、利益の相反が生じる可能性があり、会計監査人の独立性が損なわれるおそれがあるとするものや、現行会社法における監査役・監査役会の同意権や提案権が十分に機能しているとはいえないとするもの等があった。Ｃ案支持意見としては、会計監査人の独立性は、監査役等が、同意権や議案提出請求権等を適切に行使することにより、十分確保することができるとするもの等があった[125]。

4-28-7-4 要綱案

　法制審議会会社法制部会のその後の審議でも議論が分かれたが、わけても議論されたのは、報酬決定権の監査役・監査役会への付与の前提として、内部統制や内部的な財務システムに監査役がどれだけ関わり、会計監査人が被監査会社に提供しているサービスを把握・理解し、それに対する適切な評価をする能力があるかという問題であったとされている[126]。

　上のような議論を受け、事務局から、会計監査人の選解任等に関する

---

[123]　法務省民事局参事官室・注(14)前掲第１部第２、１(1)参照（商事法務1952号（2011年）29頁）。
[124]　坂本：高木：宮崎：内田：塚本・注(103)前掲16頁。
[125]　以上、同前。

議案については監査役等に決定権を付与するが、報酬等の決定については現行法どおり監査役等には同意権のみを認めるという案が提案され、了承された[127]。岩原紳作によれば、会計監査人の報酬等の決定という問題は、その選解任と比べると、より経営判断・政策的判断の要素が強く、会社の会計部門や内部統制との関係等、現在の監査役の会社内部における立場をとくに考慮すると、まだ決定権まで付与する態勢が十分には整っていないと判断されたもののように思われる[128]と評されている。

4-28-7-5 改正法

監査役設置会社においては、株主総会への提出に係る、①会計監査人の選解任に関する議案の内容、②会計監査人を再任しないことに関する議案の内容、の決定権は監査役にある（今次改正後会344Ⅰ）。監査役が2人以上ある場合、上記の議案の内容は、監査役の過半数をもって決定される（今次改正後会344Ⅱ）。監査役会設置会社にあっては、上記の議案の内容の決定権は監査役会にある（今次改正後会344Ⅲ）。

会社法340条1項・2項・4項および同346条4項ないし6項は、従前どおりである（通論Ⅳ29頁）。

4-28-8 監査役会

第3帖第6章6-1において、再び社外監査役に言及しているが（通論Ⅳ30頁）、すでに述べたように（本帖本章4-28-3）、社外監査役の定義は変更をみている。

第3帖第6章6-2-2-2において、常勤監査役を欠くに至った場合の対応策を記述している（通論Ⅳ34頁）。このうち、「またはあらかじめ選任されている補欠監査役（会329Ⅱ）中から」とあるが、会社法329条2項は、今次改正により、同条3項に繰り下げられている。

第3帖第6章6-3-2において、会社法が監査役全員の同意を要求する場合の条項を列挙している（通論Ⅳ35-36頁）。このうち、会社法849条2項1号は、同条3項1号に変更された。

---

[126] 岩原・注(4)前掲5頁参照。
[127] 同前。
[128] 同前。

外の帖　平成26年（2014年）改正会社法と通論既巻

4-28-9 監査役の報酬等

　第3帖第6章7-1において、監査役に、取締役と同様の、業績連動型や非金銭的報酬が認められるか否かの議論を紹介している（通論Ⅳ38頁）。

　認められるとした場合、類推適用されるべき取締役に係る規定は、今次改正により、会社法361条1項・4項となる。

4-28-10 監査役の責任

　第3帖第6章8-2-1の記述のうち、監査役の会社に対する責任の一部免除にかかるそれは、「社外取締役の一部免除に係る扱いと同額を限度として」の部分を、「非業務執行取締役の一部免除に係る扱いと同額を限度として」に変更しなければならない（通論Ⅳ40頁）。

　同じく、第3帖第6章8-2-1の記述のうち、「さらに、社外監査役については、社外取締役と同様、定款の定めにより責任限定契約を締結することができる（会427）」とあるを、「さらに、監査役については、非業務執行取締役と同様、定款の定めにより責任限定契約を締結することができる（今次改正後会427）」に改めなければならない（通論Ⅳ40頁）。

◆ 4-29 会計参与関連

　第3帖第6章1-1の第2段落を以下のように変更する（通論Ⅳ42頁）。
　「会社法上、会計参与は、定款の定めをもって、監査等委員会設置会社および指名委員会等設置会社を含むあらゆる株式会社に設置することができる任意機関である（今次改正後会326Ⅱ）。しかし、会計参与がその存在意義を発揮するのは、次の場合である。すなわち、監査等委員会設置会社および指名委員会等設置会社を除き、取締役会設置会社にあっては、原則として監査役の設置を要求されるが（今次改正後会327Ⅱ本文）、非公開会社たる取締役会設置会社で、会計参与を置くものは、必ずしも監査役を置かなくてよい（今次改正後会327Ⅱただし書）。」

　第3帖第7章1-2-5において記述した会計参与の任期について。会計参与の任期に関しては、取締役の任期に係る会社法332条が準用されるが、同条4項および5項は、準用されない。したがって、監査等委員会設置会社および指名委員会等設置会社を除く公開会社にあっては原則

2年、同じく非公開会社にあっては最長10年であり（今次改正後会334→332Ⅰ・Ⅱ）、監査等委員会設置会社にあっては、1年（今次改正後会334→332Ⅲ）、指名委員会等設置会社にあっては、1年（今次改正後会334→332Ⅵ）ということになる（通論Ⅳ44-45頁）。

　第3帖第7章1-3-4に記述した会計参与の報告義務について。会計参与は、その職務を行うに際して、取締役（指名委員会等設置会社にあっては、取締役または執行役）の職務執行に関し、不正の行為または法令・定款に違反する重大な事実があったことを発見したときは、遅滞なく、これを①株主に、②監査役設置会社にあっては、監査役に、③監査役会設置会社にあっては、監査役会に、④監査等委員会設置会社にあっては、監査等委員会に、⑤指名委員会等設置会社にあっては、監査委員会に、それぞれ報告しなければならない（今次改正後会375）（通論Ⅳ50頁）。

　同じく、第3帖第7章1-3-4における会計参与の報告の扱いについて。監査等委員会が報告を受けた場合には、委員会がその事実を調査し（今次改正後会399の3）、事実があると認めるときは、取締役会へ報告する（今次改正後会399の4）。監査等委員は差止請求権（今次改正後会399の6）を行使しうるし、会社を代表して損害賠償の訴えをなす（今次改正後会399の7Ⅰ②）こともできる（通論Ⅳ50-51頁に追加）。

　第3帖第7章1-5における会計参与の会社に対する責任については、非業務執行取締役と同様の規整に従う（今次改正後会423～427参照）。会計参与の会社に対する責任については、従来の代表訴訟、適格旧株主による代表訴訟、特定責任追及訴訟の対象となる（今次改正後会847、847の2、847の3）（通論Ⅳ54頁）。

◆ 4-30　会計監査人関連

　第3帖第7章2-1における会計監査人の設置を義務づけられる会社について。大会社ならびに監査等委員会設置会社および指名委員会等設置会社は、会計監査人を置かなければならない（今次改正後会328、327Ⅴ）（通論Ⅳ55頁）。

　同じく、第3帖第7章2-1の会計監査人が会社の機関であるか否かに関する部分の記述を次のように改める。「ところが、会社法326条の標

題は「株主総会以外の機関の設置」として、その2項に、会計監査人を、取締役会・会計参与・監査役・監査役会・監査等委員会・指名委員会等と併置している」（通論Ⅳ55頁）。

　第3帖第7章2-2-4における会計監査人の選任について。繰り返しになるが、その記述を以下のように変更する。

　「監査役設置会社においては、株主総会に提出する会計監査人の選任に関する議案の内容は、監査役が決定する（今次改正後会344Ⅰ）。監査役が2人以上ある場合には、その議案の内容は、監査役の過半数をもって決定する（今次改正後会344Ⅱ）。監査役会設置会社においては、監査役会がその議案の内容を決定する（今次改正後会344Ⅲ）」（通論Ⅳ58頁）。

　同じく、第3章第7章2-2-4における会計監査人の選任に係る記述を以下のように変更する。

　「監査等委員会設置会社においては、株主総会に提出する会計監査人の選任議案の内容の決定権限は、監査等委員会の掌中にあり（今次改正後会399の2Ⅲ②）、また、指名委員会等設置会社におけるその決定権限は、監査委員会の掌中にある（会404Ⅱ②）」（通論Ⅳ59頁）。

　第3帖第7章2-2-5における会計監査人の終任に係る記述を次のように変更する。

　「監査役設置会社においては、会計監査人の不再任を株主総会の目的とするためには、その議案の内容の決定権限が監査役にある（今次改正後会344Ⅰ）。監査役が2人以上ある場合には、その過半数をもって議案の内容を決定する（今次改正後会344Ⅱ）。監査役会設置会社にあっては、監査役会がこれを決定する（今次改正後会344Ⅲ）」（通論Ⅳ59-60頁）。

　「会計監査人の設置を義務づけられる監査等委員会設置会社および指名委員会等設置会社ならびに大会社にあっては、会計監査人を置く旨の定款の定めを廃止することは、それ自体を単体の行為としてなすことを認められない」（通論Ⅳ60頁）。

　「監査役設置会社においては、会計監査人の解任を株主総会の目的とするためには、その議案の内容の決定権限が監査役にある（今次改正後会344Ⅰ）。監査役が2人以上ある場合には、その過半数をもって議案の内容を決定する（今次改正後会344Ⅱ）。監査役会設置会社にあっては、監査

役会がこれを決定する（今次改正後会344Ⅲ）」（通論Ⅳ60頁）。

「監査等委員会設置会社においては、会計監査人の不再任および解任に関する株主総会提出議案の決定権限は、監査等委員会の掌中にあり（今次改正後会399の2Ⅲ②）、指名委員会等設置会社においては、監査委員会の掌中にある（会404Ⅱ②）。また、監査役・監査役会による会計監査人の解任に相当する制度は、監査等委員会設置会社においては、監査等委員会が、指名委員会等設置会社においては、監査委員会が、それぞれ司る。すなわち、監査等委員会の委員全員の同意・監査委員会の委員全員の同意をもって会計監査人を解任し、監査等委員会・監査委員会が選定した各委員会の委員が総会における報告を行う（今次改正後会340Ⅴ・Ⅵ）」（通論Ⅳ61頁）。

「会計監査人は、株主総会において、会計監査人の不再任・解任または辞任について意見を述べることができ、辞任した者および監査役・監査役会・監査等委員会・監査委員会により解任された者は、辞任・解任後最初に招集される株主総会に出席して、辞任の理由または解任について意見を述べることができる（会345Ⅴ・Ⅰ・Ⅱ）」（通論Ⅳ61頁）。

「会計監査人が欠けた場合または定款で定めた会計監査人の員数が欠けた場合において、遅滞なく会計監査人が選任されないときは、監査役・監査役会・監査等委員会・監査委員会が、一時会計監査人の職務を行うべき者を選任しなければならない（今次改正後会346Ⅳ・Ⅵ・Ⅶ・Ⅷ）。一時会計監査人にも、会計監査人の資格に係る会社法337条および監査役・監査役会・監査等委員会・監査委員会による解任に係る同340条が準用される（会346Ⅴ）」（通論Ⅳ61頁）。

第3帖第7章2-3-3の会計監査人の報告義務（報告権限）に係る部分を以下のように変更する。

「会計監査人は、その職務を行うに際して、取締役（指名委員会等設置会社にあっては、取締役または執行役）の職務の執行に関し、不正の行為または法令・定款に違反する重大な事実があることを発見したときは、遅滞なく、これを①監査役に、②監査役会設置会社にあっては、監査役会に、③監査等委員会設置会社にあっては、監査等委員会に、④指名委員会等設置会社にあっては、監査委員会に、それぞれ報告しなければな

外の帖　平成26年（2014年）改正会社法と通論既巻

らない（今次改正後会397Ⅰ・Ⅲ・Ⅳ・Ⅴ）」（通論Ⅳ63頁）。

「会計監査人と会社の監査機関との連携という政策を進めるため、会社法は、さらに、監査役が、監査等委員会設置会社にあっては監査等委員会が選定した監査等委員が、指名委員会等設置会社にあっては監査委員会が選定した監査委員会の委員が、その職務を行うため必要があるときに、会計監査人に対し、その監査に関する報告を求めることができる旨を明定している（今次改正後会397Ⅱ・Ⅳ・Ⅴ）」（通論Ⅳ63頁）。

第3帖第7章2-3-4において説明した会計監査人の株主総会での意見陳述権に係る記述を以下のように変更する。

「計算書類およびその附属明細書、臨時計算書ならびに連結計算書類（会396Ⅰ参照）が、法令・定款に適合するか否かにつき、会計監査人が、①監査役と、②監査役会設置会社にあっては、監査役会または監査役と、③監査等委員会設置会社にあっては、監査等委員会または監査等委員と、④指名委員会等設置会社にあっては、監査委員会またはその委員と、意見を異にするときは、会計監査人は、定時株主総会に出席して、意見を述べることができる（今次改正後会398Ⅰ・Ⅲ・Ⅳ・Ⅴ）」（通論Ⅳ63頁）。

第3帖第7章2-4における会計監査人の報酬に係る説明を以下のように変更する。

「監査役会設置会社にあっては、監査役会の、監査等委員会設置会社にあっては、監査等委員会の、指名委員会等設置会社にあっては、監査委員会の同意を得なければならない（今次改正後会399Ⅱ～Ⅳ）」（通論Ⅳ64頁）。

第3帖第7章2-5-1で説明した会計監査人の善管注意義務に係る責任に関する記述を以下のように変更する。

「会計監査人が、上の義務に違反し、任務を怠ったときは、会社に対し、これによって生じた損害を賠償する責任を負う（会423Ⅰ）。その責任の免除等については、非業務執行取締役と同様の規整に従う（今次改正後会424～427）」（通論Ⅳ64-65頁）。

第2章 各 論

◆ 4-31 指名委員会等設置会社関連

4-31-1 緒 言

第3帖第8章は、「委員会設置会社の体制」との章題を付し、今次改正後に指名委員会等設置会社と名称を改められた株式会社の体制について記述している（通論Ⅳ66頁以下）。

繰り返し述べるように、今次改正によって、新たに監査等委員会設置会社制度の創設をみた。この新たな制度の株式会社は、会社法の条文体系の中では、同法第2編第4章第9節の2「監査等委員会」を中心に、同法同編同章第10節「指名委員会等及び執行役」を規律する条文の前に配置されている。それゆえ、会社法の体系上は、監査等委員会設置会社を、指名委員会等設置会社の前に説明すべきであるかも知れないが、ここでは、制度の導入の先後に従い、まず先に指名委員会等設置会社について記述することとしたい。

第3帖第8章1において、今日の指名委員会等設置会社の、わが会社法への導入は、甚だムード的なものであったとする河本一郎の見解を紹介した（通論Ⅳ66頁-68頁）。

今次の改正との関連で言及しておくと、この形態の株式会社については、指名委員会および報酬委員会を置くことへの抵抗感等から、広く利用されるに至っていないとの指摘がなされ、法務省民事局参事官室も、この指摘を容認せざるをえなかった[129]という点を付言しておきたい。河本の視点は、目下のところ正しかったようである（通論Ⅳ68頁参照）。

4-31-2 意 義

第3帖第8章2の最後の記述中、指名委員会等設置会社が取締役会を置かなければならないとの根拠条文が、会社法327条1項3号から、同条同項4号となった。さらに、指名委員会等設置会社が、監査等委員会を置いてはならない旨が明定された（今次改正後会327Ⅵ）（通論Ⅳ69頁）。

4-31-3 取締役の選任・終任

第3帖第8章3-1-1の記述中、指名委員会等設置会社の取締役が、当該会社の支配人その他の使用人を兼ねることができないとする根拠条

---

[129] 法務省民事局参事官室・注(14)前掲第1部第1、2(1)ア参照（商事法務1952号（2011年）21頁参照）。

文が、会社法331条3項から同条4項へ繰り下げられた（通論Ⅳ69頁）。

第3帖第8章3-1-2の取締役の任期について。その任期は1年、より正確には、選任後1年以内に終了する事業年度のうち最終のものに関する定時株主総会の終結の時までである旨の会社法332条3項の規定が、同条6項へ繰り下げられた（通論Ⅳ70-71頁）。同じく、定款または株主総会決議によって、その任期を短縮することを妨げられないとする根拠条文は、今次改正後会社法332条6項および同条1項となる（通論Ⅳ71頁）。

指名委員会等を置く旨の定款の変更または指名委員会等を置く旨の定款の定めを廃止する定款の変更を行った場合には、定款の変更の効力が生じた時に、取締役の任期が終了する旨の根拠条文が、会社法332条4項から同条7項へ繰り下げられた（通論Ⅳ71頁）。

4-31-4 取締役会関連

第3帖第8章3-2-11(イ)で記述した、会社法416条1項1号に掲げられた項目について。①ないし⑤の5項目を掲げているが（通論Ⅳ71-73頁）、このうちの⑤が以下のように変更された。すなわち、「執行役の職務の執行が法令・定款に適合することを確保するための体制その他会社の業務ならびに当該会社およびその子会社から成る企業集団の業務の適正を確保するために必要なものとして法務省令で定める体制の整備」である（今次改正後会416Ⅰ①ホ）（通論Ⅳ72-73頁）。これは、指名委員会等設置会社の内部統制システム構築に係る決定であるが、企業集団の業務の適正を確保するために必要な体制については、やはり、省令から法律への昇格であると観察しうる。

同じく第3帖第8章3-2-1-1の(ウ)において、指名委員会等設置会社の取締役会が執行役に委ねることができる事項として記述した中に単純な誤りがあるので、この機会に訂正する。このうちの⑫株式無償割当てに係る事項の決定は、会社法185条3項ではなく同186条3項が正しい（通論Ⅳ74頁）。

4-31-5 各委員会関連

第3帖第8章3-3-1(エ)について。指名委員会等設置会社における、取締役のうち社外取締役であるものについて社外取締役である旨、およ

び、各委員会の委員の氏名が登記事項とされているが、その根拠条文が、会社法911条3項22号イロから、同条同項23号イロへと変更された（通論Ⅳ78頁）。

　指名委員会等設置会社と執行役・取締役との間の訴訟における会社代表について。第3帖第8章3-3-2-2(エ)④において解説した会社法408条1項・2項に係るそれについては特段の変更はない（通論Ⅳ85-86頁）。しかし、指名委員会等設置会社のする、株式交換等完全子会社の旧株主による責任追及訴訟および最終完全親会社等の株主による特定責任追及訴訟の対象となりうる訴えに関し、監査委員会が選定する監査委員が会社を代表する旨の規定が整備された（今次改正後会408Ⅲ・Ⅳ）。このため、株主代表訴訟等（今次改正後会847Ⅰ、847の2Ⅰ・Ⅲ（847の2Ⅳ・Ⅴにおいて準用する場合を含む）、847の3Ⅰ）の提訴前の手続として、株主が会社に対して執行役・取締役の責任を追及する訴えの提起を請求するときに、かかる請求を受ける会社代表者が各監査委員である旨の根拠規定が、会社法408条3項1号から同条5項1号へと繰り下げられた（通論Ⅳ86頁）。責任追及の訴えを提起した株主から、訴えを提起した旨の訴訟告知（今次改正後会849Ⅳ）を受ける場合や、株主が代表訴訟等において和解をなすに際し、和解内容の通知・和解に異議があればこれを述べるべき旨の催告（今次改正後850Ⅱ）を受ける場合もまた、各監査委員が会社を代表する旨の規定も、会社法408条3項2号から、同条5項2号へと繰り下げられた（通論Ⅳ86頁）。なお、株式交換等完全親会社たる指名委員会等設置会社が、会社法849条6項に基づく通知（その株式交換等完全子会社の取締役・執行役・清算人の責任を追及する訴えに係るものに限る）を受ける場合、および、最終完全親会社等たる指名委員会等設置会社が、会社法849条7項に基づく通知（その完全子会社等の取締役・執行役・清算人の責任を追及する訴えに係るものに限る）を受ける場合、各監査委員が当該指名委員会等設置会社を代表する旨の規定が追加されている（今次改正後会408Ⅴ③④）。

　第3帖第8章3-3-2-2(エ)⑤執行役等の責任免除に係る同意権の記述を次のように変更する（通論Ⅳ86-87頁）。

「指名委員会等設置会社においては、(a)会社法425条に依拠して、取締

役（監査委員である者を除く）・執行役の会社に対する責任の一部免除、特定責任に係る完全子会社等の取締役等の会社に対する責任の一部免除に関する議案を株主総会へ提出する場合、(b)同426条に依拠して、上記の者に対する責任免除に係る定款変更議案を総会に提出し、または上記の者の責任の免除についての議案を取締役会に提出する場合、(c)同427条に依拠して、非業務執行取締役（監査委員である者を除く）との責任限定契約設定に係る定款変更議案を総会に提出する場合には、各監査委員の同意を得なければならない（今次改正後会425Ⅲ③、426Ⅱ→425、427Ⅲ→425）。」

4-31-6 執行役関連

第３帖第８章4-2-3の、執行役を、取締役会の決議によって選任する旨の根拠条文は、会社法402条２項であり、単純な誤りであるので、この機会に訂正する（通論Ⅳ91頁）。

同じく、第３帖第８章4-2-3の、執行役の氏名を登記事項とする旨の根拠条文が、今次改正により、会社法911条３項22号ロから同条同項23号ロへと変更された（通論Ⅳ91頁）。

第３帖第８章4-2-4-1の、執行役の終任もまた登記を要する旨の根拠条文も、会社法911条３項23号ロ、同915条１項となる（通論Ⅳ92頁）。

第３帖第８章4-2-4-2の、「委員会設置会社の取締役の任期が、選任後１年以内に終了する事業年度のうち最終のものに関する定時株主総会終結の時までとされている（会332Ⅲ）ところ」とあるを、「指名委員会等設置会社の取締役の任期が、選任後１年以内に終了する事業年度のうち最終のものに関する定時株主総会終結の時までとされている（今次改正後会332Ⅵ）ところ」と変更する（通論Ⅳ92頁）。

第３帖第８章4-4-1の、代表執行役の氏名および住所は登記事項である旨の根拠条文は、会社法911条３項22号ハから、同条同項23号ハへと変更された（通論Ⅳ96頁）。なお、旧記述において「会911Ⅱ㉒ハ」とあるは、「会911Ⅲ㉒ハ」の単純な誤りであった。

第３帖第８章4-5-1(ｱ)の記述の一部を以下のように変更する（通論Ⅳ98頁）。

「しかし、執行役・代表執行役がその職務を行うにつき善意無重過失

のときは、①執行役にあっては、従来型会社の業務執行取締役と、②代表執行役にあっては、従来型会社の代表取締役と、それぞれ同様の方法・制度によって、責任の一部を免除することができる（今次改正後会425、426、なお会428Ⅱ）。」

第3帖第8章4-5-1(ウ)の記述の一部を以下のように変更する（通論Ⅳ99頁）。

「執行役についても、従来型の株主代表訴訟、適格旧株主による代表訴訟、特定責任追及訴訟が認められる（今次改正後会847～853）。」

◆ 4-32 監査等委員会設置会社の体制（新設）

4-32-1 緒 言

繰り返し述べるように、この新しい機関設計に係る株式会社は、今次改正の重要な柱のひとつとして創設されたものである。

この新しい類型の株式会社は、中間試案の段階でも（第1部第1、2）、要綱の段階でも（第1部第1、1）、「監査・監督委員会設置会社」と仮称されていた。ここから「監督」という文言が削られた理由について、法務省大臣官房参事官が次のように説明している。

すなわち、要綱に監督という文言が入っていたのは、「監査・監督委員会」が取締役の選任と報酬についての株主総会における意見陳述権という監督権能を有しているからであり、また、この委員会が監督を重視している機関設計であることから、名称にこの意図を反映していたものである。しかし、新しい機関設計でいう「監督」というのは、従来型会社の取締役会が司る取締役の職務の執行全般に及ぶのと異なり、株主総会における意見陳述権という範囲での監督権限を有するにすぎないということからすると、その名称にこの単語を使うことに抵抗感があるということが政府部内の検討中にいわれたことから、結局、監督という単語を使わず、「監査等」という名称に落着をみた。およそ以上のような主旨が述べられている[130]。

岩原紳作は、上の事情につき、以下のような感想を述べている。すな

---

[130] 岩原：坂本：三島：斎藤：任科・注[107]前掲20-21頁〔坂本三郎発言〕参照。

わち、監査等委員会が監督機能の一部しか果たしていないのではないかとの感覚が政府部内にあったということは、「監督」とまで明確にいいうる機能を持つには、おそらく指名委員会等設置会社における指名委員会・報酬委員会のごとき取締役候補者の選定決定権・報酬決定権をも持たなければならず、これらに係る意見陳述権だけでは監督機能としては不十分であるとの感覚を持つ者が部内にいたのではないか[131]。

なお、岩原による個人的見解としての「監査」と「監督」という単語の使い分けは、言及するに値すると思われるので、とくに掲げる。彼によれば、「監査」というのは、イメージでいえば、モニターをして、モニターの結果を取締役会や株主総会等に報告する、そこにとどまる場合をいう。それを超えて、モニターの結果に基づいた取締役候補者や報酬等の決定に係る権限がある場合に、「監督」という受け止め方がなされてきたものと思われる[132]。

4-32-2 制度創設の背景

今次改正前の、とくに公開大会社の機関設計を、かかる会社のガバナンス体制のための制度として捉えると、それに資する制度としては、監査役会設置会社および委員会設置会社（今次改正後の指名委員会等設置会社）という設計が提供されていたものと評価しえよう。

監査役会設置会社にあっては、監査役は3人以上で、そのうち過半数は、すなわち少なくとも2人以上は、社外監査役を置かなければならない（会335Ⅲ）。このため、監査役会設置会社が自主的に社外取締役を導入する場合には、社外監査役と合せて少なくとも3人の社外役員を選任しなければならず、社外監査役に加えて社外取締役を選任することについて、重複感、負担感が叫ばれていた[133]。監査役会設置会社が、社外取締役の機能の活用という観点からは、必ずしも利用しやすい機関設計ではないという指摘がされる所以であった。

他方、従来の委員会設置会社（今次改正後の指名委員会等設置会社）に

---

[131] 同前21頁〔岩原紳作発言〕参照。
[132] 同前〔岩原紳作発言〕参照。
[133] 大塚：西岡：高谷編・注(10)前掲43頁〔水川聡〕、法務省民事局参事官室・注(14)前掲第1部第1、2(1)ア参照（商事法務1952号（2011年）21頁参照）。

あっては、指名委員会、報酬委員会、監査委員会が置かれ、各委員会は取締役たる委員3人以上により構成されるが、いずれの委員会も過半数が社外取締役でなければならない（会400Ⅰ～Ⅲ）。よって、この会社において、社外取締役の資格を満たす取締役の最低員数が2人であるということになるとの結果は、すでに言及したところである（第3帖第8章3－3－1(ウ)参照）。指名委員会は、株主総会に提出する取締役の選解任に関する議案の決定権限を有し（会404Ⅰ）、報酬委員会は、取締役および執行役の個人別の報酬等の内容を決定する権限を有する（会404Ⅲ）。これが従来の委員会設置会社のわが国における普及の阻害要因となっていた。すなわち、この制度の下では、社長が後継者を指名すること、あるいは、社長が各取締役の具体的報酬額を決定することができないのである[134]。

　上の点を、落合誠一は嚙み砕くように巧みに説明している。以下のごとくである。すなわち、「日本経済新聞の「私の履歴書」で功成り名遂げた経営者の回顧談において、ある日、突然社長に呼ばれて、社長室に入ると、「次は君にやってもらう」といわれたような話が、大変よく出てまいります。現状では、社長が自らの後継者を決めるやり方としてこのようなやり方が一般的なのでしょう。しかし指名委員会を設けるとなりますと、こうしたやり方は通用しません。またこれもよくあることですが、取締役会から具体的な配分を一任された社長が1人社長室に閉じこもり鉛筆をなめなめ各取締役の具体的な報酬額を決定する。しかしこれも報酬委員会が設置されれば、できなくなります。後継者を決める、具体的な報酬額を決めるといったことは、社長の権力の源泉でもありますので、なかなか手放したがらないというのです[135]。」このような風景は、わが国に生まれ育った者にとっては、さしたる抵抗感もなく、思い描くことができよう。しかし、この風景は、外国人の眼には、いかにも危ういものとして映るであろう。かかる風景は、常にワンマン経営の危険性を胚胎しているからである。これまでの日本企業は、社長の判断を尊重し（これをチェックする体制が不十分なまま）、和を乱すことなく経営

---

[134]　落合誠一「「会社法制の見直しに関する中間試案」の基本的論点」商事法務1965号（2012年）29頁。
[135]　同前。

がなされることで、ここまで成長してきたわけであり、世界に稀有な奇蹟的事象であった。日本人であれば、情緒的に理解しうる事象であっても（「以和為貴」を論理的に外国人に向けて発信・説明するのは困難である）、グローバル化する企業のパフォーマンスとしては、上のごとき「社長の権力の源泉」を放置しおくわけには行かない。

　それゆえ、社外取締役の機能を活用して、経営の監督の実効性を確保する新しい機関設計が模索されたのであろう。会社法制のグローバル化を目指すなら、これは不可避な選択であった。この点は、理解しえなくもない。法務省民事局参事官室による「会社法制の見直しに関する中間試案の補足説明」も、社外取締役の活用を前面に押し出した記述となっている。すなわち、この会社制度の設置は、監査役会設置会社・従来の委員会設置会社の使い勝手の悪さに対する指摘を踏まえ、「社外取締役の機能を活用するための方策として、新たな機関設計を認めるものである[136]」旨を謳い、「経営の決定への関与が経営に対する監督において重要な意義を有するという観点から、社外取締役の機能を活用するため、監査役会設置会社及び委員会設置会社とは異なる新たな類型の機関設計として、監査・監督委員会設置会社制度を創設することを提案している。同制度は、取締役会の監督機能の充実という観点から、自ら業務執行をしない社外取締役を複数置くことで業務執行と監督の分離を図りつつ、そのような社外取締役が、監査を担うとともに、経営者の選定・解職等の決定への関与を通じて監督機能を果たすことを意図するものである[137]」と述べられている。

　なお、平成14年（2002年）の商法改正によって、大会社・みなし大会社に当時の委員会等設置会社制度が導入された際、制度の検討段階、そしてその創設後においても、実務界から、執行役および3委員会という機関設計を必置のものとするのでなく、より柔軟な機関設計を許容し、会社の選択肢の幅を広げるべきであるという指摘がなされてきた。わけても、「委員会等設置会社以外の株式会社において、監査委員会を置いた

---

[136]　法務省民事局参事官室・注(14)前掲第1部第1、2(1)ア（商事法務1952号（2011年）21頁）。
[137]　同前。

場合には監査役会を置くことを要しないとすべきである」という提案が注目される[138]。この提案は、「アラカルト（à la carte）方式」等と呼ばれたようであるが、江頭憲治郎によれば、監査等委員会制度の実質は、この立法論に近いが、平成26年(2014年)に監査等委員会制度の創設を主導したのは、実務界ではなく、上場会社への社外取締役の設置強制を主張する勢力であった[139]とされている。

4-32-3 意　義

今次改正後会社法2条11号の2の定義規定によれば、監査等委員会設置会社とは、「監査等委員会を置く株式会社をいう。」とのみ規定されているにすぎない。この会社は、今次改正後会社法326条2項に依拠して、監査等委員会を置く株式会社である。公開会社たると非公開会社たるとを問わず、また、大会社たると非大会社たるとを問わず、この形態の会社たりうるが、主として、公開大会社を念頭に提供される機関設計であると評価してよい。

　繰り返しになるが、監査等委員会設置会社は、取締役会設置会社であり（今次改正後会327 I ③）、かつまた会計監査人設置会社である（今次改正後会327 V）。この会社に監査役を置いてはならない（今次改正後会327 IV）。この会社に監査役が置かれないのは、取締役たる資格を有する監査等委員が（今次改正後会399の2 II）、監査等委員会を組織して（今次改正後会399の2 I）、取締役の職務の執行の監査を司る（今次改正後会399の2 III ①）からである。この会社も、会計参与を置くことは、定款による任意に委ねられる（今次改正後会326 II）。

　この会社制度は、社外取締役の選任を促進して（詳細は後述する）その機能を活用し、業務執行者に対する監督機能の強化を図るために、株式会社による選択の幅を増やす趣旨で創設（追加）されたものであり、従来の監査役（会）設置会社制度および指名委員会等設置会社制度の意義を否定するものではない[140]。

　この会社が、指名委員会等設置会社における指名委員会・報酬委員会

---

[138]　法務省民事局参事官室「会社法制の現代化に関する要綱試案補足説明」第4部第4、12(2)イ（商事法務1678号（2003年）107頁）。

[139]　江頭・注(5)前掲571頁脚注(2)。

215

に相当する機関を任意に設置することは妨げられないであろうが、たとえこれらを設置しても、かかる任意機関は、何ら会社法上の権限を有するものではない[141]。なお、指名委員会等設置会社が監査等委員会を設置することは、これを禁じる明文の規定が存在する（今次改正後会327Ⅵ）。

　結局、この会社は、指名委員会・報酬委員会の代替機能を、一定程度、監査等委員会に果たさせようとするものである。つまり、この会社にあっては、指名委員会・報酬委員会が存在しないことを補うために、監査等委員会の権限を強化しており、たとえば、この委員会は、監査等委員以外の取締役の選解任および報酬等につき、株主総会における意見陳述権を留保していることが重要である[142]。

4-32-4　取締役および取締役会

4-32-4-1　取締役の選任

　(ア)　取締役の選任機関が株主総会であること（会329Ⅰ）は、従来型の会社および指名委員会等設置会社と同様である。決議要件・総会定足数もまた同様である（会341）。欠格事由（会331Ⅰ）も同様である。

　(イ)　この会社における取締役選任の特徴は、監査等委員たる取締役とそれ以外の取締役とを区別して選任しなければならないことである（今次改正後会329Ⅱ）。

　非公開会社たる監査等委員会設置会社にあっては、取締役選任種類株式の発行を許されるが、監査等委員たる取締役またはそれ以外の取締役の各々につき、各別に種類株主総会において選任するという内容の種類株式とすることができ（今次改正後会108Ⅰ⑨）、この場合には、監査等委員たる取締役選任種類株式とそれ以外の取締役選任種類株式とは、異なる種類株式となる。そのような内容の取締役選任種類株式でなくとも、取締役選任種類株主総会における取締役の選任は、やはり監査等委員たる取締役とそれ以外の取締役とを区別して選任しなければならない（今次改正後会347Ⅰ）。

---

[141]　坂本三郎：高木弘明：宮崎雅之：内田修平：塚本英巨：辰巳郁：渡辺邦広「平成26年改正会社法の解説（Ⅱ）」商事法務2042号（2014年）21頁。

[141]　近藤・注(12)前掲311頁参照。

[142]　同前参照、江頭・注(5)前掲571頁。

累積投票による選任も認められるが（今次改正後会342Ⅰ）、同一の総会で、監査等委員たる取締役を1人、それ以外の取締役を1人、各々選任する場合は、各別に選任するわけであるから、累積投票の対象とはならない[143]。

　(ウ)　監査等委員たる取締役は、当該会社もしくはその子会社の業務執行取締役もしくは支配人その他の使用人または当該子会社の会計参与（会計参与が法人であるときは、その職務を行うべき社員）もしくは執行役を兼ねることができない（今次改正後会331Ⅲ）。この兼任禁止規定は、指名委員会等設置会社の監査委員会の委員の兼任禁止規定（今次改正後会400Ⅳ）と平仄を合わせるものとなっている（監査等委員会設置会社には執行役がいないので、文言が若干異なる）。

　(エ)　取締役が、監査等委員たる取締役の選任に関する議案を株主総会に提出するには、監査等委員会の同意を得なければならない（今次改正後会344の2Ⅰ）。つまり、監査等委員会は、監査等委員たる取締役の選任に関する議案についての拒否権を有することになる。これは、監査役会設置会社における監査役選任議案に対する監査役会の拒否権（会343Ⅲ・Ⅰ）と同一の法構造である。

　さらに、監査等委員会は、取締役に対し、①監査等委員たる取締役の選任を株主総会の目的とすること、または、②監査等委員たる取締役の選任に関する議案を株主総会に提出すること、を請求することができる（今次改正後会344の2Ⅱ）。①が監査等委員たる取締役選任に係る議題提案権であり、②が同じく議案提案権である。②の場合には、具体的な候補者を特定した提案となる。これまた、監査役会設置会社における監査役選任に係る監査役会の議題提案権・議案提案権（会343Ⅲ・Ⅱ）と平仄を合わせる規律となっている。わけても上の議案提案権が、監査等委員会をして、監査等委員たる取締役の選任について、積極的なイニシアチブを発揮せしめることになるわけである。

　加えて、監査等委員たる取締役は、株主総会において、監査等委員たる取締役の選任について意見陳述権を有する（今次改正後会342の2Ⅰ）。

---

[143]　江頭・同前573頁脚注(1)。

これも監査役に与えられた意見陳述権（会345Ⅳ・Ⅰ）と同様の規律となっている。
　上のような規整は、監査等委員たる取締役の独立性を担保するに資するものである。

(オ)　監査等委員たる取締役以外の取締役の選任に関しても、監査等委員会は一定の役割を果たす。すなわち、監査等委員会が選定する監査等委員は、監査等委員たる取締役以外の取締役の選任について、監査等委員会の意見を述べることができる（今次改正後会342の2Ⅳ）。このような意見陳述権は、監査役（会）設置会社の監査役（会）や、指名委員会等設置会社の監査委員には見られないものである。監査等委員会にこのような権限を与えたのは、監査等委員たる取締役が、意見陳述権を背景として、取締役会における取締役の人事の決定について主導的に関与することを可能ならしめ、業務執行者に対する監督機能の強化を図る狙いがあるのである[144]。

(カ)　この会社の取締役の選任に関し、さらに重要なことは複数の社外取締役（今次改正後会2⑮）を必ず選任しなければならないことである。なぜならば、監査等委員会を組織する監査等委員は、3人以上の監査等委員たる取締役をもって構成され、その過半数が社外取締役でなければならない（今次改正後会331Ⅵ）からである。よって、少なくとも2人の社外取締役を選任することを要する。

(キ)　その他、総会において補欠取締役を定めおくことができるのも従来型会社と同様であるが、やはり監査等委員たる補欠取締役とそれ以外の補欠取締役とを各別に選任しなければならない（今次改正後会329Ⅲ）。

(ク)　選任された取締役の氏名は登記事項であるが、監査等委員たる取締役とそれ以外の取締役の氏名を区別して登記しなければならず（今次改正後会911Ⅲ㉒イ）、取締役のうち社外取締役であるものについては、社外取締役である旨をも登記しなければならない（今次改正後会911Ⅲ㉒ロ）。

4-32-4-2　取締役の任期

　同じ取締役でありながら、この会社にあっては、監査等委員たる取締

---

[144] 坂本・高木・宮崎・内田・塚本・辰巳・渡辺・注[140]前掲23頁参照。

役とそれ以外の取締役との間に任期の差が設けられている。

　監査等委員たる取締役以外の取締役の任期は、選任後1年以内に終了する事業年度のうち最終のものに関する定時株主総会の時までであり、この1年という任期を定款または総会の決議によって短縮することを許される（今次改正後会332Ⅲ・Ⅰ）。このような任期の定め方は、指名委員会等設置会社の取締役のそれと同様である（今次改正後会332Ⅵ・Ⅰ）。

　他方、監査等委員たる取締役の任期は、選任後2年以内に終了する事業年度のうち最終のものに関する定時株主総会の終結の時までであり（今次改正後会332Ⅰ本文）、この任期を定款または総会の決議によって短縮することを許されない（今次改正後会332Ⅳ）。その任期を短縮することができないとの法政策は、監査役設置会社の監査役と同様のものであり、その独立性の確保に資するものである。

　監査役の任期が4年である（会336Ⅰ）のに対し、監査等委員たる取締役の任期が、それより短い2年とされているのは、この者も取締役会構成員として業務執行の決定に関与することから、これに関与しない監査役に比して、株主による信任を受ける頻度を多くする必要があるからである[145]。

　監査等委員会を置く旨の定款の変更または監査等委員会を置く旨の定款の定めを廃止する定款の変更を行った場合には、取締役の任期は、当該定款の変更が効力を生じた時に満了する（今次改正後会332Ⅶ①②）。

4-32-4-3　取締役の終任

(ア)　辞任については、従来型の会社の取締役と同様である（民651）。ただし、監査等委員たる取締役を辞任した者は、辞任後最初に招集される株主総会に出席して、辞任した旨およびその理由を述べることができる（今次改正後会342の2Ⅱ）。それゆえ、この機会を保障すべく、取締役は、辞任者に対し、辞任後最初の株主総会を招集する旨ならびにその日時および場所（会298Ⅰ①）を通知しなければならない（今次改正後会342の2Ⅲ）。また、監査等委員たる取締役は、株主総会において、監査等委員たる取締役の辞任について意見を述べることができる（今次改正後会

---
[145]　同前22頁参照。

342の2Ⅰ）。

　㈠　取締役の解任につき、会社法339条の適用があるは、当然である。監査等委員たる取締役を解任するに際しては、株主総会・種類株主総会の特別決議によらなければならない（今次改正後会309Ⅱ⑦、324Ⅱ⑤、344の2Ⅲ）。加えて、監査等委員たる取締役には、株主総会において、監査等委員たる取締役の解任についての意見陳述権が保障されている（今次改正後会342の2Ⅰ）。

　㈢　これら上述の法政策は、監査役の解任（会309Ⅱ⑦、324Ⅱ⑤、343Ⅳ）と同様の規整を監査等委員たる取締役の解任にも用いようとするものであり、また、辞任・解任に際しての監査役の意見陳述権（会345Ⅳ・Ⅰ・Ⅱ・Ⅲ）と同様の規整を監査等委員たる取締役に及ぼすものとなっている。監査等委員たる取締役が、意に添わない辞任・解任という事態に陥るのを牽制しうる仕組となっている。

　㈣　さらに、監査等委員会が選定する監査等委員は、監査等委員たる取締役以外の取締役の解任または辞任についても、株主総会における監査等委員会としての意見陳述権を有している（今次改正後会342の2Ⅳ）。

　㈤　なお、監査等委員たる取締役については、取締役たる地位と監査等委員たる地位とが不可分であるから、かかる取締役が、監査等委員のみを辞任し、取締役の地位にとどまることはできない[146]。

　㈥　欠員を生じた場合の措置に関しては、従来型の会社の取締役と同様であるが、ここでも監査等委員たる取締役とそれ以外の取締役とは別異に扱われる（今次改正後会346Ⅰ～Ⅲ）。

4-32-4-4　取締役会

　監査等委員会設置会社においては、取締役会は必要的機関である（今次改正後会327Ⅰ③）。取締役会は、すべての取締役で組織しなければならないから（会362Ⅰ）、監査等委員たる取締役もそれ以外の取締役も、取締役たる資格において、取締役会の構成員となる。

　㈠　権　限
　①業務執行の決定

---

[146]　同前23頁脚注(16)。

(1) 監査等委員会設置会社の取締役会は、基本的に、会社の業務執行の全般に関する決定権限を有する（今次改正後会399の13 I ①）。これが大前提である。

(2) 取締役会でまず決定すべき事項として、今次改正後会社法399条の13第1項1号は、以下の3項目を掲げている。これらの事項の決定権限は、この会社の取締役会の存在意義に係る根源的権限といいうる。すなわち、(i)経営の基本方針（この意義については、指名委員会等設置会社における会社法416条1項1号イのそれと同様である。第3帖第8章3－2－1－1(イ)①を参照のこと）、(ii)監査等委員会の職務の執行のため必要なものとして法務省令で定める事項（指名委員会等設置会社の会416 I ①ロに対応する）、(iii)取締役の職務の執行が法令および定款に適合することを確保するための体制その他会社の業務ならびに当該会社およびその子会社から成る企業集団の業務の適正を確保するために必要なものとして法務省令で定める体制の整備（内部統制システム構築に係る決定である）、以上である。これらの事項の決定は、取締役会の専管決定権限に属するから（今次改正後会399の13 II）、これを代表取締役をはじめとする個々の取締役に委ねることができない。

(3) 次いで、この会社の取締役会の専管決定決議事項として、その掌中に残しおくべき事項が今次改正後会社法399条の13第4項に列挙されている。すなわち、(i)重要な財産の処分および譲受け、(ii)多額の借財、(iii)支配人その他の重要な使用人の選解任、(iv)支店その他の重要な組織の設置・変更・廃止、(v)募集社債の総額（会676①）その他の募集に関する重要な事項として法務省令で定める事項、(vi)定款の定めに基づく役員等の会社に対する責任の一部免除、である。従来型会社の取締役会の専管決定決議事項（今次改正後会362 IV）にほぼ対応するが、内部統制システムの構築に係る事項は、上に述べたように、会社法399条の13第1項1号ハに掲げられている。なお、会社法399条の13第4項に掲げる事項は、例示列挙であるから、この会社の取締役会も、重要な業務執行の決定を個々の取締役に委任できないとの原則は、そのままの原則として、会社法399条の13第4項においては、貫かれていることになる。

(4) しかし、この会社制度を創設した趣旨は、業務執行者に対する監

督機能の強化にある。そうであるとすれば、これをより実効性のあるものとするには、社外取締役をはじめとする業務執行の監督者が、（たとえそれが重要な業務執行の決定であろうとも）個別の業務執行の決定に逐一関与するのではなく、その監督にいっそう専念することができるようにすることが望ましい。かかる観点よりすれば、この会社の取締役会で決定すべき事項をある程度絞り込むことを許容してもよいと考えられる[147]。

　そこで、①取締役の過半数が社外取締役である場合、または、②取締役会決議によって重要な業務執行の決定の全部または一部を取締役に委任することができる旨の定款の定めがある場合、には、取締役会の決議をもって、たとえ重要な業務執行の決定であろうとも、大幅に代表取締役等の個々の取締役に委任できるものとしたのである（今次改正後会399の13Ⅴ柱書本文・Ⅵ）。ただし、以下の事項については、取締役会の決議をもって、取締役に委任することを許されない。すなわち、(i)譲渡制限株式の譲渡等の承認の可否の決定（会136、137Ⅰ）および指定買取人の指定（会140Ⅳ）、(ii)市場取引等による自己株式取得の決定を取締役会に授権する定款の定めがある場合（会165Ⅱ）における自己株式取得の決定（会165Ⅲ、156Ⅰ）、(iii)譲渡制限新株予約権の譲渡の承認の可否の決定（会262、263Ⅰ）、(iv)株主総会の招集に係る法定事項（会298Ⅰ各号）の決定、(v)株主総会に提出する議案（会計監査人の選解任・不再任に関するものを除く）の内容の決定、(vi)取締役の競業取引および利益相反取引の承認（会365Ⅰ、356Ⅰ）、(vii)取締役会を招集する取締役の決定（会366Ⅰただし書）、(viii) 会社と監査等委員との訴訟における会社代表者の決定（今次改正後会399の7Ⅰ①）、(ix)定款の定めに基づく役員等の会社に対する責任の一部免除（今次改正後会399の13Ⅳ⑥）、(x)計算書類等の承認（会436Ⅲ、441Ⅲ、444Ⅴ）、(xi)中間配当に関する定款の定めがある場合（会454Ⅴ）における配当事項の決定（会454Ⅰ）、(xii)事業の全部譲渡等に係る契約（株主総会決議による承認を要しないものを除く）の内容の決定（今次改正後会467Ⅰ）、(xiii)合併契約（株主総会決議による承認を要しないものを除く）の内容の決定、

---

[147]　以上、同前26頁参照

(xiv)吸収分割契約（株主総会決議による承認を要しないものを除く）の内容の決定、(xv)新設分割計画（株主総会決議による承認を要しないものを除く）の内容の決定、(xvi)株式交換契約（株主総会決議による承認を要しないものを除く）の内容の決定、(xvii)株式移転計画の内容の決定、以上である（今次改正後会399の13Ⅴ各号参照）。指名委員会等設置会社において執行役に委任できない法定事項（今次改正後会416Ⅳ各号）とほぼ対応する（機関構成の相違に基づいて決定しなければならない事項に差異を認めるにすぎない）。

　上記①取締役の過半数が社外取締役である場合に、取締役への大幅な委任を認めたのは、社外取締役は、業務執行者から独立した立場にあり（今次改正後会2⑮参照）、かかる取締役がこの会社の過半数を占める場合には、この者らが取締役の指名および報酬等についての意見陳述権を有していること等と相俟って、指名委員会・報酬委員会を欠いても、取締役会の業務執行者からの独立性がその構成上担保されているといえるからである[148]。他方、上記②取締役会決議によって重要な業務執行の全部または一部を取締役に委任することができる旨の定款の定めがある場合に、取締役への大幅な委任を認めたのは、モニタリング・モデルをどう強く指向するやは、会社の機関設計に係わるものであるが、会社法上、これは定款に定められるのが一般的であり（会326Ⅱ参照）、この会社にあっては、監査等委員会の業務執行者からの独立制が制度的に担保され、業務執行者に対する監督が強化されているため、モニタリング・モデルをより強く指向するという株主の判断により、重要な業務執行の決定への委任を認めるための制度的な基礎が整っているといえるからである[149]。①の理由づけはともかく、②のそれはやや危ういと感じる。

　(5)　監査等委員会設置会社にあっても、今次改正後会社法373条1項各号に定める取締役の要件を満たせば、原則として、重要な財産の処分および譲受けならびに多額の借財について、特別取締役による取締役会の決議の制度を認める途が開かれている（今次改正後会373）。ただし、上記(4)の①および②の場合には、重要な業務執行の決定を大幅に取締役に委任することが可能であるから、あえてこの制度を利用する必要がない

---

[148]　同前27頁参照。
[149]　同前参照。

ので、これらの場合には、特別取締役による取締役会の決議の制度を利用することができない（今次改正後会373Ⅰ柱書第2かっこ書）。

(6) なお、定款に上記(4)の②の定めがある場合には、その旨を登記しなければならない（今次改正後会911Ⅲ㉒ハ）。

②職務執行の監督

監査等委員会設置会社の取締役会は、取締役の職務の執行を監督する（今次改正後会399の13Ⅰ②）。

この会社においては、わけても会社法399条の13第5項・6項に規定する場合には、取締役会決議によって、取締役（とくに代表取締役）に重要な業務執行の決定を委ね、業務執行を司る取締役がこれを執行するから、取締役会による監督の主要な部分は、業務執行取締役を対象とするものとなろう。

監査等委員たる取締役に関しては、この取締役は、取締役たる資格において、会社の業務の執行を司ることはないが（今次改正後会331Ⅲ参照）、取締役会構成員としての職務、監査等委員としての職務を有しているので、それらの職務の執行が、取締役会による監督の対象となる。

この会社に会計参与を設けた場合、指名委員会等設置会社と異なり、取締役会には、会計参与の職務の執行の監督権限がない（今次改正後会416Ⅰ②、404Ⅱ①対照）。会計参与の職務の執行の監督は、もっぱら監査等委員会が行う（今次改正後会399の2Ⅲ①）。この点で何故に監査等委員会設置会社と指名委員会等設置会社とに差異を設けたのか、不明である。

③代表取締役の選定および解職

監査等委員会設置会社の取締役会は、監査等委員たる取締役以外の取締役の中から、代表取締役を選定しなければならない（今次改正後会399の13Ⅲ）。

代表取締役の選解任権を留保して、代表取締役の職務の執行を監督するわけである。代表取締役に対する規整は、従来型の会社と同様である（第3帖第5章4-3参照）。

(イ) 運　営

この会社においても、原則として、各取締役が取締役会の招集権を有するのは従来型の会社と同様である（会366Ⅰ本文）。定款または取締役会

で招集権者を定めることもできる（会366Ⅰただし書、なお、今次改正後会399の13Ⅴ⑦参照）。しかし、招集権者の定めがある場合であっても、監査等委員会が選定する監査等委員は、取締役会を招集することができる（今次改正後会399の14）。委員会の職務の成果を取締役会に反映させる趣旨であり、指名委員会等設置会社における会社法417条1項と同旨に出たものである。

その他の運営については、従来型の会社の取締役会と同様である（第3帖第5章4-2参照）。

4-32-5　監査等委員会

4-32-5-1　構　成

繰り返し述べるように、監査等委員会設置会社における監査等委員たる取締役は、3人以上で、その過半数は、社外取締役でなければならない（今次改正後会331Ⅵ）。監査等委員会は、取締役である監査等委員（今次改正後会399の2Ⅱ）の全員をもって組織される（今次改正後会399の2Ⅰ）。これまた繰り返し述べるように、監査等委員たる取締役は、会社もしくはその子会社の業務執行取締役もしくは支配人その他の使用人または当該子会社の会計参与（会計参与が法人であるときは、その職務を行うべき社員）もしくは執行役を兼ねることができない（今次改正後会331Ⅲ）から、かかる者により組織される監査等委員会は、業務執行それ自体に関与せず、監督に専念することができる。

監査役会設置会社にあっては、監査役会は、監査役の中から常勤監査役を選定しなければならないが（会390Ⅲ）、この会社にあっては、常勤の監査等委員を置かなくともよい。これは、監査等委員会が、監査を行うに際し、会社の業務の適正を確保するために必要な体制、すなわち内部統制システムを利用することを想定している[150]からである。監査等委員会設置会社の取締役会が、大会社たると否とを問わず、内部統制システムの構築を要求される（今次改正後会399の13Ⅰ①ハ）由縁は、ここに存するわけである。典型的には、監査等委員会は、内部統制システムが取締役会により適切に構築・運営されているかを監視し、他方で、内部統

---

[150]　同前23頁参照。

制システムを利用して監査に必要な情報を入手し、また、必要に応じて内部統制部門に対して具体的指示を行うという方法で監査を行うことになる[151]。

4-32-5-2 運　営

㋐　監査等委員会は、各監査等委員が招集する（今次改正後会399の8）。社外取締役である委員の招集権を保障する趣旨に出たものであり、指名委員会等設置会社における会社法410条と同旨である。

監査等委員会を招集するには、委員は、委員会の日の１週間（定款による短縮が認められる）前までに、各委員に対してその通知を発しなければならない（今次改正後会399の9Ⅱ）。ただし、監査等委員の全員の同意があるときは、招集手続を省略できる（今次改正後会399の9Ⅲ）。この手続は、監査役会の招集に係る会社法392条と同様の規整に服している。すなわち、指名委員会等設置会社の各委員会の招集発出から会日までの期間の短縮は、取締役会決議によって認められるが（今次改正後会411Ⅰかっこ書）、監査等委員会の同様の期間の短縮は、定款の定めによることとされているからである。これは、監査等委員会が、指名委員会等設置会社の各委員会と異なり、取締役会の内部機関として位置づけることができず、むしろ取締役会からある程度独立したものとして位置づけられ、この点においては監査役会と類似した位置づけになることを考慮したがためであると説かれている[152]。

㋑　取締役（会計参与設置会社にあっては、取締役および会計参与）は、監査等委員会の要求があったときは、監査等委員会に出席し、監査等委員会が求めた事項につき説明をしなければならない（今次改正後会399の9Ⅲ）。指名委員会等設置会社における今次改正後会社法411条3項と同一の法構造を有する規定である。委員会の構成員でない取締役は、委員会の求めがあるときに出席義務があり発言はできるが、出席権を有するものではない。

㋒　監査等委員会の決議は、議決に加わることができる監査等委員の過半数が出席し、その過半数をもって行う（今次改正後会399の10Ⅰ）。指

---

(151)　同前。
(152)　同前25頁参照。

名委員会等設置会社の各委員会の法定決議要件（今次改正後会412Ⅰ）と同様であるが、指名委員会等設置会社の各委員会の法定決議要件が、取締役会の決定をもって、定足数、可決要件ともに、加重できるのに対し（今次改正後会412Ⅰ第1第2かっこ書）、この委員会の決議要件は、かかる加重を許されない。むしろ監査役会の決議規整（会393Ⅰ）に近いが、監査役会の決議要件は、監査役の過半数をもって行われるから、過半数を占める社外監査役の存在意義は大きい。ところが、監査等委員会が、5人以上の奇数の監査等委員たる取締役で構成される会社にあっては、以下のような事態が生じうる。たとえば、監査等委員会が5人の委員で構成されるとき、過半数の社外取締役が委員でなければならないから（今次改正後会331Ⅵ）、3人の社外取締役を委員とすればよい。仮に、A・B・Cが社外取締役たる委員であるとすれば、残りのD・Eは、社外取締役でなくともよい。ある会議において、C・D・Eが出席すれば、決議に必要な定足数は満たされる。この会議の議事の中で、いかにCが孤軍奮闘しようとも、D・Eの賛成により、この会議における決議は、監査等委員会の決議として有効なものとなる。このように会社法393条1項に比較すれば社外役員の存在意義が減殺されることがありうる。

　監査等委員会の決議において、特別の利害関係を有する委員は、議決に加わることができない（今次改正後会399の10Ⅱ）。指名委員会等設置会社におけるの各委員会の決議に係る今次改正後会社法412条2項に対応する規定である。

　㈣　監査等委員会の議事については、議事録を作成しなければならず（今次改正後会399の10Ⅲ・Ⅳ）、会社は、この議事録を、監査等委員会の日から10年間、本店に備え置かなければならない（今次改正後会399の11Ⅰ）。監査等委員会の決議に参加した監査等委員であって、議事録に異議をとどめないものは、その決議に賛成したものと推定される（今次改正後会399の10Ⅴ）。

　会社の株主は、その権利を行使するため必要があるときは、裁判所の許可を得て、議事録の閲覧・謄写等の請求を許される（今次改正後会399の11Ⅱ）。会社債権者が取締役または会計参与の責任を追及するとき、および、親会社社員がその権利を行使するため必要があるときも、上述と

同様の手続により、議事録の閲覧・謄写等の請求を許される（今次改正後会399の11Ⅲ）。裁判所は、上述の請求に係る閲覧・謄写等をすることにより、当該会社またはその親会社もしくは子会社に著しい損害を及ぼすおそれがあると認めるときは、許可をすることができない（今次改正後会399の11Ⅳ）。

　指名委員会等設置会社の取締役が、各委員会の議事録の閲覧・謄写等を自由になしうるのに対し（今次改正後会413Ⅱ）、監査等委員会の議事録については、監査等委員たる取締役以外の取締役に、閲覧・謄写等を認める規定が存しない。これまた、監査等委員会が、取締役会からある程度独立したものとして位置づけられることを考慮して、監査役会議事録と同様の規整（会394参照）としたものであると説かれる[153]。しかし、監査等委員会設置会社の取締役会にも、取締役の職務の執行を監督する権限が付与されているところ（今次改正後会399の13Ⅰ②）、取締役会における取締役・監査等委員の監督手段として、委員会構成員でない取締役が、事後的に委員会の情報を入手しうる手段を封じることが、適切な法政策であるか否か、疑問なしとしない。取締役会による監査等委員会への不当な干渉の生じる弊を慮ったのであろうことは理解しうるのではあるが。

　(カ)　取締役、会計参与または会計監査人が、監査等委員の全員に対し、委員会に報告すべき事項を通知したときは、その事項を改めて委員会に通知する必要がない（今次改正後会399の12）。

4-32-5-3　職務・権限等

　(ア)　監査等委員会は、①取締役（会計参与設置会社にあっては、取締役および会計参与）の職務の執行の監査および監査報告の作成、②株主総会に提出する会計監査人の選任・解任および不再任に関する議案の決定、③監査等委員たる取締役以外の取締役の選任・解任・辞任についての監査等委員会の意見（今次改正後会342の2Ⅳ）および監査等委員たる取締役以外の取締役の報酬等についての監査等委員会の意見（今次改正後会361Ⅵ）の決定、に係る権限を有する（今次改正後会399の2Ⅲ）。

　上のうち、①および②の職務は、指名委員会等設置会社の監査委員会

---

[153]　同前26頁参照。

の職務（今次改正後会404Ⅱ）と同様のものと評価しうる。
　(イ)　監査等委員会設置会社もまた、繰り返し述べるように、取締役会による取締役の職務の執行の監督（今次改正後会399の13Ⅰ②）、監査等委員会による取締役の職務の執行の監査（今次改正後会399の2Ⅲ①）という二重の監督体制を採るものと観察しうる（ただし、会計参与に対する監査権限は、もっぱら監査等委員会にある）。それゆえ、この会社にあっても、監査等委員会の監査権限と取締役会の監督権限との関係が問題となりうる。

　監査役会設置会社の監査役と異なり、監査等委員会を構成する委員は、全員が取締役である（今次改正後会399の2Ⅱ）。これらの者は、取締役会の構成員として、適法性のみならず妥当性に関する監督権限を有しているのであるから、監査等委員会の構成員としても、その妥当性にまで踏み込むことができるのが当然であるといわなければならない。取締役である監査等委員に与えられる情報は、それ以外の取締役と共に構成される取締役会に与えられる情報と共通のものであるから、この委員会は、妥当性監査を行うに足る情報を掌握しているのである。しかも、この委員会は、従来型会社の監査役に与えられている諸権限を掌中にしており、社外取締役が過半数を占め、兼任禁止規定とも相俟って、指名委員会等設置会社における監査委員会よりも、監査に関しては、取締役会と距離を置く法構造が与えられている（監査役会の長所を採り入れている）。したがって、会社法は、監査等委員会に、徹底した精緻な監査を期待し、取締役会には、大所高所からの監督を期待しているということになるのであろう。

　(ウ)　監査等委員会に与えられた諸権限は、以下のようなものである。
①事業報告請求権・業務財産調査権
　監査等委員会が選定する監査等委員は、何時でも、取締役（会計参与設置会社にあっては、取締役および会計参与）および支配人その他の使用人に対し、その職務の執行に関する事項の報告を求め、または会社の業務および財産の状況を調査することができる（今次改正後会399の3Ⅰ）。監査等委員会が選定する監査等委員は、委員会の職務を執行するため必要があるときは、その子会社に対して事業の報告を求め、またはその子

会社の業務および財産の状況を調査することができる（今次改正後会399の3Ⅱ）。ただし、子会社は、正当な理由があるときは、上の報告または調査を拒むことができる（今次改正後会399の3Ⅲ）。

　この規定ぶりは、指名委員会等設置会社における監査委員会に与えられた同様の権限に係る今次改正後会社法405条1項ないし3項と同様のものである。すなわち、監査等委員は、独任制の機関として、これらの権限を行使するのではない。その監査は、会議体としての組織的なものとしてなされることを前提としている。それゆえ、監査等委員会が選定した監査等委員が上の権限を行使する場合であっても、報告の徴収または調査に関する事項についての監査等委員会の決議があるときは、これに従わなければならないとされているのである（今次改正後会399の3Ⅳ）。監査等委員が、委員会としての統一した方針の下で職務を行うことによって、組織的・有機的な監査をなしうるという法構造になっている。

　無論、監査等委員の全員を、調査権限を有する委員として選定することは、何ら差し支えない。

⑪取締役会への報告義務（報告権限）

　監査等委員は、取締役が不正の行為をし、もしくは当該行為をするおそれがあると認めるとき、または法令・定款に違反する事実もしくは著しく不当な事実があると認めるときは、遅滞なく、その旨を取締役会に報告しなければならない（今次改正後会399の4）。

　この義務（権限）は、⑪と異なり、各監査等委員に単独に認められる。上の事態は、経営判断の妥当性を超えて、違法性に係わる事柄に属するからである。この報告により、取締役会による自浄的監督権限が発動される。

⑫違法行為差止請求権

　監査等委員は、取締役が会社の目的の範囲外の行為その他法令・定款に違反する行為をし、またはこれらの行為をするおそれがある場合において、当該行為によって当該会社に著しい損害を生じるおそれがあるときは、当該取締役に対し、当該行為をやめるよう請求することができる（今次改正後会399の6Ⅰ）。

　この権限もまた、各委員が単独で行使することができる。やはり違法

性に直結する事柄であり、緊急性が高いからである。

　上の差止請求にもかかわらず、取締役がこれらの行為をやめないときは、差止めの訴えを提起し、また、仮処分を申請することになるが、裁判所は、差止めの仮処分につき、監査等委員に担保を立てさせる必要がない（今次改正後会399の6Ⅱ）。

ⅳ 会社と取締役との間の訴訟における会社代表等

　会社が取締役（取締役であった者を含む、以下同様）に対し、または取締役が会社に対して訴えを提起する場合には、以下の区分に応じて、会社を代表する者を定めることになる。（ａ）監査等委員が当該訴えに係る訴訟の当事者である場合には、取締役会が定める者（株主総会がこれを定めた場合には、その者）が会社を代表する。（ｂ）それ以外の場合には、監査等委員会が定める者が会社を代表する（以上、今次改正後会399の7Ⅰ）。

　取締役が会社に対して訴えを提起する場合には、監査等委員（当該訴えを提起する者であるものを除く）に対してなされた訴状の送達は、会社に対して効力を有する（今次改正後会399の7Ⅱ）。

　監査等委員会設置会社のする、株式交換等完全子会社の旧株主による責任追及訴訟および最終完全親会社等の株主による特定責任追及訴訟の対象となりうる訴えに関しては、監査等委員が選定する監査等委員が会社を代表する（今次改正後会399の7Ⅲ・Ⅳ）。

　監査等委員会設置会社が、株主代表訴訟等（今次改正後会847Ⅰ、847の2Ⅰ・Ⅲ（847の2Ⅳ・Ⅴにおいて準用する場合を含む）、847の3Ⅰ）の提訴前の手続として、株主が会社に対して取締役の責任を追及する訴えの提起を請求するときに、かかる請求を受けるに当たっては、監査等委員が会社を代表する（今次改正後会399の7Ⅴ①）。責任追及等の訴えを提起した株主から訴訟告知（取締役の責任を追及する訴えに係るものに限る、今次改正後会849Ⅳ）や、株主が代表訴訟等において和解（取締役の責任を追及する訴えに係る訴訟における和解に限る）をなすに際し、和解内容の通知・和解に異議があればこれを述べるべき旨の催告（今次改正後会850Ⅱ）を受ける場合にも、監査等委員が会社を代表する（今次改正後会399の7Ⅴ②）。株式交換等完全親会社として、会社法849条6項に基づく通知（その株式交換等完

全子会社の取締役・執行役または清算人の責任を追及する訴えに係るものに限る）を受ける場合、および、最終完全親会社等として、会社法849条7項に基づく通知（その完全子会社等の取締役・執行役または清算人の責任を追及する訴えに係るものに限る）を受ける場合にも、監査等委員が会社を代表する（今次改正後会399の7 Ⅴ③④）。

　㈢　上記冒頭の㈦に示した監査等委員会の職務に関する③のそれは、監査等委員会独自の職務である。

ⓥ監査等委員たる取締役以外の選任・解任・辞任についての意見陳述権

　これについては、本帖本章4-32-4-1㈵において、その趣旨を説明した。

　監査等委員たる取締役は、まずは、取締役会構成員として、取締役会において、業務執行者を含む人事案の決定に関与することができる。監査等委員たる取締役のうち、過半数は社外取締役であるから、複数の社外取締役が、取締役会で議決権を行使することにより、その決議に一定の影響力を及ぼすことができる。さらに2の矢として、監査等委員会が、監査等委員たる取締役以外の取締役の選任・辞任・解任についての意見を決定し、監査等委員会が選定する監査等委員が株主総会においてその意見を述べることができるようにしている（今次改正後会342の2 Ⅳ）。

ⓥⅰ監査等委員たる取締役以外の報酬等についての意見陳述権

　取締役の報酬等の決定に関与する権限を無視しえない程度に掌中に握ることは、やはり業務を執行する取締役の監督を実効性のあるものとしよう。それゆえ、上のⓥと同様の法構造をもって、監査等委員会が監査等委員たる取締役以外の取締役の報酬等についての意見を決定し、監査等委員会が選定する監査等委員が、その意見を株主総会において述べることができるようにしているのである（今次改正後会361 Ⅵ）。この意義（指名委員会等設置会社における報酬委員会の権能の一部肩代り）からすれば、かかる報酬等についての意見は、対象取締役の個人別の報酬等（今次改正後会404 Ⅲ参照）を意味すると解すべきである[154]。

　㈵　指名委員会等設置会社の監査委員会にあっては、監査委員会がそ

---

[154] 江頭・注(5)前掲582頁。

の委員の中から選定する者は、遅滞なく、監査委員会の職務の執行の状況を取締役会に報告しなければならない（今次改正後会417Ⅲ）。これに対し、監査等委員会については、この定めに対応する規定を欠く。これも、監査等委員会が取締役会から一定程度独立したものとして位置づけられることを考慮したものであり、監査役会に近似した措置が執られていると説かれる[155]。しかし、繰り返し述べるように、監査等委員といえど取締役であり、取締役会の監督に服するものである。監査等委員会の議事録への接近を、業務を執行する取締役から遠ざけ、今また、委員会の職務の執行に係る情報までをも遠ざけるという法政策が、取締役会の監督権限との関連において、最善のものであるか否かは、結論を留保したい。

4-32-5-4 職務執行の費用等

監査等委員が、その職務の執行（監査等委員会の職務の執行に関するものに限る）について、会社に対し、(i)費用の前払いの請求、(ii)支出をした費用および支出の日以後におけるその利息の償還の請求、(iii)負担した債務の債権者に対する弁済（当該債務が弁済期にない場合にあっては、相当の担保の提供）の請求、をしたときは、会社は、当該請求に係る費用または債務が当該監査等委員の職務に必要でないことを証明できない限り、これを拒むことができない（今次改正後会399の2Ⅳ）。

4-32-5-5 監査報告の作成

監査等委員会は、各事業年度ごとに、監査報告を作成しなければならないが（今次改正後会399の2Ⅲ①、436Ⅱ②）、その内容は、法務省令に委ねられる。

4-32-6 取締役の責任および報酬等

4-32-6-1 取締役の責任

監査等委員会設置会社といえど、取締役の責任の実体規定については、監査役会設置会社・指名委員会等設置会社とおおむね異なるところはない[156]。

しかし、唯一、監査等委員会設置会社に独特の規整がある。すなわち、取締役と会社との間の利益相反取引（会356Ⅰ②③）によって会社に損害

---

[155] 坂本：高木：宮崎：内田：塚本：辰巳：渡辺・注[140]前掲26頁参照。
[156] 江頭・注(5)前掲577頁。

が生じたとき、監査等委員会設置会社を除く株式会社については、会社法423条3項各号に依拠して、①会社と利益が相反する取締役、②会社が当該取引をすることを決定した取締役、③当該取引に関する取締役会の承認の決議に賛成した取締役は、その任務を怠ったものと推定される。他方、監査等委員会設置会社にあっては、監査等委員たる取締役以外の取締役と会社との間の利益相反取引について、監査等委員会の承認があれば、取締役の任務懈怠の推定が生じないものとされている（今次改正後会423Ⅳ）。

　注意すべきは、会社法423条4項の趣旨は、監査等委員会の事前承認が、取締役の任務懈怠に係る推定規定の適用を排除するだけであるという点である。取締役会設置会社における利益相反取引の承認機関は、あくまでも取締役会である（会365Ⅰ）。会社法423条4項は、「第356条第1項第2号又は第3号に掲げる場合において、同項の取締役（監査等委員であるものを除く。）が当該取引につき監査等委員会の承認を受けたとき」に、取締役の任務懈怠を推定しないと定めており、「第356条第1項第2号又は第3号に掲げる場合」とは、取締役が利益相反取引を「しようとするとき」であることから、会社法423条4項は、監査等委員会が、利益相反取引を「事前に」承認した場合の規律ということになる[157]。

　利益相反取引を行う監査等委員たる取締役以外の取締役は、会社法423条4項に依拠して、当該取引の監査等委員会による事前承認を受けるのみでは足らない。当該取締役が、適法に利益相反取引をなすには、さらに会社法365条1項に依拠して、取締役会の承認を得なければならない。取締役会の承認を欠く利益相反取引は、あくまでも違法な取引であるから、会社法423条3項1号・2号に掲げる者は、任務懈怠の推定を免れない[158]。

　取締役会の承認を得ても、利益相反取引の結果、会社に損害が生じれば、取締役は、会社に対して、これによって生じた損害を賠償しなければならないが（会423Ⅰ）、監査等委員会の事前承認があるならば、当該損害賠償請求訴訟においては、取締役の責任を追及しようとする者が、

---

[157]　坂本・高木・宮崎・内田・塚本・辰巳・渡辺・注(140)前掲24-25頁脚注(17)。
[158]　江頭・注(5)前掲577頁脚注(1)参照。

第2章 各論

その取締役の任務懈怠を立証しなければならなくなる。

　会社法423条4項を新たに設けるについては、法制審議会会社法制部会においても、同条3項の意義とも絡んで、その是非が大きな議論になったようである。①代表取締役等からの独立性が確保されているにしても、監査等委員会に利益相反取引一般について審査機能があるのか、②かかる権限は、指名委員会等設置会社における監査委員会にも認められていないものであって整合性に欠ける、等の批判もあったが、①監査委員会には監督権限まではなく、監査等委員会とは性格が異なること、②推定規定をはずすだけであれば、裁判所による監査等委員会の信頼性や取締役の任務懈怠に関する判断を信頼できること、③監査等委員会制度の利用促進という政策的観点、といった理由から、この規定が設けられたようである[159]。就中、③の理由が大きかったものと評価しえよう。③の理由が強調される次元においては、辛辣な感想を述べれば、もはや立法論というより政治力学というべきであろう。

　社外取締役が過半数を占める監査等委員会に、利益相反取引の可否という微妙な判断を下せる能力があるとは思えず、むしろ否決しておけば、万一の場合に、取締役として、会社法423条3項を隠れ蓑に、他者への責任転化ができるという恩恵に与れるわけであるから、保身を図ろうと欲するなら、委員会の段階では否決しておいて、取締役会にその判断を委ね、委員会で否決した以上、取締役会の議事録にも異議をとどめおくのが筋であるとの論法で行くというのが、社外取締役として、最も賢明な行動であろう。

4-32-6-2　取締役の報酬等

　この会社には、指名委員会等設置会社の報酬委員会に相当する機関が存しない。それゆえ、取締役の報酬等は、本則に戻って、定款に定めがないときは、株主総会の決議によって、これを定めることとなる（今次改正後会361Ⅰ）。

　しかし、監査等委員会設置会社にあっては、定款によろうと、株主総会の決議によろうと、その報酬等は、監査等委員たる取締役とそれ以外

---

[159]　以上、岩原・注(115)前掲8頁参照。

の取締役とを区別して定めなければならない（今次改正後会361Ⅱ）。多くは、やはり株主総会決議によることとなろう。

　監査等委員会が選定する監査等委員が、株主総会において、監査等委員以外の取締役の報酬についての意見陳述権を有する（今次改正後会361Ⅵ）ことについては、その意義とともに、すでに述べたとおりである（本帖本章4-32-5-3(エ)(vi)）。

　加えて、監査等委員たる取締役は、株主総会において、監査等委員たる取締役の報酬等について、すなわち自分たちの報酬等についても意見を述べることができる（今次改正後会361Ⅴ）。監査役と同様の、監査等委員たる取締役の独立性を担保する趣旨である（会387Ⅲ参照）。

　監査等委員たる各取締役の報酬等について、定款の定めまたは株主総会の決議がないときは、当該報酬等は、定款または総会決議の範囲内で（端的には、監査等委員たる取締役に支給する報酬等の総額のみが株主総会で認められた場合）、監査等委員たる取締役の協議によって、その配分を定める（今次改正後会361Ⅲ）。すなわち、代表取締役等は、監査等委員たる取締役の報酬等の決定に、容喙することを許されない。これまた、監査等委員たる取締役の独立性を担保する趣旨である。

4-32-7　登記事項

　監査等委員会設置会社にあっては、①監査等委員会設置会社である旨、②監査等委員たる取締役およびそれ以外の取締役の氏名、③取締役のうち社外取締役であるものについて、社外取締役である旨、④会社法399条の13第6項の規定による重要な業務執行の決定の取締役への委任についての定款の定めがあるときは、その旨、がとくに登記によって公示される（今次改正後会911Ⅲ㉒）。もちろん、その他会社法911条3項各号の、株式会社に共通する登記事項を登記することが必要である。

　なお、会社法911条3項22号に対応して、同条同項13号が改正されている（同条同項同号かっこ書参照）。

　上記④がとくに登記事項とされているのは、当該定款の定めが、会社の機関設計の一環として、会社法911条3項11号以下と同列に、これを公示するのが相当であるとされたためである[160]。

4-32-8 評　価

　(ア)　監査等委員会設置会社制度に対する現時の評価を知る上で、最も手際良く整理されたと思われる文献をひとつ挙げるとすれば、本帖本章脚注(10)に掲げた、大塚和成：西岡祐介：高木裕介編著『Ｑ＆Ａ平成26年改正会社法』（金融財政事情研究会・2014年）の53頁ないし57頁（水川聡担当）である。ここには、主たる肯定的意見および否定的意見が客観性をもって網羅されており、この会社制度の将来を占う意味で一読に値する。

　(イ)　不佞は、否定的意見にやや説得力があると考えるものである。監査等委員といえど、取締役会の構成員として、業務執行の意思決定における決議に加わらなければならない。これに関与すればするほど、社外役員たる性格は色褪せたものになり、いずれは社長を頂点とするヒエラルキー（Hierarchie）に組み込まれ、却って具体的・個別的な業務執行についての監督が弱体化する危惧がある（上記文献55頁の神作裕之の意見参照）と思われてならない。

　(ウ)　飛鳥時代の往にし方より、わが国民の行動原理（というより宗教的確信に近い）は、「以和為貴」であるから、ある共同体に異分子が参加した場合、共同体の構成員は、新参者に対し、「徹底して同化を求める」か、しからざれば、「徹底して排除を試みる」か、の両極端に走り易い。理屈では理解していても、わが国がグローバル・スタンダードを何ら変容を加えることなく受容し難い根本的な要因はここにあると思われる。この行動原理よりして、監査等委員会設置会社制度は、おそらく失敗に終わるであろう。この会社制度への移行が活発化しつつある[161]との記事も見受けられるが、一時的なものとなるのではなかろうか。

　ある会社制度が、その理念どおりに機能するか否かは、結局は運用の問題であるといってしまえば、身も蓋もないのであるが、社外役員の活用を穏当な形で実現したいのであれば、系統的に説明を試みたなら、監査役会設置会社制度の方が、監査等委員会設置会社制度よりも（もちろん、指名委員会等設置会社制度よりも）、わが国民の眼には、より優れた

---

[160]　坂本：高木：宮崎：内田：塚本：辰巳：渡辺・注(140)前掲28頁参照。
[161]　記事「活発化してきた監査等委員会設置会社移行の動き」商事法務2047号（2014年）62頁参照。

ものと映るであろう。監査役会設置会社は、現在の日本型株式会社の進化の頂点にあると評価してよい。新しい会社制度を増設するよりも、監査役会設置会社のごとき優れた制度を持つ既存の会社制度の運用に力点を置くとともに、その長所を積極的に外国人投資家を始めとする投資家に発信すべきである。ごく一握りの不良生徒のためにわざわざ校則を変えるがごとき法改正は不要である。

◆4-33 計算関連

4-33-1 事業報告

第3帖第9章4-3-5において言及した内部統制システムの整備に係る条文は、会社法348条3項4号、同362条4項6号、同399条の13第1項1号ハ、同416条1項1号ロホとなる（通論Ⅳ120頁）。

4-33-2 決算手続

第3帖第9章6-1-1で示した計算書類等の監査機関と監査対象資料について、以下のように変更する（通論Ⅳ123頁）。

「② 会計監査人設置会社

会計監査人設置会社においては、法務省令で定めるところにより、㋐計算書類およびその附属明細書につき、監査役、監査等委員会または監査委員会および会計監査人の監査を、㋑事業報告およびその附属明細書につき、監査役、監査等委員会または監査委員会の監査を、受けなければならない（今次改正後会436Ⅱ）。」

監査等委員会設置会社は、会計監査人設置会社であるから、第3帖第9章6-1-3（通論Ⅳ125頁以下）に関連して述べれば、会計監査人の監査報告は、監査等委員会が指定した監査等委員にも提供されることとなろう。そして、監査等委員会が会計監査報告を受領したときは、法務省令に依拠して、その監査報告を作成することとなろう。

監査等委員会の作成に係る監査報告は、監査委員会の作成に係る監査報告に準じて、決算手続の流れに乗るのではないかと思われる。

4-33-3 臨時計算書類

第3帖第9章7-1-2の記述を以下のように変更する（通論Ⅳ133頁）。
「臨時計算書類は、監査役設置会社（会計限定監査役を置く会社を含む）

または会計監査人設置会社においては、法務省令で定めるところにより、監査役または会計監査人（監査等委員会設置会社にあっては、監査等委員会および会計監査人、指名委員会等設置会社にあっては、監査委員会および会計監査人）の監査を受けなければならない（今次改正後会441Ⅱ）。」

4-33-4 連結計算書類

第3帖第9章7-2-2の冒頭の記述を以下のように変更する（通論Ⅳ135頁）。

「連結計算書類は、法務省令で定めるところにより、監査役（監査等委員会設置会社にあっては、監査等委員会、指名委員会等設置会社にあっては、監査委員会）および会計監査人の監査を受けなければならない（今次改正後会444Ⅳ）。」

4-33-5 剰余金の処分

第3帖第9章8-7-8(ア)で説明した剰余金についてのその他の処分（会452前段）をすることができる場合に関する記述に変更がある。すなわち、会計監査人設置会社（取締役（監査等委員会設置会社にあっては、監査等委員たる取締役以外の取締役）の任期の末日が選任後1年以内に終了する事業年度のうち最終のものに関する定時株主総会の終結の日後の日であるものおよび監査役設置会社であって監査役会設置会社でないものを除く）は、取締役会限りで、損失の処理、任意積立金の積立てその他の剰余金の処分（資本金額または準備金の増加、剰余金の配当その他会社の財産を処分するものを除く）に関する事項を定めることができる旨を定款で定めることができ（今次改正後会459Ⅰ③）、これを株主総会の決議によっては定めない旨を定款で定めることができる（会460Ⅰ）（通論Ⅳ152頁）。

4-33-6 取締役会による配当の決定

第3帖第9章9-2-3の記述中、剰余金の配当に関する定めを、取締役会で定めることができる旨を定款で定めることのできる会社（今次改正後会459Ⅰ④）についての②を、「取締役（監査等委員会設置会社にあっては、監査等委員たる取締役以外の取締役）の任期の末日が選任後1年以内に終了する事業年度のうち最終のものに関する定時株主総会の終結の日までであること」に変更する（通論Ⅳ160頁）。

4-33-7 結　語

　計算関連部分は、会社法施行規則および会社計算規則に負うところが大きく、目下のところ、きわめて大雑把な記述変更しかできない。当面のところ、致し方ない。

第5帖

「商」の資金調達

第1章　短期資金の調達

●1● 緒　言

◆1-1　資金調達のあり方

　企業（商人）が、営業・事業を遂行するうえで、その時々の多様な状況に対応して、他者から資金の調達を図ることは、きわめて重要なことである。

　企業がする資金調達には、様々な区分方法がある。まず、調達期間の長短により、①短期資金の調達（たとえば、運転資金の調達が典型例である）、②長期資金の調達（たとえば、設備投資など）とに分かれる。①は、通常、1年以内に資金の提供者によって回収されるべきものであり、②は、それを超える長期にわたって、資金の提供を受けた企業によって利用されるべきものである。

　次いで、企業がする資金調達は、資金の提供者から直接これを調達する方法（いわゆる直接金融）、②銀行を介して、資金提供者の預金を主たる源資として、銀行から信用供与を受けるという形でこれを調達する方法（いわゆる間接金融）とに分かれる。

　本章においては、主として間接金融による短期資金の調達を中心に概観することとしたい。

◆1-2　銀行業務と貸付け

　銀行法2条2項1号は、「銀行業」を、「預金又は定期積金の受入れと資金の貸付け又は手形の割引とを併せ行うこと」と定義している。商法502条8号にいう「銀行取引」とは、まさにこの取引をいう（第1帖第3章2-2-9）。上記のうち、「預金又は定期積金の受入れ」は、銀行から観れば、「受信取引」に該当し、「資金の貸付け又は手形割引」が、銀行から観れば、「与信取引」に該当する。

243

第5帖 「商」の資金調達

　企業が銀行を介して資金の調達を図ることは、したがって、上に述べたように、銀行から信用の供与を受けることを意味する。
　第2次大戦後の、いわゆる高度経済成長時代にあっては、わが国の企業社会は、短期資金の調達のみならず、長期資金の調達もまた、過度といえるほどに、銀行からの借入れに依存していた（間接金融への依存）。これは、当時のわが国にあっては、一般大衆には、直接に株式や社債への投資に向けうるだけの資産の蓄積が不十分であったから、いったん銀行に預金し、銀行がこれを纏めて、資金を必要とする企業に媒介するのが、最も実際的な方法であったがためである。加えて、この時代には、経済成長率があまりにも高すぎたために、個々の企業としても、その利益の内部留保のみをもってしては、高度の設備投資のための資金を調達できなかったという事情もあった[1]。
　今日にあっては、一般大衆がある程度の投資資産の形成を果たしており、企業の側も、株式や社債のみならず、新株予約権、新株予約権付社債といった、投資家の観点からいえば、魅力的な投資商品を用意できる環境を整備できている。それゆえ、わけても大規模な企業が長期資金を調達するに際しては、必ずしも間接金融に過度な依存をしなくても済むわけである。しかし、中小規模の企業で、社債を発行するだけの信用の無いもの、株式の新たな引受人を募ることを好まないもの等にとっては、長期資金の調達に際し、間接金融の担う役割は無視しえない。
　本章が対象とするのは、比較的大規模な公開型の企業の短期資金の調達であるが、上のような事情から、中小企業の資金調達を含めて、間接金融の実際を概観しておくことは、意味のあることなのである。

● 2 ● 銀行による貸出し

◆ 2-1　意義および種類

　先に掲げた銀行法2条2項1号の規定によるまでもなく、手形の割引と金銭の貸付けとは、銀行の与信業務のうち、最も重要な取引である。

---

[1]　以上、河本一郎・正亀慶介『貸付(新版)（入門銀行取引法講座3）』（金融財政事情研究会・1976年）5－6頁参照。

実務上、この両取引を包括して「貸出し」と呼ぶのが一般の慣行である。貸出しの語は法律用語としてはなお見られないが、手形割引と金銭貸付けとは、普通、銀行の与信業務の双翼を形成するものである[2]。

「貸付け」は、銀行が取引先に金銭を貸し付ける取引を総称する。貸付けは、その与信の内容として、銀行から取引先に資金の交付を行うことを目的とする点で、支払承諾や有価証券の貸付けと区別され、銀行がその交付した貸付金の返還を受けることをもって資金の回収を図ることを第1義的にしている点で手形割引と区別される[3]。「貸出し」のうち、手形割引についてはすでに説明を終えている（第4帖・下の巻第10章3）。それゆえ、本章では、上の定義に係る「貸付け」を概観することとなる。

貸付取引は、現在の銀行においては、①貸付けの相手たる取引先から約束手形の振出し（場合によっては、為替手形の引受け）を受けて実行される「手形貸付け」、②借用証書の差入れを受けて実行される「証書貸付け」、および、③当座預金の残高を超えて振り出された手形・小切手について、一定の限度額まで支払いをするという形で融資が実行される「当座貸越し」の形態が採られている[4]。

2-2 手形貸付け

2-2-1 意　義

「手形貸付け」というは、銀行が貸付けをなすにあたり、借主に手形を作成せしめ、これを徴してなされる貸付けである。

銀行が徴求する手形は、通常は、借主を振出人、銀行を受取人とする約束手形である。このような手形を「単名手形」と称することは、すでに述べた（第4帖・下の巻第10章2-1-2-1）。約束手形の他、借主があらかじめ引受署名した自己宛為替手形を銀行に振出交付するのでもよい[5]。実務上、「単名」といえば手形貸付けを意味するほどになっているが、手形貸付けの対象となる手形が、債務者2名以上の「複名手形」

---

(2) 西原寛一『金融法』（有斐閣・1968年）122頁。
(3) 木内宜彦『金融法』（青林書院・1989年）251-252頁。
(4) 同前252頁。
(5) 同前262頁。

第5帖 「商」の資金調達

であってはならないということはない。輸出前貸手形、輸入決済手形など特殊な場合には、複名手形による貸付けも行われるし、借主が法人であるときは、取締役、代表社員、理事などが個人たる資格で手形保証あるいは裏書をしていることも多い[6]。

手形貸付けは、与信行為に手形行為をともなう点で手形割引に類するが、手形割引が商取引その他の原因に基づく手形を1種の商品として売買するものであるのに対し（第4帖・下の巻第10章3-2-2参照）、手形貸付けは、貸主と借主との間に成立した消費貸借による債権を確保する目的で手形が作成授受される点に差異がある。要するに、両者の区別は原因関係に存し、手形行為そのものには変わりがない[7]。

銀行が短期資金の貸付けをなすときは、後述する証書貸付けよりも手形貸付けが圧倒的に多く利用される。実務上の理由としては、手形貸付けをなす際には、慣習的に利息の前取りが認められてきたことが大きい[8]。それよりも重要な点は、銀行が手形貸付けを利用する法的・経済的有利さにある。すなわち、①手形の支払場所を貸付銀行の営業所とすることにより、借主の有する自行の当座預金口座をもって決済することが可能である。②他行の営業所が支払場所であっても、手形交換を通じて容易に取立てが可能であり、加えて、不渡処分の制裁による履行の心理的強制を図ることができる。③手形訴訟制度による簡易迅速な救済を求めることができる。④印紙税の節約を図ることができる。⑤場合によっては、商業手形と同様に、他行に割り引いてもらったり、担保に供することもできる。およそ以上の利点がある[9]。

手形貸付けは、基本的に短期の貸付けのために利用される制度である。ただし、貸付期間が中長期にわたる場合であっても、手形の書替え（第4帖・下の巻第7章2-7-2）をなすことにより対応が可能である。このときは、手形を切り替える毎に、当日分の利息を二重取りできるという利点が、銀行にある[10]（「踊り利息」という）。

---

(6) 河本・正亀・注(1)前掲229頁。
(7) 西原・注(2)前掲151-152頁。
(8) 福瀧博之『手形法概要(第2版)』（法律文化社・2007年）18頁参照。
(9) 西原・注(2)前掲152頁、木内・注(3)前掲263頁。

2-2-2 性質および成立

手形貸付けは、借主に手形を作成せしめ、これを担保として貸付けをなすという、金銭消費貸借契約であること、当然である[10]。

実務上、貸付金の交付は、借主による手形の交付の後になされる。したがって、手形関係は、貸付金交付の有無にかかわらず、借主から銀行に手形が交付された時点に生じる。もっとも、貸付金の交付がなければ、振出人は、銀行に対し、対価欠缺の人的抗弁をもって対抗できる。

手形の授受に先行してなされる手形貸付けの内容に関する合意は、いわゆる手形予約として機能する[12]。その合意の中で、銀行が手形予約以外の貸付金回収のための法的手段（物的担保・人的担保）を確保すれば、この合意の段階で、諾成的消費貸借契約ないし消費貸借の予約が成立するが、そうでない場合には、手形授受の時点で、貸付金交付の有無にかかわらず、手形関係と併存的に諾成的消費貸借が成立し、この契約に基づく借主の貸付金返還債務が、手形債務の原因関係となる[13]。

2-2-3 効　力

貸付金を交付した銀行は、貸付金返還請求権と手形上の債権との両者を併有する[14]。もっとも、両債権は、同一目的のために奉仕されるものであるから、一方がその目的を達して消滅すれば、他方も運命を共にする[15]。手形貸付けにおける手形は、元来が貸付金返還請求権を確保するために授受されているものであるから、支払いに代えてなされたものではなく、「支払いの確保のため」になされたものと解するのが、当事者の合理的意思に合致する[16]。このうちでも、手形貸付けは、手形が貸付金債務の「担保のために」交付されたものと認められる[17]。それゆえ、債務者は、手形上の権利の先履行を求めることはできず、債権者は、両

---

[10] 西原・同前。
[11] 河本：正亀・注(1)前掲233頁。
[12] 木内・注(3)前掲264頁。
[13] 同前。
[14] 西原・注(2)前掲153頁。
[15] 河本：正亀・注(1)前掲233頁。
[16] 田中誠二『新版銀行取引法（4 全訂版）』（経済法令研究会・1990年）210頁参照。
[17] 同前。

債権のいずれをも任意に先履行するよう請求することを許される（第4帖・下の巻第10章2-1-2-1）。旧銀行取引約定書ひな型2条もまた、上の旨を明定して、疑義を回避している。

　手形貸付けにおいては、先に述べたように、貸付期間が当初の手形の満期よりも長期に約定されることがありうる。この場合にも、短期信用の手段として利用される手形期間（実務上、「サイト」と呼ばれる。必ずしも明らかではないがsightを語源とするもののようである）は、通常2ないし3ヵ月であるので、手形の満期が到来する毎に、手形の書替えが行われる[18]。銀行が、手形の書替えを拒み、手形金の支払いを求めたときは、借主は、原約定を人的抗弁として対抗することができる[19]。もっとも、そのためには、借主において原約定の立証を要するが、銀行が貸付期間を書面で確約することは稀であり[20]、借主が口頭の約定の存在を立証できなければ、銀行の一方的決定に従う他ない[21]。さらには、かかる口約束の人的抗弁は、手形訴訟では主張できないから（民訴352）注意を要する[22]。

◆ 2-3　商業手形担保貸付け

2-3-1　意　義

　「商業手形担保貸付け」というは、証券担保の1種で、商業手形を担保に徴し、貸付けを行い、さらにその貸付債権を確保するために借主から単名手形を徴求するという融資の方法である[23]。実務上は、「商担手貸し」と称される。

　銀行の取引先が少額の商業手形を多数有するとき、しかも支払期日が区々であるようなとき、これらの手形について銀行が個々に手形割引を行うのは、あまりに煩雑である。それゆえ、取引先は、これらの手形を一括して担保に供し、その手形金額の合計額に相当する金額の貸付けを

---

[18]　西原・注(2)前掲153頁、木内・注(3)前掲267頁。
[19]　各同前。
[20]　西原・同前。
[21]　田中（誠）・注(16)前掲209頁。
[22]　同前210頁。
[23]　河本：正亀・注(1)前掲246頁参照。

受けるのである[24]。この際、担保となる商業手形が少額かつ多数であるため、手形債務者の信用を確認できないような場合は、ある程度の不渡りの危険を見込んで、単名手形より少し多い目の担保手形を徴求する[25]。なお、商業手形ではあるが、満期が割引に適さない長期の場合、振出人の信用に疑念があって割引に適さないと目される手形、または手形金額の一部についてのみ融資を受けたい場合にも、この形式が用いられることがある[26]。

2-3-2 方　式

銀行が商業手形を担保に徴するには、質権設定・取立委任・譲渡担保など種々の方法があるが、最も一般的に行われているのは、対外的に強力な譲渡担保である[27]。手形を担保のために譲渡するのであるから、手形法77条1項1号、同19条の質入裏書の形式によるのが当事者の意思には合致するが[28]、公然の質入裏書にあっては、銀行は手形金額の全額につき取立権を有するものの、被担保債権に充当した残額を裏書人（質権設定者）に返還しなければならず、被担保債権の弁済期前に手形を取り立てたときは、取立金額を供託しなければならない（第4帖・下の巻第6章8-3-2）。また、国税の納入期以後の質入裏書については、国税滞納処分による差押えに優先することができない[29]（国税徴15）。加えて、手形を第三者に譲渡することもできない（手77Ⅰ①、19Ⅰただし書）。他方、担保手形を取り立て、その取立代り金をもって貸付金に充当するという点では、取立委任裏書を考えることもできるが、取立委任裏書では、裏書を受けた銀行は、手形債務者の裏書人に対する抗弁の対抗を受け（手77Ⅰ①、18Ⅱ）、またこれを他に譲渡することができず（手77Ⅰ①、18Ⅰ）、そして何より手形上の権利者ではないから、第三者による差押えに対抗することができない[30]。以上が担保手形を譲渡担保とする、すなわち借

---

[24]　木内・注(3)前掲269頁。
[25]　河本：正亀・注(1)前掲246頁。
[26]　西原・注(2)前掲152頁、木内・注(3)前掲269頁。
[27]　西原・同前152-153頁。
[28]　河本：正亀・注(1)前掲247頁。
[29]　木内・注(3)前掲270頁。
[30]　同前。

主に隠れた質入裏書を求める理由である。

2-3-3 担保手形の取立て

　商業手形担保貸付けにあっては、通常は、銀行に差し入れられた単名手形の満期が到来する前に、担保手形の満期が、逐次到来することとなる。担保手形の枚数も多いため、銀行は、担保手形の満期が到来する毎に逐次これを取り立てていかねばならない。そして、銀行としては、まだ貸付金債権や徴求した単名手形の手形債権が弁済期に達していないにもかかわらず、取立代り金を貸付金債権の弁済に充当することもできれば[31]、当該取立代り金を担保として保管し、随意の時期にその弁済に充当することもできるよう[32]、実務上、商業手形担保差入証または商業手形担保約定書に特約を設けている。

　実際には、取引先名義の別段預金口座を開設し、担保手形の取立ての都度、取立代り金をこの口座に入金・留保しておいて、一定金額に達したとき、または一定期間毎に、貸付金債権の弁済に充当するという実務が執られることが多い。通常の譲渡担保の理論においては、貸付金債権の弁済期の到来前に取り立てた担保手形の代り金は、弁済期の到来後にこれに充当することになるが、この点で、商業手形担保貸付けは、手形を担保として徴求すると同時に、当該手形が貸付金債権の支払手段にもなっているという特殊性がある[33]。

　なお、上の別段預金は、形式上は取引先名義となっているが、その実質は、譲渡担保に供された担保手形に代わるものであるから、取引先の債権者がこれを差し押さえることは許されない（東京高判昭和37年（1962年）9月20日下民集13巻9号1912頁）。もっとも、別段預金残高が貸付金債権額（被担保債権額）を超過すれば、超過部分については、通常の預金債権として、差押えの効力が及ぶと解されている[34]。

2-3-4 銀行の有する権利行使の順序

　商業手形担保貸付けに際し、銀行の有する権利は、①貸付金債権、②

---

[31]　河本・正亀・注(1)前掲247頁。
[32]　木内・注(3)前掲271頁。
[33]　河本・正亀・注(1)前掲248頁。
[34]　木内・注(3)前掲272頁脚注(1)。

差し入れられた単名手形上の権利、③担保手形上の権利、とがある。この貸付けは、先に述べたように、元来が手形割引の代わりに商業手形を担保とするものであるから、上記のうち、③の権利のうちの手形の主債務者に対する権利を最初に行使すべきである[35]。これが不渡りとなった場合には、裏書人に対する遡求権の行使も可能であるが、商業手形担保約定書中の特約により、対象担保手形の手形金額を借主から徴求することができる。実質上、手形割引における買戻請求権（第4帖・下の巻第10章3－4）に対応する特約である。

　②または①を行使する場合には、原則として、担保手形を借主に返還すべきであるが、担保手形もまた、手形割引対象手形と同様、特約によるとめおき権（第4帖・下の巻第10章3－5(イ)）の効力が及ぶものと思われる。

◆ 2－4　証書貸付け

　「証書貸付け」というは、貸付けにあたり、証拠として借用証書を徴して行うものをいう。証書貸付けは、普通銀行の取引としては、比較的少なく、地方公共団体に対する融資とか、企業に対する設備資金・滞貨整理資金など、通常1年以上の長期貸付けについて行われることがあるにすぎない[36]。

　借用証書が公正証書として作成され、これに借主が直ちに強制執行に服する旨の陳述が記載されているものは、当該証書自体が、執行証書として、強制執行のための債務名義となる（民執22⑤）。

　債務名義たる効力を有する公正証書が作成され、取引先（または保証人・物上保証人）から実行可能な人的・物的担保の提供を受けた時点で、銀行に貸付金交付義務が生じると観察するのが当事者の意思に適うであろう。すなわち、この段階に達した時点で、銀行と取引先との間に、要物的消費貸借の予約または諾成的消費貸借契約が成立したものと構成しうる[37]。

---

(35)　同前、河本：正亀・注(1)前掲248頁。
(36)　西原・注(2)前掲154頁。
(37)　木内・注(3)前掲255頁。

第5帖 「商」の資金調達

本章の中心主題は、短期資金の調達であるから、証書貸付に係るこれ以上の解説は、民法に委ねる。

◆ 2-5 当座貸越し

2-5-1 意 義

「当座貸越し」というは、取引先が振り出した約束手形または小切手もしくは引き受けた為替手形につき、その当座預金残高を超えて（当座預金残高がマイナスとなっても）、一定限度額までこれらを支払うという形態をもってなされる貸付けのことである。

当座貸越しは、当座勘定取引契約に附随してなされる取引であり、本来の支払資金である当座預金残高を超えて支払資金を貸し付けるという意味で、「貸越し」という用語が用いられる[38]。

したがって、当座貸越しに係る記述は、企業の資金調達のひとつの側面を述べるとともに、第4帖・下の巻第7章の補足説明でもある。

2-5-2 方 法

当座貸越しにおいては、銀行と取引先との間で、貸越極度額が定められる。取引先（約束手形の振出人等）は、この範囲内で、必要に応じて随時銀行からの信用供与を受けることができる。また、資金に余裕ができれば、当座預金口座に入金することにより、貸越額を減らすことが可能であるから、利息は、実際に貸越しとなった部分につき、その日数相当額を支払えばよいこととなり、取引先には無駄がなく便宜である[39]。他方、銀行にとっては、絶えず変動する貸越額の利息計算が煩雑であり（この点は、今日にあっては、コンピュータ技術の発達により無視してよい）、かつ、利息が後取りであるから、他の与信形態に比して旨みが少ない。また、極度額に至るまで予測の困難な支払資金を常に準備しおく必要がある。このため、このような取引を銀行が敬遠し、あまり積極的に行われているといえないのが、わが国における実情である[40]。

---

(38) 同前273頁。
(39) 河本：正亀・注(1)前掲271頁。
(40) 田中（誠）・注(16)前掲211-212頁参照。

252

2-5-3 法 的 性 質

　当座貸越しの法的性質については、議論が分かれる。主たるものを挙げれば、まず①消費貸借の予約と解するものがある。すなわち、当座貸越契約の締結により、消費貸借の予約が成立し、貸越しの実行により消費貸借が成立するとの見解がある[41]。古い時代の下級審裁判例にこの見解を採るものがある（東京控判明治44年（1911年）6月2日最近判例9巻41頁）。次いで、②当座貸越契約は、当座勘定契約上の銀行の負担する委任事務の範囲を貸越極度額まで拡張するものに他ならないと解するもの[42]がある。また、③信用供与を目的とする無名契約とする見解があり[43]、④手形・小切手支払いに関する委任契約と、超過額の支払いを停止条件として、委任契約に基づく求償権を消費貸借の目的とする準消費貸借とを含む独自の契約と解する説[44]がある。

　④は、当座貸越しを実行した銀行がその額の求償権を取得するという点で②と共通性を持つが、この求償権を消費貸借の目的とする契約であるとする点で異なる[45]。④を首唱したのは田中誠二であるが、西原寛一もこれを支持する[46]。②を妥当と考えるのが河本一郎である[47]。

　元来、②は実務家から提示された考え方であるが、当座勘定取引の付随的約定からなされる当座貸越しの現象面を捉えれば、素直な見方といえなくもないが、当座預金残高を超える支払いも委任事務処理費用の支払いということになり、これと差引計算すべき当座預金が無いから、銀行の取引先に対する求償権およびその利息（民650Ⅰ、商513Ⅱ）がそのまま債権として残ると構成することになろう。しかし、そのような委任契約上の求償権をもってその本体として理解することは、当座貸越しの経

---

[41]　加藤一郎監修：吉原省三編『現代銀行取引法』（金融財政事情研究会・1987年）326頁。

[42]　中川善之助：兼子一監修『実務法律大系3 貸付取引』（青林書院新社・1973年）152、154頁〔小島一郎〕。

[43]　鈴木竹雄編『当座預金（銀行取引法セミナー1）』（有斐閣・1962年）59頁。

[44]　田中（誠）・注(16)前掲213頁。

[45]　河本：正亀・注(1)前掲273頁。

[46]　西原・注(2)前掲155頁参照。

[47]　河本：正亀・注(1)前掲273頁。

済的な実質に相応しているとはいえない[48]。それゆえ、④の考え方が生じたのであろうが、小切手の支払いによって求償権が発生するのを待ってはじめて準消費貸借の効力が生じるとするのでは、提示の時にすでに銀行に振出人の処分しうる資金がなければならないとする小切手法の要求と相容れない[49]。

小切手の提示の時に資金が存するとの要求を満たすには、極度額の範囲内で、銀行による貸付金の交付義務が、提示証券額によって具体化するとの構成によればよい。消費貸借の予約は、必ずしも個別的になされなくとも差し支えなく、包括的なものも考えられてよい[50]。そうであるとすれば、この構成を採るには、当座貸越しをもって、包括的な消費貸借の予約と考えればよい。消費貸借の予約とは、貸主たるべきものが金銭またはその他の物を交付し、借主たるべきものがこれを受領し、その授受によって消費貸借を成立させる義務を当事者に負わせるものであるから[51]、当座貸越契約をもって、包括的消費貸借の予約と考えるのが、最も法的な抵抗感が少ない構成であろう。

2-5-4 効力その他

当座貸越契約においては、銀行は、合意された極度額までは、取引先が振り出しまたは引き受けた手形および振出小切手の提示に際し、支払いをなすべき義務を負う。経理上の処理をなせば事は済むことになり、融資の回収もまた、当座預金口座への取引先による入金がすなわち回収となる。つまり入金の範囲内で貸付債権残高の減少を来たす。

当座貸越契約は、解約の告知によって終了するが、終了の時期について別段の定めがないときは、解約告知の到達をもって終了する[52]。なお、当座貸越契約は、当座勘定契約の従たる契約であるから、主たる契約が終了すれば、当然にこれも終了する。

---

[48] 木内・注(3)前掲274頁。
[49] 同前。
[50] 来栖三郎『契約法』（有斐閣・1974年）256頁参照。
[51] 同前。
[52] 西原・注(2)前掲156頁。

第2章 株式会社の資金調達序論

●1● 緒言──資金調達の主役「株式」「新株予約権」「社債」

　本通論においては、すでに随所で、上の表題に掲げた「株式」、「新株予約権」および「社債」という単語を用いている。とくに株式に関しては、第1帖第5章でその概念について詳細に説明をし、授権資本制度についても簡略な説明は済ませている（第2帖第3章4-1-2-3⑥など参照）。さらには、募集株式の発行等という用語についても、浅くではあるが、言及を済ませている（第3帖第2章5-5-2など）。それゆえ、株式が、会社の資金調達の主役を担うものであるとのイメージは、ある程度は抱いて貰えているのではないかと思う。株式を利用する資金調達については、次章で述べたいと思う。

　そこで、本章においては、残りの2つ、すなわち、「新株予約権」と「社債」との大凡の概念を説明するところから筆を起こしたいと考える。まず、新株予約権の概念の説明を試みる。

●2● 新株予約権の概念

◆2-1　意　義

　会社法2条21号によれば、「新株予約権」というは、「株式会社に対して行使することにより当該株式会社の株式の交付を受けることができる権利をいう」と定義されている。他方、平成17年(2005年)改正前商法280条ノ19第1項によれば、「新株予約権トハ之ヲ有スル者（以下新株予約権者ト称ス）ガ会社ニ対シ之ヲ行使シタルトキニ会社ガ新株予約権者ニ対シ新株ヲ発行シ又ハ之ニ代ヘテ会社ノ有スル自己ノ株式ヲ移転スル義務ヲ負フモノヲ謂フ」と定められていた。

第 5 帖　「商」の資金調達

現行会社法も商法旧規定も、その実質において変わらない。ただし、現行会社法は、商法旧規定と異なり、「株式の交付」という新しい概念で新株発行と自己株式の移転との両者を包含する用語を用いている。これは、募集株式の発行等の手続に、「その発行する株式又はその処分する自己株式を引き受ける者の募集をしようとするとき」を含めていること（会199Ⅰ柱書参照）に対応するものである[1]。

◆ 2-2 沿　革
2-2-1　平成13年（2001年）法律第128号改正・改正法律案要綱中間試案　―
「新株予約権」なる単語が、商法（会社法）中に初めて登場したのは、さほど古いことではない。新株予約権は、平成13年（2001年）法律第128号改正をもって、その端緒を開いたのであるから、法律用語としてのデビューは、21世紀に入ってからのことである。

この時の改正は、昭和56年（1981年）以降に順次計画的になされた、いわゆる会社法根本改正計画が一段落した（平成12年（2000年）商法改正による会社分割制度の創設）その直後、平成12年12月9日より、法制審議会商法部会（平成13年（2001年）1月から会社法部会）が、法務大臣の指示等を踏まえて、更なる会社法制の大幅な見直しに向けて審議を開始した案件の、その一部前倒しとして位置づけられるものである。ちなみに、平成12年（2000年）9月6日に開催された当時の法制審議会商法部会が検討課題として掲げたものは、①企業統治の実効性の確保、②高度情報化社会への対応、③企業の資金調達手段の改善、④企業活動の国際化への対応、の4観点であった[2]。

平成13年（2001年）1月12日、法務大臣が上記4観点から、改めて法制審議会に対する諮問を行ったので（平成13年法務大臣諮問第47号）、会社法部会は、これまでの審議を継続することとなった。そして、同年4月18日、法務省民事局参事官室から「商法等の一部を改正する法律案要綱中

---

[1]　江頭憲治郎：門口正人編集代表『会社法大系2』（青林書院・2008年）269頁〔内藤良祐〕。
[2]　浜田道代「会社立法の歴史的変遷」中央経済社編『新「会社法」詳解』（中央経済社・2005年）23頁。

間試案」が公表され、同年5月末日を回答期限とするパブリック・コメント手続に付されたのである。

中間試案は、「株式関係（第1ないし第8）」、「会社の機関関係（第9ないし第19）」、「会社の計算・開示関係（第20ないし第22）」および「その他（第23ないし第28）」から成っていた。しかし、中間試案の中には、「新株予約権」という単語は、未だ用いられていなかった。

今日の新株予約権へと連なる改正の具体的内容は、中間試案の株式関係の第5において、「新株引受権の発行」と題され、この部分で制度改革が記されていた。中間試案の段階では、「新株引受権」という、20世紀の会社法用語として馴染みの深い単語が用いられていたのである。ただし、上の表題には注が付され、「「新株引受権」という名称についてはなお検討する（例：「株式取得請求権」）」との付記がなされていた。

2-2-2 新株引受権

2-2-2-1 意　義

「新株引受権」とは、元来は、一般的説明としては、新株の発行[3]の場合に優先的に株式を引き受ける権利のことであった。かつては、株主に対して与えられるものと、第三者に対して与えられるものとがあった。今日の会社法上の新株予約権は、従来の新株引受権が果たしていた機能をも果たしている。したがって、まずは、平成13年（2001年）法律第128号改正前のこの制度を整理しておきたい。

2-2-2-2 株主の新株引受権

「株主の新株引受権」とは、株主がその持株数に応じて新株を優先的に引き受ける権利であり、株主にこの権利を付与してなす新株発行を「株主割当てによる新株発行」といった[4]。

新株が発行されると、会社の発行済株式総数が増加するため、会社の支配、純資産および収益に対する旧株1株当たりの割合的地位が低下する。しかし、旧株主が新株引受権を与えられれば、旧株主は、旧株について生じた不利益を新株の引受けによって塡補することができる。株主

---
[3] 商法会社編時代に用いられた語で、会社成立後、会社が発行する株式総数（授権資本）のうち、未発行部分について新たに株式を発行する意で用いられていた。
[4] 北澤正啓『会社法（第6版）』（青林書院・2001年）493頁。

第 5 帖　「商」の資金調達

の新株引受権は、旧株主にその割合的地位の維持を可能ならしめ、これを保護する機能を有している。しかし、他方、株主の新株引受権は、新株の発行による資金調達の機動性を阻害するおそれがある。そこで、法律上、株主が新株引受権を有するのを原則とすべきか、有しないのを原則とすべきかは、立法政策の問題であった[5]。

　授権資本制度を採用した昭和25年(1950年)商法改正の際には、旧株主の保護と資金調達の機動性との利害得失を考量して、株主の新株引受権の有無を法律で明定せず、各会社が、原始定款または定款変更の決議において、「会社ガ発行スル株式ノ総数ニ付株主ニ対スル新株ノ引受権ノ有無又ハ制限ニ関スル事項」または「株主ニ対シ新株ノ引受権ヲ与ヘ、制限シ又ハ排除スル旨」を定めるべきものとした（昭和25年(1950年)改正後商166Ⅰ⑤、347Ⅱ）。しかし、この要件を満たす定款の記載方法につき、実務の混乱を招く結果となってしまった。

　そこで、昭和30年(1955年)改正法では、株主が新株引受権を有しないのを原則とし、「新株ノ引受権ヲ与フベキ者」につき、定款に定めのないときは、新株発行決議で定めることとした（昭和30年(1955年)改正後商280ノ2Ⅰ⑤。この時、同年改正前商166Ⅰ⑤、347Ⅱは削除されている）。昭和41年(1966年)改正により、「新株ノ引受権ヲ与フベキ者」との文言は、「株主ニ新株ノ引受権ヲ与フル旨」に変更された（昭和41年(1966年)改正後商280ノ2Ⅰ⑤）。

　その後、平成2年(1990年)改正商法は、定款で株式譲渡制限をした会社の場合には、その株主につき、原則として新株引受権を有するものとし、ただ、総会の特別決議により、これを排除することができるものとした（平成2年(1990年)改正後商280ノ5ノ2）。

　したがって、商法会社編時代には、定款に株式譲渡制限の定めのある会社を除き、株主は、商法上、新株引受権を保障されず、その有無は、新株発行に関する取締役会決議に委ねられていたことになる。ただし、定款をもって株主に新株引受権を与えることは認められていた。なお、平成13年(2001年)法律第79号改正により、商法220条ノ3が追加され、

---

(5)　同前493-494頁。

258

定款上、株主に新株引受権を与える場合であっても、端株主にはこれを与えない旨を定めることができるものとされた（平成13年（法79）改正後商220ノ3Ⅱ・Ⅰ④）。

2-2-2-3 第三者の新株引受権

昭和25年（1950年）の改正商法にあっては、定款で「特定ノ第三者ニ〔新株引受権〕ヲ与フルコトヲ定メタルトキ」に、取締役会がこれを付与できるものとしていた（昭和25年（1950年）改正後商166Ⅰ⑤、347Ⅱ）。しかし、第三者に新株引受権を与えると、株式の発行価額について有利な扱いをすることが認められるため（昭和25年（1950年）改正後商280ノ3ただし書）、旧株主の利益が害されるおそれがあった。

そこで昭和30年（1955年）改正商法は、「株主以外ノ者ニ新株ノ引受権ヲ与フルニハ定款ニ之ニ関スル定アルトキト雖モ……第343条ニ定ムル決議（株主総会の特別決議）アルコトヲ要ス」と定め、「此ノ場合ニ於テハ取締役ハ株主総会ニ於テ株主以外ノ者ニ新株ノ引受権ヲ与フルコトヲ必要トスル理由ヲ開示スルコトヲ要ス」として、その手続を厳格化した（昭和30年（1955年）改正後商280ノ2Ⅱ。先に述べたように、同年改正前商166Ⅰ⑤、347Ⅱはこの時に削除された）。

しかし、新株の発行にあたって既存の株主の利益に対する配慮という観点から考えると、株主の議決権比率維持という利益を保障するためには、株主に新株引受権を与えて新株を発行するしかなく、したがって第三者に新株引受権を与えて新株を発行する場合だけでなく、公募の場合も含めて、株主に新株引受権を与えないで新株を発行する場合につき一般に株主総会の特別決議を要求しなければ、つじつまが合わない。さらに、経済的損失を蒙らないという利益を保障するためには、発行価額が時価であれば、第三者に新株引受権を与えて新株を発行する場合でも、既存の株主に経済的損失を蒙らせることはないので特別の手当てを要する理由はなく、他方、発行価額が時価より低ければ、公募の場合でも既存の株主に経済的損失を蒙らせるので特別の手当てが必要である。いずれにしても、一般的には、既存の株主の議決権比率維持の利益すなわち株主の新株引受権を保障しないことにした以上、その経済的損失を蒙らせるような新株の発行、つまりは株主以外の者に対し有利価額で新株を

発行する場合にのみ、特別の手当てをすれば必要にして十分であり、理論的に昭和30年(1955年)改正後商法280条ノ2第2項の説明は困難であった[6]。

それゆえ、昭和41年(1966年)改正商法は、商法280条ノ2第2項の「株主以外ノ者ニ新株引受権ヲ与フルニハ」との文言を、「株主以外ノ者ニ対シ特ニ有利ナル発行価額ヲ以テ新株ヲ発行スルニハ」と改め、第三者への有利発行の場合に、株主総会の特別決議を要するものとしたのである。

これにより、株主以外の特定の者に優先的に新株を割り当てる旨を、会社と当該第三者との間で事前に約定することは、株主総会の特別決議なしに可能となった。会社側の内部手続が、取締役会の承認を要すると解する否と、代表取締役限りで決しても良いと解すると否と、会社が上の契約に反しても、当該第三者には、新株発行差止めや新株発行の無効といった効力を生じないから、株主に新株引受権を与える場合とはまったく異なる。したがって、これ以降、「株主以外の者に対する新株引受権の付与」という概念は無用となった[7]と評価できる。

なお、定款で株式譲渡制限を定めた会社は、上述のように、平成2年(1990年)改正以降、原則として、新株引受権を有するものとされたが、株主以外の者に対し発行することをうべき株式の数および種類につき、株主総会の特別決議（平成17年(2005年)改正前商343）があれば、会社は第三者に新株を発行することができた（平成13年(2001年)(法79)改正後商280ノ5ノ2Ⅰ）。この場合でも、株主の利益を保護するため、第三者に対する新株の有利発行の場合に準じ、上の総会の招集通知には議案の要領を記載することを要し、しかも上の決議は、決議後最初に発行する新株で決議の日から6ヵ月以内に払込みをなすべきものについてのみ効力を有するものとされていた（平成13年(2001年)(法79)改正後商280ノ5ノ2Ⅱ）。

---

(6) 以上、前田庸『会社法入門(第10版)』（有斐閣・2005年）644-645頁参照。
(7) 江頭憲治郎『株式会社・有限会社法(第4版)』（有斐閣・2005年）596頁脚注(7)参照。

2-2-2-4 株主に対する新株引受権の付与——平成13年(2001年)法律第128号改正前当時の手続

　株主割当てによって新株を発行する場合には、新株発行決議（通常は、取締役会の決議）において、新株引受権の付与につき、次の事項を決定することを要した。

①株主に新株引受権を与える旨（平成13年(2001年)(法128) 改正前商280ノ2 Ⅰ⑤)

　株主は、定款に株式譲渡制限の定めのある会社の場合を除いて、商法上、新株引受権を有しないから、上以外の会社で株主に新株引受権を与えるには、新株発行決議においてその旨を定めることを要した。もっとも上以外の会社でも、定款で株主が新株引受権を有するものと定めている場合（平成17年(2001年)(法128) 改正前商280ノ2Ⅰ柱書本文）には、その定めに従うことを要し、新株発行決議において改めて、この旨を定める必要はない。しかし、商法または定款で定められた新株引受権は、いわば抽象的な新株引受権であり、次の諸事項を定めることによって、具体的な新株引受権を生じた[8]。

②引受権の目的たる株式の種類および数（平成13年(2001年)(法128) 改正前商280ノ2Ⅰ⑤）

　これは、平成13年(2001年)法律第128号改正前商法280条ノ2第1項1号（新株発行決議事項）の「新株ノ種類及数」の範囲内で決めなければならない。株主割当てのみによる新株発行の場合には、両者は一致する。新株引受権を有する株主は、その有する株式の数に応じて平等に新株の割当てを受ける権利を有する（平成17年(法128)改正前商280ノ4Ⅰ）から、株主の新株引受権の目的たる株式の数が決まれば、発行済株式総数とそれとの関係から割当比率（たとえば、旧株2株に対して新株1株）が決まるが、通常は、引受権の目的たる株式の数の他、割当比率をも明定していた[9]。

　上の割当比率と持株数のいかんによっては、新株引受権に1株に満たない端数を生じるが、1株の100分の1に満たない端数は、割当てをせ

---

[8]　以上、北澤・注(4)前掲496頁。
[9]　以上、同前。

ず切り捨ててよかった（平成13年（2001年）（法128）改正前商280ノ4Ⅱ前段）。定款で、端株につき異なる割合を定めた場合のその割合に満たない端数および1株に満たない端数を端株として記載・記録しない旨の定めがある場合の1株未満の端数についても同様であった（同年（法128）改正前商280ノ4Ⅱ後段、同前段かっこ書、280ノ2Ⅱ）。この切捨ては、会社の便宜のため、株主平等の原則を譲歩させる趣旨であった。結局、会社は、1株の100分の1の整数倍に当たる端数について新株引受権を有する者に対しては、新株の割当てをすることとなっていた。この方法は、株式の単位が大きい場合に適する方法であるが、平成13年（2001年）法律第79号改正は、1株の大きさの出資単位を撤廃し、端株制度の採否そのものを定款の定めに委ねてしまった（同年（法79）改正後商220Ⅱ後段、220の2Ⅰ本文）。それゆえ、先に述べたように、定款上、株主に新株引受権を与える場合にも端株主にはこれを与えない旨を定めることができるとしたのである（同年（法79）改正後商220ノ3Ⅱ・Ⅰ④）。

③株主の新株引受権の目的たる株式の発行価額（平成13年（2001年）（法128）改正前商280ノ2Ⅰ⑤）

株主の新株引受権は、株主がその持株数に応じて新株を優先的に引き受ける権利であるにとどまり、それ自体としては、発行価額その他の発行条件について有利な待遇を受けることを内容とするものではない[10]。しかし、株主割当てによる新株発行の際には、時価を基準とする制約を受けないから、事実上、有利な扱いを受けることが可能である。商法も、株主に対してとくに有利な発行価額で新株を発行することについては特別の規定を置かず（平成13年（2001年）（法128）改正前商280ノ2Ⅰ⑧・Ⅱ～Ⅳ対照）、また発行条件の均等性の要請（昭和41年（1966年）改正後商280ノ3）を株主の新株引受権の目的たる株式には適用しないものとしていた（平成13年（2001年）（法79）改正後商280ノ3ノ3Ⅰ）。よって、株主割当てと公募を並行して行う場合には、株主に有利な発行価額を定めることもできたのである。

④割当日（平成13年（2001年）（法128）改正前商280ノ4Ⅲ）

---

[10] 同前497頁。

株主割当てによる新株発行の場合には、会社は、一定の日を定め、その日において株主名簿に記載ある株主が新株引受権を有する旨を定めなければならない。この日を「割当日（割当期日）」といった。具体的な新株引受権は割当日当日の株主名簿上の株主に帰属する。割当日も、新株引受権の付与と不可分に結びついた事項として、新株発行決議において定めるべきものと解されていた[11]。割当日は、その日の2週間前に、もしその日が株主名簿の閉鎖期間中であれば（平成13年(2001年)(法128)改正前商224ノ3Ⅰ）、その閉鎖期間の初日の2週間前に、公告することを要した（同年（法128）改正前商280ノ4Ⅲ）。名義書換えが未了の者に、新株引受権を取得する機会を奪われないようするため、名義書換えを促す趣旨であった[12]。

2-2-2-5　新株引受権の行使——平成13年(2001年)法律第128号改正前当時の手続

　株主が新株引受権を有する場合においては、各株主に対し、その者が引受権を有する株式の種類および数、一定の期日（申込期日）までに株式の申込みをしないときはその権利を失うべき旨などを、期日の2週間前までに通知することを要した（平成13年(2001年)(法79)改正後商280ノ5Ⅰ・Ⅱ）。株主に権利の内容を知らしめ、その行使の機会を与えるとともに、株主の権利行使の意思を確認する趣旨であった。この通知には、新株の発行価額をも含むべきものとされていた[13]。

　株主が新株引受権を行使するには、上の通知に示された期日までに、会社に対し、株式の申込みをしなければならず、期日までに申込みをしないときは、株主は引受権を失うものとされていた（同年（法79）改正後商280ノ5Ⅲ）。

　新株引受権を有する株主が申込みをなすときも、他の場合と同様、株式申込証によることを要した。株式申込証は、一定の法定事項の記載をなして取締役が作成する（平成13年(2001年)(法128)改正前商280ノ6）。申込人は、これに引き受けるべき株式の種類・数および住所などの法定事項

---

[11]　同前498頁参照。
[12]　同前。
[13]　同前499頁参照。

第5帖　「商」の資金調達

を記載し、署名しなければならない（同年（法128）改正前商280ノ14Ⅰ→175Ⅰ・Ⅲ）。新株引受権を有する株主が株式の申込みをなすと、これによって当然に株式引受けの効力を生じた[14]。そして、払込期日に、各株式につきその発行価額の全額を払い込むという流れになったわけである（同年（法79）改正後商280ノ7）。

2-2-2-6　新株引受権の譲渡——平成13年（2001年）法律第128号
改正前当時の手続

　新株引受権を有する株主は、これを行使して、株式の申込み・払込みをすることができるが、自ら払込みのための資金を持たなければ、新株を取得することができず、また有利発行による差益をも失うことになる。しかし、株主が、新株引受権を（有償）譲渡できるなら、少なくとも、経済的利益は失うことがない。

　昭和41年（1966年）の改正商法280条ノ2第1項6号は、定款に別段の定めがないときは、新株発行事項に係る取締役会決議において、株主の新株引受権を譲渡しうると定めることができるとした。定款で、これを譲渡しうると定めても差し支えなかった。つまり、定款または新株発行決議で、株主に新株引受権を与えながら、これを譲渡しうる旨を定めても定めなくてもよかったのである。北澤正啓によれば、譲渡しうる旨の定めがないときは、その譲渡は、会社の承諾がなければ会社に対抗しえないものと解すべきであるとされていた[15]。他方、定款または新株発行決議で、新株引受権を譲渡しえない旨をとくに定めた場合には、新株引受権は譲渡性を有しないとされた。

　同じく昭和41年（1966年）の改正商法280条ノ6ノ3が、会社が譲渡しうる場合を定めたときの、新株引受権の譲渡方法に関する規定として設けられた。同条1項によれば、新株引受権の譲渡は、新株引受権証書を交付することによって行われることとされた。会社が定款または新株発行決議で、新株引受権を譲渡しうる旨を定めた場合には、会社は、すべての株主に対し、申込期日の2週間前までに、新株引受権証書を発行してもよいし、定款または新株発行決議の中で、株主の請求があるときに

---

[14]　同前500頁。
[15]　同前504頁。

限り新株引受権証書を発行すべきことおよびその請求期間の定めをなすこともできた（昭和41年(1966年)改正後商280ノ2Ⅰ⑦、280ノ6ノ2Ⅰ）。

新株引受権証書は、新株引受権を表章する有価証券である。要式証券であり、①新株引受権証書なる旨の表示、②株式申込証に掲げる事項、③新株の引受権の目的たる株式の種類および数、④申込期日までに新株の申込みをしないときはその権利を失う旨、を記載し、番号をも記載のうえ、取締役が署名することを要するものとされた（平成13年(2001年)(法128)改正前商280ノ6ノ2Ⅱ）。有価証券としては、無記名証券に属する。この証書の占有者は適法の所持人と推定され、善意取得も認められた（昭和41年(1966年)改正後商280ノ6ノ3Ⅱ）。

新株引受権証書が発行された場合には、株式の申込みは、この証書によってなされる（昭和41年(1966年)改正後商280ノ6ノ4Ⅰ前段）。株式申込人は、この証書に株式申込証と同一の法定事項を記載のうえ、署名しなければならない（同年改正後商280ノ6ノ4Ⅰ後段、175Ⅰ・Ⅲ）。この証書を喪失した者は、会社から株式申込証の交付を受けて、それによって株式の申込みをするという便法が認められた（同年改正後商280ノ6ノ4Ⅱ本文）。権利行使の申込期日との関係で、当時の除権判決を得る余裕がないためである。しかし、この申込みと新株引受権証書による申込みが重複するときは、新株引受権証書による申込みが優先し、株式申込証による申込みは効力を失うものとされた（同年改正後商280ノ6ノ4Ⅱただし書）。

2-2-2-7 転換社債および新株引受権附社債

(ア) 転換社債

(1) 平成13年(2001年)法律第128号改正前の商法は、会社が転換社債を発行できる旨を明定していた（平成13年(2001年)(法128)改正前商341ノ6Ⅰ）。「転換社債」というは、社債の発行会社の株式に転換する権利（転換権）を与えられている社債のことである。転換社債の社債権者は、会社の業績に不安があれば社債権者としての安全な地位にとどまり、業績が好転すれば転換権を行使して株主となることができる。したがって、転換社債は、社債であると同時に潜在的株式でもあり、社債の確実性と株式の投機性を併用する両者の中間形態である[16]といえた。アメリカの制度に倣い、昭和13年(1938年)商法改正時に導入されたものである。

第5帖 「商」の資金調達

「convertible bond」、略称ＣＢと呼ばれるものがこれである。

(2) 転換社債の発行は、潜在的株式の発行すなわち株式の事前発行の意味を持つから、「新株の発行と同様の視点に立って[17]」既存の株主を保護するための規整を必要とした。

転換社債の発行事項は、定款に別段の定め（株主総会決議によるとの定め）がない限り、原則として、取締役会の決議によって決定する（平成13年(2001年)(法128) 改正前商341ノ2Ⅱ柱書）。定めるべき発行事項は、①転換社債の総額、②転換の条件、③転換によって発行すべき株式の内容、④転換を請求しうる期間、⑤転換によって発行すべき株式の発行価額中資本に組み入れない額、⑥株主に転換社債の引受権を与えるならばその旨および引受権の目的となる転換社債の額、⑦株主以外の者に有利発行をするならばその場合の転換社債の額、であった（同年（法128）改正前商341ノ2Ⅱ各号）。

(3) 転換社債権者は、転換権を行使する権利を取得するから、このような潜在的な株式の性格を持つ社債の発行から発行時における株主を保護するためには、転換社債発行の際に、新株発行から旧株主を保護するための規整と同様の規整を設けておく必要がある。転換価額を低くおさえた転換社債を公募により発行し、社債権者が即時にこれを転換できれば、第三者に対するとくに有利な価額による新株発行によって旧株主が不利益を受けるのと同様の構図が完成するからである。

それゆえ商法は、株主以外の者に対し、とくに有利な転換の条件を付した転換社債を発行するには、定款にこれに関する定めがあるときであっても、その者に対し発行することをうべき転換社債の額、発行価額、転換の条件、転換により発行すべき株式の内容および転換を請求できる期間につき、株主総会の特別決議を要するものとしていた（平成13年(2001年)(法128) 改正前商341ノ2Ⅲ）。この歯止めは、昭和49年(1974年)商法改正時に設けられたものである。

(4) 転換を請求する者は、転換請求書に債券を添付してこれを会社に提出することにより、これを行う（平成13年(2001年)改正前商341ノ5Ⅰ）。

---

(16) 同前653頁。
(17) 関俊彦『新版会社法概論(新版)』（商事法務研究会・2013年）479頁。

転換請求書には、転換しようとする社債を表示し、請求の年月日を記載のうえ、これに署名しなければならない（同年改正前商341ノ5Ⅱ）。転換権は形成権であり、社債権者の一方的意思表示により、社債は株式に転換される。

(5)　転換社債の発行は、潜在的な株式の発行であるから、商法には、新株発行の場合と同じ理論で株主の保護を図る規定が列挙されていた。つまり、商法は、転換社債の発行に際し、新株の発行と同様の規整をしていた[18]。

株主に不意打ちで転換社債を発行すると、株主は、違法な発行を阻止したり（平成13年（2001年）（法128）改正前商341ノ7Ⅰ→280ノ10）、転換社債の発行を前提にした上での投資判断をする機会を失うから[19]、転換社債を発行するときは、会社は、遅くとも転換社債の割当ての2週間前までに、転換社債の総額、発行価額、転換条件、転換によって発行する株式の内容、転換請求期間、募集方法を公告し、または株主に通知することを要した（平成13年（2001年）（法128）改正前商341ノ2ノ2）。ただし、株主に転換社債の引受権を付与した場合、総会で有利発行を決議した転換社債の発行の場合等には、公告または通知が不要であった（同年（法128）改正前商341ノ2ノ3）。

(6)　定款で株式譲渡制限を定めている会社にあっては、株主総会の特別決議で排除されない限り、株主は当然に転換社債の引受権を有した（同年（法128）改正前商341ノ2ノ6）。

(イ)　新株引受権附社債

(1)　平成13年（2001年）法律第128号改正前の商法は、会社が新株引受権附社債を発行することができることを明定していた（平成13年（2001年）（法128）改正前商341ノ8Ⅰ）。「新株引受権附社債」というは、社債の発行会社の新株を引き受ける権利を与えられている社債である。新株引受権附社債の社債権者は、欲すれば、社債権者としての安全な地位にとどまると同時に、所定の期間内に所定の価額で新株を引き受けて株主となることができる。このように、新株引受権附社債は、社債の確実性と株式

---

[18]　同前482頁参照。
[19]　同前。

第5帖 「商」の資金調達

の投機性を併有する両者の中間形態である[20]といえた。昭和56年(1981年)の商法改正によって認められたものである。実務上、「ワラント債(bonds with warrants)」と称されるものがこれである。

新株引受権附社債は、上の効用の点で転換社債と共通しているが、転換社債の場合には、社債権者が転換権を行使すれば、その者は、社債を失って株主になるのに対し、新株引受権附社債の場合には、社債権者が新株引受権を行使しても、その者は、社債を失わず社債権者であるとともに株主となるのである[21]。

(2) 新株引受権附社債の規整は、ほぼ転換社債の場合に準じていた（平成13年(2001年)（法128）改正前商341ノ8以下）。しかし、たとえば、新株引受権を社債から分離独立して譲渡することができる分離型のものと、そうでない非分離型の区別があること、および、分離型を発行する場合には原則として総会の特別決議を要すること（同年（法128）改正前商341ノ8Ⅳ）が転換社債と異なっていた[22]。

会社が分離型の新株引受権附社債を発行する場合（平成13年(2001年)（法128）改正前商341ノ8Ⅱ⑤）には、債権を表章する債券とともに、新株引受権を表章する新株引受権証書（ワラント）を発行することを要する（同年（法128）改正前商341ノ13Ⅰ）。新株引受権証書は要式証券であり、法定事項および番号を記載し、取締役がこれに署名することを要した（同年（法128）改正前商341ノ13Ⅱ）。新株引受権の譲渡は、新株引受権証書の交付によってなされる（同年（法128）改正前商341ノ14Ⅰ）。

非分離型新株引受権附社債の場合には、債券に新株引受権を表示のうえ、社債と一体としてのみ新株引受権を譲渡することができた。

分離型新株引受権附社債を発行するには、たとえ定款にこれに関する定めがあっても、新株引受権附社債の総額、新株引受権の行使によって発行する株式の発行価額の総額および新株引受権を行使できる期間につき、原則として、株主総会の特別決議を要した（平成13年(2001年)（法128）改正前商341ノ8Ⅳ本文）。ただし、分離型であっても、まだ行使されてい

---

(20) 以上、北澤・注(4)前掲660頁。
(21) 同前。
(22) 関・注(17)前掲484頁。

ない新株引受権の行使によって発行すべき株式の発行価額の総額が、残存する新株引受権附社債の総額を超えないときに限って償還および消却をなすものの発行については、総会の特別決議を要しないものとされていた（同年（法128）改正前商341ノ8Ⅳただし書）。

(3) 転換社債の場合には、新株発行総額は当然に社債総額が限度となるが、新株引受権附社債の場合には、理論的には、各社債権者が引き受けることができる株式の発行価額の合計額は、社債権者が引き受けることができる株式数を多く設定することによって無限に多額に定めることができる[23]（新株を引き受ける社債権者の払込金が高額になるだけである）。しかし、それでは社債と新株引受権を結びつけた意味が薄れるので、商法は、各新株権附社債の引受権の行使によって発行する株式の発行価額の合計額は、各新株引受権附社債の金額を超えることができない（平成13年(2001年)（法128）改正前商341ノ8Ⅲ）と定めて、発行価額が社債総額よりも多額になるような新株発行がなされることを政策的に防止していた[24]。

(4) 新株引受権附社債権者は、形成権たる新株引受権を行使しうるから、いわば潜在的な株式の性格を持つ社債の発行から既存の株主を保護するため、新株引受権附社債の発行の際に、新株の発行から旧株主を保護するための規整と同様の規整を設ける必要があった[25]。

すなわち、株主以外の者に対し、とくに有利な内容の新株引受権を付した新株引受権附社債を発行するには、定款にこれに関する定めがあろうとも、その者に対して発行することをうべき新株引受権附社債の額、発行価額、新株引受権の内容および新株引受権を行使できる期間につき、株主総会の特別決議を要するものとしていた（平成13年(2001年)（法128）改正前商341ノ8Ⅴ）。

2-2-2-8 取締役・使用人に対する新株引受権の付与

(ア) 平成9年(1997年)の議員立法による商法改正により、わが商法中に初めてストック・オプション制度が導入された（同年法律第56号）。改

---

[23] 同前485頁。
[24] 同前。
[25] 同前486頁参照。

めて、「ストック・オプション」というは、あらかじめ定めた価額で会社から株式を取得する権利のことであり、普及はしなかったが、「自社株購入権」または「株式買受権」といった訳語を宛てられた。周知のように、これは、業績連動型インセンティブ報酬の類型のひとつである。平成6年(1994年)商法改正に際し、経済界から導入の強い希望があったが、時期尚早として見送られた経緯があった。

(イ) 平成9年(1997年)の立法当初、ストック・オプションは、自己株式方式と新株引受権方式（ワラント方式）とが認められており、前者は、平成9年法律第59号改正後商法210条ノ2に規定が設けられ、後者は、当時の商法会社編の「新株ノ発行」の節の後ろに、「取締役又ハ使用人ニ対スル新株ノ引受権ノ付与」という節を新設の上、商法280条ノ19以下に規定が設けられた。しかし、平成13年(2001年)法律第79号改正により、自己株式取得規制の撤廃に関連して、自己株式の処分に新株の発行に準ずる手続が必要とされたことで（同年（法79）改正後商211）、自己株式取得方式のストック・オプションの実施が困難となり、同年法律第79号改正は、それまでの商法210条ノ2を削除した。

(ウ) 新株引受権方式によるストック・オプションの要諦は、以下のようなものであった。

会社は、定款に定めのある場合に限り、正当な事由があるときに、取締役または使用人に新株引受権を与えることができた（平成13年(2001年)（法128）改正前商280ノ19Ⅰ）。これらの者に新株引受権を付与するには、定款にこれに関する定めがあろうとも、個々の場合に、新株引受権を与える取締役または使用人の氏名、その者に与える新株引受権の目的たる株式の種類、数、発行価額、および新株引受権を行使できる期間・行使の条件につき、総会の特別決議を要した（同年（法128）改正前商280ノ19Ⅱ前段）。この場合には、取締役は、取締役・使用人に新株引受権を与えることを必要とする理由を開示する必要があった（同年（法128）改正前商280ノ19Ⅱ後段）。

上の決議によって定めるストック・オプションの目的たる株式の総数は、その決議より前になされた決議によって定めた新株引受権の目的たる株式のうち未発行分の数と併せて、発行済株式総数の10分の1を超え

てはならなかった（平成13年(2001年)(法128)改正前商280ノ19Ⅲ）。

　取締役・使用人に対する新株引受権付与の決議は、決議後1年以内に与える新株引受権についてのみ効力を有し（同年（法128）改正前商280ノ19Ⅴ）、新株引受権の行使期間の終期は、決議の日から10年以内でなければならない（同年（法128）改正前商280ノ19Ⅳ）。

　制度の趣旨から、この新株引受権を譲渡することは許されない（同年（法128）改正前商280ノ20）。

　この新株引受権の行使は、行使者が請求書を会社に提出し、新株の発行価額の全額を会社の定めた払込取扱銀行（または信託会社）において払い込むことによりなすものとされ（平成13年(2001年)(法128)改正前商280ノ22Ⅰ・Ⅱ）、その者は、上の払込みの時に株主となる（同年（法128）改正前商280ノ22Ⅲ）とされていた。

2-2-2-9 小　括

　平成13年(2001年)法律第128号改正前の商法中、「新株引受権」という用語が用いられていた商法の諸規定を、必要な範囲で、その要諦のみ挙げることを試みたが、同じく「新株引受権」とはいい条、この単語の中には、性質的に区別しうるような諸制度が、いわば混在していたともいえる。

　それでは、平成13年法律第128号改正の狙いは、那辺にあったのであろうか。

2-2-3　再び法律案要綱中間試案そして法律案要綱

　㈠　法務省民事局参事官室が平成13年(2001年)4月18日に公表した中間試案に付した解説を見るに、解説中、株式関係第3、1によれば、試案第5は、新株引受権の発行に関するものであるが、「全体的な構成としては、①ストック・オプションとして取締役等に与えられる場合及び②新株引受権付社債として与えられる場合の新株引受権は、会社が発行する株式を予め定めた価格で取得することができる権利として統一的に理解することができるので、これらの場合につき現在商法中に散在する規定を整理するものである」との方針が、まず示されている。そして、その構成としては、「新株引受権の発行についての一般規定を設けることとし、その中で非分離型の新株引受権付社債についての手当てをし、

ストック・オプションとして付与される場合の特則を規定する」ということにしたと説かれている[26]。

　具体的には、新株引受権付（附）社債につき、社債と新株引受権とを同時に発行するものと構成し、とくに、非分離型の場合についてはその旨の決議をなすべきこととし、かつての新株引受権付（附）社債に関する規定を削除するものとした。次いで、ストック・オプションにつき、取締役にインセンティブ型の報酬として与えられる場合の報酬規制の問題と一般的な新株引受権の付与または発行の問題とを分離し、ストック・オプション規整を取締役に対する報酬規整の問題と新株引受権の発行に関する規整の問題とに分けて規定を設ける、との方向が示されたのであった[27]。

　(イ)　この新たな「新株引受権の発行」制度は、パブリック・コメント手続においての各界意見では、おおむね賛成意見が寄せられた。ただ、本来的に新株引受権が株主権の内容となっているのを崩してよいとすることへの疑問も呈されていた[28]。

　(ウ)　パブリック・コメント手続の結果を踏まえ、法制審議会会社法部会は、平成13年（2001年）8月22日、「商法等の一部を改正する法律案要綱案」を決定した。法制審議会は、この要綱案を審議・了承の上、同年9月5日、法務大臣に対して、「商法等の一部を改正する法律案要綱」を答申したのであった。

　この法律案要綱第4の表題に、初めて「新株予約権」という単語が登場した。その内容は、基本的に、中間試案における「新株引受権の発行」の制度を承継するものであった。これが、平成13年（2001年）法律第128号改正へと進んだものである。

2-2-4　法律案要綱に示された新株予約権

　この時に導入された新株予約権の概念について最も適切な説明は、法

---

[26]　以上、法務省民事局参事官室「商法等の一部を改正する法律案要綱中間試案の解説」株式関係第3、1参照（商事法務1953号（2001年）9頁）。

[27]　同前参照。

[28]　原田晃治：始関正光他「会社法制の大幅な見直しに関する各界意見の分析（上）」商事法務1604号（2001年）15頁参照。

制審議会会社法制部会の部会長であった前田庸のそれである。これ以上の説明はない。以下、紙幅を割いて掲げる。

「要綱では、「新株予約権」の概念を導入している。それは、新株予約権者が会社に対してこれを行使したときに、会社が右の者に新株の発行の義務を負うものである。会社は、新株の発行に代えて会社がその有する自己株式を移転することもできる。新株の発行とは、法律的には、新株の発行を引き受けようとする者が株式引受の申込みをし、会社がこの者に新株の割当てをして右の申込みに対する承諾をすることによって成立する新株発行契約の性質を有する。そして、要綱で導入している新株予約権とは、右の契約を締結することを約束する予約の予約完結権としての性質を有するものである[29]。」

以上が新株予約権の意義の解説である。この当時には、「新株の発行」と「自己株式の処分」とは未だ区別されていた。

「現行法上、「新株ノ引受権」（280条ノ2第1項5号、280条ノ4、280条ノ5、280条ノ5ノ2）、「新株引受権証書」（280条ノ6ノ2から280条ノ6ノ4まで）、「取締役又ハ使用人ニ対スル新株ノ引受権ノ付与」（280条ノ19から280条ノ22）、「新株引受権付社債」（341条ノ8）等という用語が使われている。これらと、要綱で用いられている「新株予約権」の用語とを比較すると、新株予約権は、「取締役又ハ使用人ニ対スル新株ノ引受権ノ付与」として用いられている「新株ノ引受権」および「新株引受権付社債」として用いられている「新株引受権」に相当する。現行法上、等しく「新株の引受権」または「新株引受権」といわれているもののうち、①「取締役又ハ使用人ニ対スル新株ノ引受権ノ付与」および新株引受権付社債という場合のそれと、②それ以外のそれとでは、性質的に差異が存すると考えられる。②の新株引受権は、発行される新株を優先的に引き受ける権利であって、新株発行手続の一環としてなされるものであり、したがってその行使も新株発行と期間的に接近してなされる。これに対して、①の新株引受権は、新株の発行とは別に付与ないし発行され、その付与ないし発行を受けた者がその権利を行使することによって新株が発行され

---

[29] 前田庸「商法等の一部を改正する法律案要綱の解説（上）」商事法務1606号（2001年）12頁。

ることになるものであって、まさに新株発行契約の予約権としての性質を有するものである。

　要綱は、現行法の①と②とを区別して、①を新株予約権と呼ぶことにし、②については、「新株ノ引受権」または「新株引受権」の用語をそのまま用いている。中間試案の「新株引受権の発行」を要綱で「新株予約権の発行」と改めたのは、右の区別をするためである。したがって、現行法の「取締役又ハ使用人ニ対スル新株ノ引受権ノ付与」は、要綱では、……新株予約権の有利発行の類型として処理され、また現行法の新株引受権付社債は、要綱のもとでは「新株予約権付社債」と呼ばれることになる[30]」。

　本章2-2-2において、従来の「新株引受権」という用語の下で行われてきた諸制度について、くどい程の説明を続けたのは、上の前田の解説の理解への便宜のためであった。

　つまり、要綱で使用された「新株予約権」という概念は、会社が第三者に対し、同社株式のコール・オプション（call option）を付与する意で用いられていることが分かる。「コール・オプション」というは、「指定した証券や商品を、予め決められた価格（行使価格）で決められた期間（行使期間）に買う権利」との謂である。「権利」である以上、行使する義務はない。前田はこれを新株発行契約の予約権と捉えているが、むしろ形成権に属すると解されよう。上のようなコール・オプションは、本章2-2-2を参照すれば、平成13年（2001年）法律第128号改正前にあっては、ストック・オプション、転換社債の転換権または新株引受権附社債の新株引受権だけが、限られた形で認められていたことが理解できると思われる。

　前田の解説に戻ろう。

　「現行法のもとでは、①の新株引受権は、取締役または使用人に対してストック・オプションとして付与する場合または社債を発行して債務を負担する場合でなければ発行できないとされている。これに対して、要綱のもとでは、新株予約権は、ストック・オプションを付与する場合

---

[30]　同前。

に限られず一般的に発行することができ、また社債の発行とは別に単独で発行することが認められている。

　新株予約権は、ストック・オプションの付与のために発行できるほか、他の金融商品と結合することにより資金調達の手段の多様化等のために用いられるといわれている。また、融資を受ける条件を有利にするための発行も考えられる[31]。」

　結局、平成13年(2001年)法律128号改正は、会社が、オプション評価理論等により算定される公正な対価と引換えであれば、コール・オプションを自由に発行できるという新たな資金調達の途を拓いたのである[32]。この改正の背景には、一方で、ストック・オプションをもっと広い範囲の者に賦与したいという自由化の要求が実務界にあり、他方には、転換社債等の発行時におけるオプション価値評価の不透明性に対する批判が学界等にあった[33]ためであるとの見解が示されている。

2-2-5　平成13年(2001年)法律第128号改正法

　この改正により、新株予約権は、誰にでも（取締役・使用人等の限定がない）、当該権利自体を（社債に付す等の必要がない）付与することが認められるに至った[34]。それまでの転換社債・非分離型の新株引受権附社債は、新株予約権付社債と呼ばれることとなった。かくして、新株予約権および新株予約権付社債に係る規定が整備された。すなわち、平成13年(2001年)法律第128号改正後商法は、第2編第4章第3節ノ3の「取締役又ハ使用人ニ対スル新株ノ引受権ノ付与」という表題を変更して、「新株予約権」という節を設け、商法280条ノ19ないし同280条ノ39に至る規定を新設した。また、同編同章第5節（社債）第3款の表題を「転換社債」から「新株予約権付社債」に改め、第4款の「新株引受権附社債」を全廃して、第3款に統合のうえ、商法341条ノ2ないし同341条ノ15に至る規定を新設した。なお、分離型の新株予約権付社債は、会社が社債と新株予約権とを同時に募集し、両者を同時に割り当てるものであ

---

(31)　同前12-13頁。
(32)　江頭憲治郎『株式会社・有限会社法(第2版)』（有斐閣・2002年）542頁参照。
(33)　同前参照。
(34)　同前600頁。

り、社債の規定と新株予約権の規定が同時に適用されるものであると位置づけられるので[35]、特別の規定は設けられなかった。

　この時の改正においては、株主割当てによる新株発行、すなわち、株主に新株引受権を付与してなす新株の発行という概念は、保存された。いわゆる具体的新株引受権は、新株発行に際し、取締役会（または株主総会）の決議をもって株主に新株引受権を与える旨を定めた場合に、その決議に基づいて株主が取得する権利であって、新株の一定数につき優先的に割当てを受けることを内容とするものである。いずれにせよ、具体的新株引受権は一定数の新株の優先的割当てを受ける権利であって債権的権利の1種であると解するのが通説であった[36]。新株引受権を有する者が株式を引き受ける場合にも、申込みに対する割当てによって株式の引受けを生じるのであるから、債権的権利と解するのが妥当であると説かれてきたのである[37]。それゆえに、形成権たる新株予約権とは別異に考えられたので、あるいは、平成13年(2001年)改正は、こちらには手を着けなかったのではないかと推察される。

2-2-6 「新株引受権」という用語の廃棄

　平成17年(2005年)の会社法は、「募集株式の発行等」という新たな概念を立てた。それは、商法会社編時代の、①会社成立後の「新株ノ発行」（同年改正前商法第2編第4章第3節ノ2（商280ノ2〜280ノ18））と、②会社の処分する自己株式を引き受ける者の募集、という2つの概念を含むものである。会社成立後の新株の発行は、募集設立の手続における株式の発行に相当するものであるので、①「発行する株式を引き受ける者の募集」という表現が用いられ、また、会社が取得した自己株式を処分する行為については、商法会社編時代には、新株の発行に準ずるものとして、それに関する規定のほとんどが準用されていた（平成17年(2005年)改正前商211Ⅲ）が、会社法は、②処分する自己株式を引き受ける者の募集

---

[35]　前田庸「商法等の一部を改正する法律案要綱の解説（下）」商事法務1607号（2001年）75-76頁参照。

[36]　大隅健一郎：今井宏『会社法論中巻（第3版）』（有斐閣・1992年）582-583頁参照。

[37]　同前583頁参照。

を①と同列に取り扱うこととして、①および②を「募集株式の発行等」に含めることとした[38]。

これにともない、「新株引受権」という用語は、「募集株式の割当てを受ける権利」という用語に取って代わられた。会社法が、新株引受権という用語を用いない理由について、前田庸は、この用語（概念）を新株予約権と両立させる必要がないからであろうと説いている[39]。

ここまで延々と、商法会社編時代に、「新株引受権」という名称を冠され、この中に括り入れられていた諸制度を、一応すべて概観したわけであるが、結局、「新株予約権」は、従来の、新株引受権という名称が付されていた諸制度の中から、コール・オプション、すなわち形成権に属するものを抽出・分離して、1つの概念に纏め、しかもそれを会社の資金調達等（必ずしも資金調達だけがその目的ではない）のために一般化されたツールとして再編したものということができると思われる。それゆえに、分離後に残された「新株引受権」という用語は、必ずしも新株予約権と対峙させる必要がなくなり（これがおそらく、前田の文脈の意図であろう）、「募集株式の発行等」という概念が立てられたのを契機に、「募集株式の割当てを受ける権利」と言い換えられることになったものと思われる。

● 3 ● 社債の概念

◆ 3-1 意 義

会社法2条23号によれば、「社債」というは、「この法律の規定により会社が行う割当てにより発生する当該会社を債務者とする金銭債権であって、第676条8号に掲げる事項についての定めに従い償還されるものをいう。」と定義されている。会社法676条に掲げる事項とは、募集社債に関して定めなければならない事項のことである。商法会社編時代には、商法中に、とくに社債に係る定義規定は設けられていなかったが、平成17年（2005年）の会社法制定時に、上の定義規定が設けられた。

---

[38] 以上、前田庸『会社法入門(第11版補訂版)』（有斐閣・2008年）277頁参照。
[39] 同前290頁参照。

もっとも、上の定義規定から、誰しもが明瞭に社債概念を描き出せるわけではない。社債を厳密に定義づけることは、実際には、困難である。さしあたって、最も無難な表現は、「社債とは、通常は、公衆に対する起債によって生じた会社に対する多数に分割された債権であって、それについて通常有価証券（社債券）が発行されるものをいう[40]」というものであろう。

従来、社債は、株式会社のみが発行しうるものと解されてきた。事実、旧有限会社法には、旧有限会社に社債の発行を禁じる趣旨の条文が設けられていた（平成17年（2005年）改正前旧有59Ⅳ、60Ⅰただし書、64Ⅰただし書）。合名会社と合資会社は、従来、社債を発行しえないとされてきた。しかし、平成2年（1990年）の商法改正時に、株式会社に最低資本金制度が導入された際、同年改正商法附則は、資本金の額が1,000万円に満たない株式会社が、改正法施行後5年以内に限り、株主総会の決議により、合名会社または合資会社へ組織変更できる旨を定めていたが（同年改商附5Ⅱ）、社債の償還を済ませない株式会社であっても、かかる組織変更が可能であるかのごとき規定ぶりであった（同年改商附5Ⅳ、6Ⅳ参照）。ちなみに、商法会社編時代には、組織変更は、形態の類似する会社間、すなわち合名会社・合資会社間（平成17年改正前（2005年）商113Ⅰ、163前段）、および株式会社・旧有限会社間（旧有64Ⅰ本文、67Ⅰ）においてのみ認められ、株式会社は、旧有限会社のみに組織変更できるのが本則であった。ともあれ、この時の改正商法附則に従えば、合名会社または合資会社といえど、社債の発行は可能であると解せられたものといえよう。

現行会社法は、会社法上のすべての種類の会社が、社債を募集形態で発行することができることを前提に立法されている。それゆえ、会社法は、社債に係る規定を、同法第2編株式会社中に置くことなく、独立した第3編を設けて、この編中に規定しているのである。

もっとも、実際に社債発行の需要があるのは、事実上、株式会社に限られるものと思われる。

公衆に対する起債によって生じた債権で、これについて有価証券が発

---

[40] 神田秀樹『会社法（第16版）』（弘文堂・2014年）314頁。

行されるものを広く公債というときは、社債も公債の1種である[41]（発行主体の違いを除けば、投資家の視点からは同一のものと観念しうる）。しかし、通常は、国・地方公共団体などが発行する国債・地方債などを「公債」と呼び、社債をこの意味の公債に対立させている[42]。証券市場では、社債は、上の意味における公債とともに、「債券」または「公社債」と呼ばれる[43]。

◆ 3-2　普通株式と社債との対比

　(ア)　必ずしもすべての社債に妥当するわけではないが、社債は、通常、「大量性」と「対公衆性」とに特徴があるといえる[44]。この点では、株式と共通する側面がないとはいえない。したがって、伝統的な体系書においては、社債を、普通株式と対比させて、その輪郭を描き出すところから始めている。本書も、これに倣う。

　株式と社債との相違は、普通株式の株主と通常の社債の社債権者を対比するとき、以下のように明瞭に現われる。

　(イ)　株主は、会社の社員として、会社の管理運営に参加する権利、すなわち株主総会における議決権（会308Ⅰ）および種々の監督是正権（会297、339Ⅰ、360、847等）を有するのに対し、社債権者は、会社に対する債権者にすぎないから、総会における議決権はもとより、いかなる監督是正権も有しない[45]。

　(ウ)　株主は、剰余金配当の分配可能額がある場合に剰余金の配当を受けうるにすぎず（会461Ⅰ⑧、453、454）、したがって、不確定な剰余金配当を受けるのに対し、社債権者は、剰余金配当の分配可能額の有無や多少にかかわらず、原則として、確定額の利息の支払いを受ける[46]（会676③⑤）。

---

(41)　北澤・注(4)前掲620頁。
(42)　同前。
(43)　江頭憲治郎編『会社法コンメンタール16』（商事法務・2010年）8頁〔江頭憲治郎〕。
(44)　神田・注(40)前掲314頁脚注(1)参照。
(45)　北澤・注(4)前掲621頁。
(46)　同前621-622頁。

㈹　株主は、会社の存立中に株式払込金の払戻しを受けることができないのはもちろん、会社の解散の場合にも会社債権者が弁済を受けた後に残余財産の分配を受けるにすぎない（会502）のが本則である（取得請求権付株式の取得請求、反対株主の株式買取請求等の例外はあるにせよ）。これに対し、社債権者は、償還期限が到来すれば、株主に優先し、一般債権者と同順位で元本の償還を受けることができる[47]（会676④）。

㈺　上の㈬・㈹の相違から、投資家にとって、株式が投機商品であるのに対し、社債は利殖商品である[48]。

◆ 3-3　社債と株式との接近

普通株式と通常の社債との間には、上記のような差異が認められるものの、現実には、株主が株主総会において議決権等を行使することは稀であり、また、株主に対する剰余金の配当も、各企業が能う限り平均化していわゆる安定配当の実施に努めているから、両者の経済的機能はきわめて接近しているといわれる[49]。

株式には、種類株式として、完全無議決権株式（上記3-2㈭の最も基本的な差異が解消する）や、非参加的累積的優先株式（上記3-2㈮の差異がほぼ解消する）や、さらに取得請求権付株式（上記3-2㈹の差異がほぼ解消する）が認められ、これらを組み合わせた種類の株式は、法律的にも社債ときわめて近似するものとなる[50]。ただし、かかる場合にあっても、分配可能額がなければ株主は剰余金の配当を受けえないこと、および、清算時における差異もまた、両者の基本的差異として残ることになる[51]。

◆ 3-4　資金調達手段としての社債

会社が、多額かつ長期の資金を調達するには、社債の発行は、選択肢

---

[47]　同前622頁参照。
[48]　同前参照。
[49]　前田庸『会社法入門（第12版）』（有斐閣・2009年）642-643頁参照。
[50]　同前643頁。
[51]　同前。

のひとつとなる。

　資金調達コストの点から観れば、調達額に対して同じ比率の剰余金の配当または利息の支払いをすることを前提とすれば、税法上、社債の発行によるのが有利である。前者の場合には、剰余金の配当は剰余金について行われるのに対し、利息の支払いは費用として処理することができるからである。しかし、近時は株式の時価発行が一般化し、しかも上場会社における剰余金配当額の株式の時価に対する比率がきわめて低い状況の下では、一概に社債の発行による資金調達の方が株式の発行によるそれよりも資金調達コストの点で有利だともいいきれない[52]。

　社債の場合には、会社の経営成績の如何を問わず、一定の利息額の支払いをしなければならないから、その額が増加すると、景気の変動に対する企業の抵抗力を弱めることになる。そして、このこととも関連して、社債の発行額が増加することは、これにより負債の額が増加するから、自己資本比率を下げることになるが、自己資本比率は企業の財務内容の優劣を判断するためのひとつの材料とされていることも考慮しなければならない[53]。

　募集株式の発行等によって資金（自己資本）を調達するか、社債の発行によって資金（他人資本）を調達するかは、上に述べた株式と社債との法的性質の相違の他、課税上の取扱いの相違などを総合的に検討して、会社が決定すべき資金調達政策の問題である[54]。

◆ 3-5　社債の種類

3-5-1　緒　言

　近時は、コマーシャル・ペーパー（Commercial Paper‐CP）、あるいは、シンジケート・ローン（Syndicated Loan）といった、社債との境界が曖昧な資金調達手段が登場している。

　「コマーシャル・ペーパー」というは、企業が短期資金の調達を目的にオープン市場（短期金融市場）において割引形式で発行する無担保約

---

[52]　以上、同前641頁。
[53]　以上、同前641-642頁。
[54]　北澤・注(4)前掲621頁。

束手形のことである。直接金融による資金調達手段であり、償還期間は通常1年未満、多くは1ヵ月物または3ヵ月物であることが多いといわれる。1920年代にアメリカで発明され、昭和62年(1987年)にわが国でも発行が認められた。金利水準は、発行企業の信用力を反映して決定されるので、通常は、短期プライムレート (short-term prime rate) より低いコストで資金を調達できることが多いといわれる。

「シンジケート・ローン（協調融資）」というは、企業が多額の資金調達を欲するときに、複数の金融機関が協調して、協調融資団（シンジケート団）を組成し、1個の融資契約に基づき同一条件で融資を行うものである。主幹事となった金融機関が、企業側と調整の上、利率や期間等を設定し、複数の金融機関と分担して融資を行う。いわゆる市場型間接金融に属する資金調達であり、直接金融の有する市場性と間接金融の有する柔軟性という長所を結合させるものである。

上のような金融商品が存することに鑑みれば、本章3-1で述べた社債の定義が、一応のものでしかありえないことが理解できよう。

とくに会社法の定義は、会社が会社法の規定による「社債」を発行すると定めたものが社債、そうでないものは社債でないと定義したに等しい[55]。

基本定義が一応のものにすぎないものを分類する意義は少ないといえようが、これまたさしあたり、従来いわれてきた社債の種類を挙げておくこととする。

3-5-2 無担保社債と担保付社債

社債の元利金の支払いを担保するための物上担保権が設定されているか否かによる分類であるが、担保付社債信託法（明治38年(1905年)法律第52号）に基づく物上担保が付された社債を「担保付社債」という。保証のような人的担保が付された社債、特別法による一般担保（民法の一般の先取特権に次ぐ総財産上の先取特権）がある社債、および、特定物件を他の債権者のための担保に供しない旨を約した社債等は、担保付社債とは呼ばない[56]。

---

[55] 江頭憲治郎『株式会社法(第5版)』(有斐閣・2014年) 711頁脚注(10)
[56] 以上、同前714頁。

「無担保社債」は、担保付社債以外のすべてを指していうこともあるが、狭義では、人的担保・一般担保もない社債をいう[57]。

わが国では、第2次大戦後しばらくの間は、事業会社が発行する社債はすべて物上担保付社債であったが、近年は、無担保社債の発行が増大している[58]。

3-5-3 振替社債とそれ以外の社債

「振替社債」とは、①短期社債（社債株式振替66①）、および、②当該社債の発行の決定において当該決定に基づき発行する社債の全部について社債株式振替法の適用を受けることとする旨を定めた社債（社債株式振替66②）をいう。完全ペーパーレス化が実現したものであり、それ以外の社債とは区別される。

3-5-4 普通社債とエクイティ・リンク債

新株予約権と同時に募集され同一人に割り当てられる社債、新株予約権付社債のように、何らかの形で特定の株式と関係づけられた社債は、実務上、「エクイティ・リンク債（equity-linked bond）」と呼ばれ、そうでない社債を「普通社債」という[59]。

3-5-5 金融債と事業債、利付債と割引債等

法律的な区別ではないが、金融機関が発行するものを「金融債」、事業会社が発行するものを「事業債」という。また、満期までの一定期間（通常半年）ごとに利息の支払いがなされる「利付債」と呼ばれるものと、社債の発行価額を社債の金額（満期に償還される金額）より低い額として発行（割引発行）し、利息の支払いをしない「割引債」と呼ばれるものがある[60]。

◆ 3-6 社債法の変遷

3-6-1 明治および昭和の改正

社債については、当初、明治26年(1893年)改正後の旧商法206条2項

---

[57] 同前715頁。
[58] 神田・注(40)前掲315頁。
[59] 江頭・注(55)前掲713頁。
[60] 前田・注(49)前掲645頁。

第5帖 「商」の資金調達

に、わずかに規定されているにすぎなかったが、旧商法下では、株式会社にのみ債券の発行を認めていた。

　明治32年(1899年)の現行商法は、第2編第4章株式会社の規定中に、第5節として社債に関する規定を設けたが（同年制定後商199以下）、きわめて僅少なものであった。明治38年(1905年)に、主に外資導入の必要から、担保付社債信託法（当初は担保附社債信託法）が制定された[61]。明治44年(1911年)改正においては、社債の総額を一手に引き受けるいわゆる一手引受けの規定を設ける、間接募集の方法を認める、社債の分割払込みの制度を認める、といった改正がなされた[62]。

　昭和13年(1938年)改正においては、社債の節を「第1款総則」および「第2款社債権者集会」とに分かち、社債に関する規定に、相当に充実した改正が施された[63]。また、この時の改正では、英米において普及している転換社債の制度が導入された。転換社債は、その転換権の行使に際して確実に株式を提供できることを要するのであるが、その方法として、当時のわが国においては授権資本の制度がなかったため、条件付資本（金）増加、すなわち、あらかじめなされた資本（金）増加の決議を基礎として、転換権の行使された部分につき資本（金）増加を生じさせるという制度を採用した。そのために、この制度（昭和13年(1938年)改正後商364〜369）は、第2編第4章第6節「定款ノ変更」の部分に置かれた[64]。

　昭和25年(1950年)の改正により、社債の発行権限が株主総会（特別決議）から取締役会に移された他、若干の改正がなされた[65]。また、この時の改正により、転換社債に係る規定は、社債の節に移された。このため、同節に「第3款転換社債」という款が新設された（昭和25年(1950年)改正後商341ノ2〜341ノ5）。

---

[61]　江頭・注(55)前掲725頁。
[62]　斎藤十一郎「商法改正の趣旨」法律新聞677号（1910年）210頁参照。
[63]　詳しくは、淺木愼一『日本会社法成立史』（信山社・2003年）364-367頁参照のこと。そこでは、鈴木竹雄による社債法改正の要諦を記しているが、この時の改正の充実ぶりが理解できると思われる。
[64]　同前359頁。
[65]　北澤・注(4)前掲624頁。

その後、昭和30年(1955年)、同37年(1962年)、同41年(1966年)、同49年(1974年)の改正の度ごとに、社債法も小規模な改正を受けた[66]。転換社債の募集に株主総会の特別決議を要しないこととなったのは、昭和49年改正時である[67]。

昭和50年(1975年) 6月、法務省民事局参事官室は、各界に会社法改正の基本問題についての意見照会を行ったが、この時に、経団連・東京商工会議所・日本証券業協会・公社債引受協会・証券団体協議会などが、社債発行限度の引上げないし撤廃を要望した[68]。当時の商法297条1項は、「社債ハ資本及資本準備金ノ総額ヲ超エテ之ヲ募集スルコトヲ得ズ」と規定していたから、たとえ充分な担保資産を有する会社であっても、社債の発行が徒らに制限されていたのである。学界も、これらの要望に一定の理解を示した[69]。そこで、これらを踏まえ、昭和52年(1977年)に、社債発行限度暫定措置法(同年法律第49号)が成立し、当分の間、社債の総額を当時の商法297条の2倍にまで拡大することとした。ただし、商法の限度を超えて2倍まで募集できるのは、担保付社債、転換社債および外国で募集する社債(外債)に限られた[70]。

昭和56年(1981年)の商法改正により、新株引受権附社債の規定が設けられ、社債の節に、「第4款新株引受権附社債」の款が追加された(同年改正後商341ノ8～341ノ18)。これにより、商法の社債の節の規定は大幅に増大した。しかし、社債法の基本構造は昭和13年(1938年)以来変わらなかったため、社債法の規定は、当時の経済情勢に遅れたものとなっていた。また、担保付社債に関する特別法である当時の担保附社債信託法と社債の一般法である商法の社債に関する規定の間には、久しく重複・矛盾が存在していた[71]。

---

[66] 同前。
[67] 江頭・注(55)前掲725頁。
[68] 田邊光政「社債法制の沿革」倉沢康一郎・奥島孝康編『昭和商法学史』(日本評論社・1996年) 478頁。
[69] その詳細は、同前478-479頁参照のこと。
[70] 同前479頁。
[71] 北澤・注(4)前掲624頁。

3-6-2 平成の改正

平成2年(1990年)改正では、当時の商法297条1項が改正された。上で述べた同条同項は、「社債ハ最終ノ貸借対照表ニ依リ会社ニ現存スル純資産額ヲ超エテ之ヲ募集スルコトヲ得ズ」と改められた。そして、「最終ノ貸借対照表ニ依リ会社ニ現存スル純資産額ガ資本及資本準備金ノ総額ニ満タザルトキハ社債ハ其ノ純資産額ヲ超エテ之ヲ募集スルコトヲ得ズ」との同条2項の規定が削除された。さらに、「旧社債ノ償還ノ為ニスル社債ノ募集ニ付テハ其ノ旧社債ノ額ハ社債ノ総額中ニ之ヲ算入セズ」と規定した同条3項を2項へ繰り上げた。社債発行限度暫定措置法により、以後、会社は、担保付社債、転換社債、新株引受権附社債、外債については、純資産額の2倍まで募集することができるようになった[72]。

さて、上で述べたように、社債法を根本的に改正する動きは、昭和期から存在したが、法制審議会商法部会の中に設けられた社債法小委員会が、昭和62年(1987年)3月から社債法の全面見直しのための審議を行い、その成果は、平成5年(1993年)6月4日に政府原案どおりに成立した商法等の一部を改正する法律（同年法律第62号）に取り入れられ、ここに社債法の全面的な改正が実現した[73]。

平成5年(1993年)の社債法改正の骨子として、第1に掲げるべきは、商法旧297条の社債発行限度の規制の全面撤廃であろう。この規制は、上述のごとく、古くから実務界を中心に緩和ないし撤廃の要望が高まっていたものである。すでに昭和52年(1977年)制定の社債発行限度暫定措置法についての法制審議会商法部会で、画一的な発行限度によらず、欧米におけるように、社債の格付け、受託会社・引受会社によるコントロール、企業内容の開示の強化等によることが望ましいとの議論があったが、当時においては、厳格な格付機関が存在せず（すでにいくつかの格付機関は存在していたがこれに対する評価が定まっておらず）、企業内容の開示についての認識も不足している等、社債権者保護の前提条件が満たされていないとして、発行限度の撤廃は見送られていた[74]。しかし、

---

[72] 田邊・注(68)前掲480頁。
[73] 北澤・注(4)前掲624-625頁。
[74] 田邊・注(68)前掲480頁。

平成期に移り、格付機関に対する評価も変わり、平成4年(1992年)に始まった証券取引等監視委員会による調査により企業内容の開示が充実される等、社債権者保護の環境が整ってきたことで、社債発行限度の規制が撤廃されたのである[75]。そして、社債の発行限度規制に代わって、社債の発行会社に、原則として、社債権者のために社債を管理する社債管理会社（銀行、信託会社など）の設置を強制し、その権限および義務と責任を明確にしたのである[76]（同年改正後商297～297ノ3、309、309ノ2、311）。これにともない、社債発行限度暫定措置法は廃止された。

平成5年(1993年)改正のその他の骨子として、第2に、社債権者集会について、書面による議決権の行使と議決権の不統一行使を認め、集会の決議方法を原則として普通決議とした（同年改正後商321ノ2、339Ⅰ→239ノ2、324）ことが挙げられる[77]。第3には、一般法たる商法の社債に関する規定と特別法たる当時の担保附社債信託法の規定の間の重複・矛盾を排して、両者の調整を図り、担保の受託会社に、社債の管理に関し、商法の社債管理会社の機能を持たせ（同年改正後担信2、69）、担保附社債の発行について、募集公告を廃止し、社債申込証の作成を義務づけた（同年改正後担信22）ことが挙げられる[78]。

平成13年(2001年)法律第128号改正により、新株予約権制度が導入されたことにともない、従来の転換社債および非分離型新株引受権附社債が、新株予約権付社債の制度に承継されたことは、先に述べたとおりである（本章2-2-5）。なお、この時の改正では、社債権者集会について電磁的方法による議決権の行使を認める（同年（法128）改正後商321ノ3）など、情報化社会への対処をする改正も行われた。

平成17年（2005年）の会社法の制定により、社債の定義規定の新設、社債管理者（従来の社債管理会社）の権限・義務の強化等が行われた[79]。

こうして、わが国の社債市場の自由化は徐々に進められたわけである。

(第5帖・未完)

---

(75) 同前参照。
(76) 北澤・注(4)前掲625頁。
(77) 同前参照。
(78) 同前参照。
(79) 江頭・注(55)前掲726頁。

〔『商法学通論Ⅰ～Ⅴ』補訂〕

〔『商法学通論Ⅰ～Ⅴ』補訂〕

〔Ⅰ〕・191頁最終行
　　　　（誤）当該種類株式総会　→　（正）当該種類株主総会
　　・281頁上から2ないし3行目
　　　　（誤）株式会社には一人　→　（正）株式会社には、一人
〔Ⅱ〕・205頁上から12行目
　　　　（誤）219①　→　（正）219Ⅰ①
　　・209頁最終行、296頁下から9行目
　　　　（誤）非訴事件　→　（正）非訟事件
〔Ⅲ〕・235頁上から7行目
　　　　（誤）非訴事件　→　（正）非訟事件
〔Ⅳ〕・80頁上から17行目
　　　　（誤）定款による短縮　→　（正）取締役会の決定による短縮
　　・156頁下から4行目
　　　　（誤）会451①かっこ書　→　（正）会454Ⅰ①かっこ書
〔Ⅴ〕・221頁最終行
　　　　（誤）金欄記載欄　→　（正）金額記載欄

あとがき

　今回は、とくにあとがきを記すべきか否か迷ったが、短く……
　最近、普通に、また平凡に、日常生活を送っていられることに感謝すべきであると気付かされる事が、私の周辺に、あった。こうして、日々、本を書き綴ることが出来ることは、幸せなことである。原稿を書くという仕事は、研究者にとって、当たり前の日常である。社会のそれぞれの立場に応じて、日常当然になすべきことを支障なく行えるということを、これまで、意識していたわけではないけれども、今後は、こういう当たり前の幸せを意識して仕事をしようと思う。
　もちろん、仕事以外にも、やりたい事は、沢山ある。前の巻のあとがきで述べたように、仕事を完成した後には、そういったものに手を着ける予定でいる。やりたい事を、やりたい時に、自由に行える。老い先は短いとはいえ、まだまだ私は、夢を失わずに未来を考えることが出来る。これもまた幸せな日常である。
　島津義弘（1535年〜1619年）が発した言であったか、「たとえ討たれるといえども、敵に向かって死すべしと思う」という言があったと思う。そういう強い気概で日常生活を営む人がいる。淡々と現実を知らせてきたその人は、おそらく同情されたくはないであろう。私からも、何かいうということはしない。ただただ今は、通論の仕事を続けるだけである。

　平成27年1月

淺　木　愼　一

【事項索引】

あ

アジア・コーポレート・ガバナンス
　協会（Asian Corporate Governance
　Association―ＡＣＧＡ）………… *106*
後日付小切手 ……………………………… *63*
Anweisung　→支払指図

い

委託小切手 ………………………………… *56*
一部参加引受け …………………………… *40*
一部支払保証 ……………………………… *72*
一部引受け ………………………………… *30*
一覧後定期払手形の提示期間の変更 … *8*
一覧後定期払手形の引受提示 ………… *23*
一般線引（効力） ………………………… *93*
印紙税 ………………………………………… *9*

う

受取人（手1⑥）…………………………… *6*
　――と支払人との兼併 ………………… *10*
裏印（裏判）の慣行 ……………………… *97*
裏書人の担保責任 ………………………… *16*
売渡株式等の取得の無効の訴え
　――（管轄）………………………… *153*
　――（担保の請求）………………… *153*
　――（提訴権者）…………………… *153*
　――（敗訴原告の損害賠償）……… *153*
　――（判決の効力）………………… *153*
　――（被告）………………………… *153*
　――（弁論・裁判の併合等）……… *153*
　――（無効原因）…………………… *152*
売渡対象株式に係る登録株式質権者
　の物上代位権 ……………………… *125*

え

栄誉支払い ………………………………… *36*
栄誉引受け ………………………………… *36*
エクイティ・リンク債（equity-linked
　bond）……………………………… *283*

お

踊り利息 …………………………………… *246*
オープン市場 ……………………………… *281*

か

会計監査人の選解任等に関する議案
　および報酬の決定
　――（改正の背景）………………… *199*
　――（改正法）……………………… *201*
　――（中間試案）…………………… *200*
　――（要綱案）……………………… *200*
会計限定監査役設置会社の登記 …… *197*
外国小切手の提示期間 …………………… *62*
買取口座 …………………………………… *142*
貸出し ……………………………………… *245*
貸付け ……………………………………… *245*
肩書地 …………………………………… *6, 54*
株式買取請求の仮払制度 ……………… *140*
株式買取請求の効力発生時期 ……… *139*
株式買取請求の撤回制限 ……………… *138*
株式交換等完全子会社 ………………… *174*
株式と社債との相違 …………………… *279*
株式の併合
　――（効力発生日の発行可能株式
　　　総数）………………………… *132*
　――（差止請求）…………………… *137*
　――（事後開示）…………………… *134*
　――（事前開示）…………………… *134*
　――（総会で定めるべき事項）…… *132*
　――（通知・公告）………………… *132*
　――（反対株主の株式買取請求）… *135*
　――（併合の瑕疵）………………… *137*
株式申込証 ………………………………… *263*
株主総会決議取消しの訴えの原告適
　格（決議により株主資格を奪われ
　た者に関して）…………………… *157*
株主の新株引受権 ……………………… *257*
株主名簿の閲覧・謄写等の拒否事由
　……………………………………… *123*
為替手形振出しの法的性質
　――（川村説）……………………… *13*
　――（鈴木説）……………………… *11*
　――（田中（誠）説）……………… *12*
　――（二重授権説）………………… *10*
為替手形文句（手1①）…………………… *4*
為替手形要件 ……………………………… *4*
監査・監督委員会 ……………………… *211*

事項索引

監査・監督委員会設置会社 ………… *211*
監査等委員
　──（監査等委員たる取締役の解
　　　任に関する意見陳述権）…… *220*
　──（監査等委員たる取締役の辞
　　　任に関する意見陳述権）…… *219*
　──（監査等委員たる取締役の選
　　　任に関する意見陳述権）…… *217*
　──（監査等委員でない取締役の
　　　辞任・解任に関する意見陳
　　　述権）………………………… *220*
　──（監査等委員でない取締役の
　　　選任に関する意見陳述権）
　　　 …………………………… *217, 218*
　──（職務執行の費用等の請求等）
　　　 ……………………………… *233*
監査等委員会
　──（委員会による監査と取締役会に
　　　よる監督との関係）………… *229*
　──（違法行為差止請求権）……… *230*
　──（会計参与の職務執行の監督）
　　　 ……………………………… *224*
　──（監査報告の作成）…………… *233*
　──（議事録）……………………… *227*
　──（決議）………………………… *226*
　──（構成・組織）………………… *225*
　──（事業報告請求権・業務財産
　　　調査権）……………………… *229*
　──（招集）………………………… *226*
　──（職務）………………………… *228*
　──（取締役・会計参与の出席報
　　　告義務）……………………… *226*
　──（取締役会の招集権）………… *225*
　──（取締役会への報告義務）…… *230*
　──（取締役人事に関する意見陳
　　　述権）………………………… *232*
　──（取締役選任議案に関する同
　　　意権）………………………… *217*
　──（取締役の報酬等に関する意
　　　見陳述権）…………………… *232*
監査等委員会設置会社
　──（意義）………………………… *215*
　──（会社の業務執行中取締役へ
　　　の委任を許されない事項）… *222*
　──（会社の業務執行の取締役へ
　　　の大幅委任の許容）………… *222*
　──（各種訴訟の会社代表）……… *231*

　──（登記事項）…………………… *236*
　──（導入に向けた中間試案補足
　　　説明）………………………… *214*
　──（導入の背景）………………… *213*
　──（特別取締役による取締役会
　　　決議制度の利用）…………… *223*
　──（取締役会の運営）…………… *224*
　──（取締役会の権限）…………… *221*
　──（取締役の解任）……………… *220*
　──（取締役の辞任）……………… *219*
　──（取締役の終任）……………… *219*
　──（取締役の選任）……………… *216*
　──（取締役の任期）……………… *219*
　──（取締役の報酬等の定め方）… *236*
　──（取締役の利益相反取引に係
　　　る責任の特則）……………… *234*
　──の機関設計 …………………… *115*
間接金融 ……………………………… *243*
完全親会社等 ………………………… *166*

き

企業内容等の開示に関する内閣府令
　等の一部を改正する内閣府令（平
　成22年内閣府令第12号）………… *108*
記名式小切手 ………………………… *54*
記名持参人払式小切手 ……………… *56*
キャッシュ・アウト ………………… *127*
狭義の参加人 ………………………… *37*
協調融資 ……………………………… *282*
業務執行取締役等 …………………… *194*
拒絶証書作成免除文句 ……………… *7*
銀行業 ………………………………… *243*
銀行取引 ……………………………… *243*
金融債 ………………………………… *283*

け

計算小切手 …………………………… *92*
原本の保持者 ………………………… *48*
原本返還拒絶証書 …………………… *48*

こ

公開会社法（仮称）制定に向けて …… *111*
公　債 ………………………………… *279*
行使価額修正条項付新株予約権付社
　債（Moving Strike Convertible
　Bond）…………………………… *106*
公社債 ………………………………… *279*

事項索引

考慮期間 …………………… 24
小切手裏書人の担保責任 …… 59
小切手金額（小1②）………… 54
小切手契約 …………………… 52
小切手資金 …………………… 52
小切手支払銀行の注意義務 …… 68
小切手の経済的機能 ………… 51
小切手の譲渡方法
　──（裏書禁止小切手）…… 60
小切手の提示期間 …………… 61
小切手振出人の死亡
　──（銀行実務）…………… 67
　──（小切手法上の定め）… 67
小切手振出しの法的性質 …… 56
小切手保証 …………………… 70
小切手文句（小1①）………… 54
小切手要件 …………………… 53
コーポレート・ガバナンス白書（日本の）（White Paper on Corporate Governance Japan）…… 106
コマーシャル・ペーパー（Commercial Paper − CP）…………… 281
コール・オプション ………… 274
convertible bond …………… 266

さ

債　券 ………………………… 279
最終完全親会社等 …………… 166
先日付小切手 ………………… 62
指図禁止小切手 ……………… 54
指図式小切手 ………………… 54
参　加 ………………………… 35
参加支払い …………………… 36
　──（意義）………………… 42
　──（効力）………………… 43
　──（条件）………………… 42
　──（法的性質）…………… 42
参加支払人 …………………… 36
参加支払いの非個人性 ……… 43
参加人 ………………………… 36
参加の通知 …………………… 38
参加引受け …………………… 36
　──（意義）………………… 38
　──（効力）………………… 40
　──（条件）………………… 39
　──（方式）………………… 40
　──（法的性質）…………… 38

参加引受拒絶証書 …………… 39
参加引受人 …………………… 36

し

事業債 ………………………… 283
自己宛小切手 ………………… 56
自己宛手形 …………………… 9
自己受小切手 ………………… 56
自己受手形 …………………… 9
自己指図小切手 ……………… 56
自己指図手形 ………………… 9
事故届け ……………………… 66
持参人払式小切手 …………… 56
支払委託証券 ………………… 3, 51
支払委託の撤回
　──（意義）………………… 64
　──（折衷主義の採用）…… 65
　──（撤回の制限）………… 65
　──（方法）………………… 66
支払委託文句
　──（小1②）……………… 54
　──（手1②）……………… 4
支払拒絶証書 ………………… 41, 42
支払指図（Anweisung）……… 10
支払授権（意義および効果）… 11
支払地（手1⑤）……………… 6
　──の表示（小1④）……… 54
支払人の支払拒絶宣言 ……… 69
支払人の選択的記載 ………… 4
支払人の重畳的記載 ………… 4
支払人の名称
　──（小1③）……………… 54
　──（手1③）……………… 4
支払保証
　──（意義）………………… 71
　──（効力）………………… 72
　──（方式）………………… 72
支払渡し（D／P渡し）……… 50
社外監査役（定義）…………… 197
社外取締役規整
　──（中間試案取纏めまでの議論）………………… 180
　──（中間試案における改正案併記）………………… 181
　──（中間試案に対するパブリック・コメント結果）…… 181
　──（要綱案）……………… 182

293

事項索引

社外取締役の定義 …………………… 184
社外取締役を置いていない場合の理
　由の開示 …………………………… 183
社債管理会社 ………………………… 287
社債管理者 …………………………… 287
社債（定義）………………………… 277
社債発行限度暫定措置法の制定（昭
　和52年）…………………………… 285
社債法の改正
　——（明治44年改正）……………… 284
　——（昭和13年大改正）…………… 284
　——（昭和25年改正）……………… 284
　——（昭和56年改正）……………… 285
　——（平成２年改正）……………… 285
　——（平成５年大改正）…………… 286
　——（平成13年（法128）改正）… 287
　——（平成17年会社法）…………… 287
終止文言（境界文句）………………… 48
自由民主党日本経済再生本部の中間
　提言 ………………………………… 112
熟慮期間 ……………………………… 24
受信取引 ……………………………… 243
受領授権（意義および効果）………… 11
商業手形担保貸付け ………………… 248
商業手形担保差入証 ………………… 250
商業手形担保約定書 ………………… 250
条件付引受け ………………………… 30
証書貸付け …………………………… 251
商担手貸し …………………………… 248
消費貸借の予約 ……………………… 247
新株引受権
　——（意義）………………………… 257
　——（株主に対する付与手続）…… 261
　——（行使手続）…………………… 263
　——（譲渡手続）…………………… 264
　——（用語の廃棄）………………… 276
　——社債権者の新株引受権 ……… 268
　——証書 …………………… 264, 268
　——附社債 ………………………… 267
　——の構成に係る平成13年法律案
　　　要綱 ………………………… 271
　——方式によるストック・オプ
　　　ション ……………………… 270
新株予約権
　——（定義）………………………… 255
　——（平成13年改正法）…………… 275
　——（平成13年商法改正法律案要

綱）………………………………… 272
　——（前田庸による概念の解説）… 273
　——（用語としての登場）………… 256
シンジケート・ローン（Syndicated
　Loan）……………………………… 282

す

ストック・オプション ……………… 270

せ

正式引受け …………………………… 25
絶対的引受提示の禁止 ……………… 22
設立の際における出資の履行の仮装
　……………………………………… 121
選択持参人払式小切手 ……………… 56
選択主義 ……………………………… 33
選択無記名式小切手 ………………… 56
線引違反の支払い等 ………………… 96
線引小切手 …………………………… 92
線引の変更 …………………………… 95
線引の抹消 …………………………… 95
全部取得条項付種類株式の取得
　——（仮払制度）…………………… 129
　——（差止請求）…………………… 130
　——（事後開示）…………………… 130
　——（事前開示）…………………… 128
　——（取得価格決定の申立て）…… 128
　——（対価の交付の留保）………… 129
　——（通知・公告）………………… 129

そ

送金小切手 …………………………… 74
送付複本 ……………………………… 47
遡求金額 ……………………………… 35
遡求の通知 …………………………… 34
即時引受主義 ………………………… 24

た

第三者方払文句 ……………………… 7
第三者の新株引受権 ………………… 259
諾成的消費貸借契約 ………………… 247
多重代表訴訟 ………………………… 163
単一手形文句 ………………………… 44
単純引受け …………………………… 29
担保主義（２権主義）………………… 32
担保付社債 …………………………… 282
担保附社債信託法の制定（明治38年）

事項索引

──────────284
単名手形 ────────────245

ち

超過引受け ──────────31
直接金融 ────────────243

て

D/A ─────────────50
D/P ─────────────50
手形貸付け ──────────245
　　──の利点 ─────────246
手形金額（手1②）──────4
手形交換所の宣言 ──────69
手形保証 ────────────31
手形要件 ────────────4
手形予約 ────────────247
適格旧株主による責任追及等の訴え
　　──────────────174
　　──（管轄）─────────175
　　──（旧株主による訴えの提起）──175
　　──（訴訟告知等）─────176
　　──（訴訟参加）──────175
　　──（単独株主権としての提起権）
　　──────────────175
　　──（提起の請求）─────175
　　──（導入の背景）─────173
　　──（役員等の責任免除規定との
　　　関係）────────────175
転換社債 ────────────265
転換社債権者の転換権 ────266
転換社債の引受権 ──────267
転換請求書 ──────────266

と

統一為替手形用紙 ──────6
投機商品 ────────────280
当座貸越し ──────────252
当座貸越しの法的性質 ────253
当座勘定契約 ────────53
謄　本
　　──（意義）────────47
　　──（形式）────────48
　　──（効力）────────48
　　──（作成）────────47
Documents against Acceptance　→D/A
Documents against Payment　→D/P

特定責任 ────────────168
特定責任追及の訴え ──────
　　──（管轄）─────────171
　　──（原告適格）──────166
　　──（最終完全親会社等の株主に
　　　よる訴えの提起）──────169
　　──（少数株主権としての提起権）
　　──────────────167
　　──（訴訟告知等）─────172
　　──（訴訟参加）──────171
　　──（訴訟の目的額）────170
　　──（担保の提供）─────170
　　──（提起の請求）─────168
　　──（導入の経緯）─────165
　　──（導入の背景）─────163
　　──（被告）────────168
　　──（役員等の責任免除規定との
　　　関係）────────────170
　　──（和解・再審の訴え等）──172
特定線引
　　──（効力）────────94
　　──（数個ある場合）────95
特別支配株主 ────────146
特別支配株主完全子法人 ──146
特別支配株主の株式等売渡請求
　　──（売渡株式等の取得）──150
　　──（売渡株主等に対する情報開
　　　示）─────────────149
　　──（売渡株主等による差止請求）
　　──────────────152
　　──（売渡株主等による売買価格
　　　決定の申立て）───────151
　　──（事後開示）──────151
　　──（請求の撤回）─────150
　　──（制度新設の背景）───144
　　──（対象会社による承認）──148
　　──（対象会社への通知）───148
　　──（特別支配株主が定めるべき
　　　事項）────────────147
特別支配株主の新株予約権売渡請求
　　──────────────147
Doppelermächtigung　→二重授権
取締役の責任の一部免除
　　──（改正の背景）─────191
　　──（改正法）──────192
　　──（要綱案）──────191
取立荷為替 ──────────50

295

事項索引

に

荷為替手形 …………………………… 49
二重授権（Doppelermächtigung）…… 10
日本再興戦略 ……………………… 112
入金証明 ……………………………… 98

は

破毀文句 ……………………………… 45

ひ

引受け（意義）……………………… 16
引受拒絶証書 …………………… 24, 34
引受拒絶等による遡求 ……………… 33
引受提示禁止期間 …………………… 20
引受提示禁止手形 …………………… 21
引受提示自由の原則 ………………… 19
引受提示の禁止 ……………………… 21
引受提示命令文句 …………………… 20
引受人 ………………………………… 16
引受けの効力 ………………………… 29
引受けのための提示 ………………… 18
　──（提示期間）………………… 19
　──（提示者）…………………… 18
　──（提示の場所）……………… 19
　──（被提示者）………………… 19
引受けの抹消 ………………………… 27
引受け（法的性質）………………… 17
引受無担保文句 ……………………… 8
引受渡し（D／A渡し）……………… 50
非業務執行取締役（等）………… 194
被参加人 ……………………………… 37
日付拒絶証書 ………………………… 6
非分離型新株引受権附社債 ……… 268
Bill of Landing　→船荷証券

ふ

複本
　──（意義）……………………… 44
　──（形式）……………………… 45
　──（効力）……………………… 45
　──（発行）……………………… 44
　──の同価値性 ………………… 45
複本一体の原則 ……………………… 45
複本番号 ……………………………… 45
複本返還拒絶証書 …………………… 47
複名手形 …………………………… 245

不単純引受け ………………………… 29
普通社債 …………………………… 283
船荷証券（Bill of Lading）………… 50
振替株式と株式買取請求 ………… 141
振替社債 …………………………… 283
振出地（手1⑦）……………………… 6
　──の表示（小1⑤）…………… 54
振出人、受取人および支払人資格の
　兼併 ………………………………… 10
振出人と受取人との関係 …………… 14
振出人と支払人との関係 …………… 15
振出人の支払いおよび引受けの担保
　責任 ………………………………… 15
振出人の署名
　──（小1⑥）
　──（手1⑧）
振出日（手1⑦）……………………… 6
振出日付（小1⑤）………………… 54
分離型新株引受権附社債 ………… 268

へ

平成26年会社法改正
　──（経緯─時系列）………… 101
　──（背景─外圧）…………… 106
　──（背景─国内の動向）…… 107
　──（背景─総論的分析）…… 105
　──（背景─法務大臣諮問内容）… 104

ほ

保持者 ………………………………… 47
募集株式の割当てを受ける権利 … 277
White Paper on Corporate Governance
　in Japan　→ポートレートガバナン
　ス白書
bonds with warrants　→ワラント債

ま

満期の表示（手1④）………………… 4
満期前償還主義（1権主義）……… 33

む

無益的記載事項 ……………………… 8
無担保社債 ………………………… 283
Moving Strike Convertible Bond
　→行使価額修正条項付新株予約権
　付社債

事項索引

割引荷為替 ……………………………50

ゆ

有益的記載事項 …………………… 7
有価証券上場規程等の一部改正（平成21年）………………………… 109
猶予期間 ……………………………24

よ

与信取引 …………………………… 243
預　手
　――（意義）……………………… 74
　――（機能）……………………… 74
　――（事故の届出）……………… 77
　――（事故の届出と提示期間経過
　　後の扱い――供託）…………… 88
　――（事故の届出と提示期間経過
　　後の扱い――支払委託説）…… 79
　――（事故の届出と提示期間経過
　　後の扱い――支払禁止の仮処
　　分）……………………………… 87
　――（事故の届出と提示期間経過
　　後の扱い――高窪説）………… 84
　――（事故の届出と提示期間経過
　　後の扱い――売買説）………… 81
　――（事故の届出と提示期間経過
　　前の扱い）……………………… 78
　――（発行の法律関係）………… 76
預手支払差止請求 ………………… 77
予備支払人 ………………………… 36

り

利殖商品 …………………………… 280
利付債 ……………………………… 283
略式引受け ………………………… 25
流通複本 …………………………… 47

れ

連結財務諸表の用語、様式及び作成
　方法に関する規則等の一部を改正
　する内閣府令（平成21年内閣府令
　第73号）………………………… 108

わ

ワラント債（bonds with warrants）
　………………………………… 268
割当日（割当期日）……………… 263
割引債 ……………………………… 283

297

【判 例 索 引】

〔最高裁判所〕

大判明治44年（1911年）3月8日新聞
713号28頁 …………………………… *71*

大判明治44年（1911年）3月20日民録
17輯146頁 …………………………… *71*

大判明治44年（1911年）3月20日民録
17輯139頁 …………………………… *73*

大判大正4年（1915年）12月7日民録
21輯2012頁 …………………………… *70*

大判大正13年（1924年）12月25日民集
3巻570頁 ……………………………… *10*

大判大正15年（1926年）6月11日商判
集962頁 ………………………………… *70*

大判昭和8年（1933年）10月26日民集
12巻2626頁 ………………………… *157*

最判昭和29年（1954年）10月29日金法
56号26頁 ……………………………… *97*

最判昭和31年（1956年）9月28日民集
10巻9号1221頁 ……………………… *70*

最判昭和37年（1962年）9月21日民集
16巻9号2041頁 ……………………… *75*

最判昭和38年（1963年）8月23日民集
17巻6号851頁 ………………………… *75*

最判昭和44年（1969年）4月15日判時
560号84頁 …………………………… *25*

最判昭和46年（1971年）6月10日民集
25巻4号492頁 ………………………… *68*

〔高等裁判所〕

東京高判平成22年（2010年）7月7日
金商1347号18頁 …………………… *158*

〔地方裁判所〕

東京地判平成19年（2007年）9月27日
判タ1260号334頁 ………………… *164*

〈著者紹介〉

淺木　愼一（あさぎ　しんいち）

昭和28年	愛媛県西条市出身
昭和51年	名古屋大学法学部卒業
同	株式会社太陽神戸銀行（現三井住友銀行）入社
昭和59年	名古屋大学大学院法学研究科博士前期課程修了
同	名古屋大学法学部助手
昭和61年	小樽商科大学商学部講師
昭和62年	同助教授
平成4年	神戸学院大学法学部助教授
平成7年	同教授
平成13年	明治学院大学法学部教授
平成18年	金沢大学法学部教授
平成20年	金沢大学人間社会学域法学類教授
平成22年	名城大学法学部教授

〈主要編著書〉

『企業取引法入門』（中央経済社・平成13年、共編著）
『ショートカット民法〔第2版〕』（法律文化社・平成13年、共著）
『日本会社法成立史』（信山社・平成15年）
『現代企業法入門〔第4版〕』（中央経済社・平成17年、共編著）
『商法総則・商行為法入門〔第2版〕』（中央経済社・平成17年）
『会社法旧法令集』（信山社・平成18年）
『新・会社法入門』（信山社・平成18年）
『浜田道代先生還暦記念　検証会社法』（信山社・平成19年、共編著）
『会社法旧法令集Ⅱ』（信山社・平成20年）
『商法探訪〔第2版〕』（信山社・平成22年）
『商法学通論Ⅰ』（信山社・平成22年）
『商法学通論Ⅱ』（信山社・平成23年）
『商法学通論Ⅲ』（信山社・平成24年）
『商法学通論Ⅳ』（信山社・平成25年）
『手形法・小切手法入門〔第2版〕』（中央経済社・平成25年）
『商法学通論Ⅴ』（信山社・平成26年）
『やさしい企業法〔改訂版〕』（嵯峨野書院・平成26年、共編著）
『商法学通論Ⅵ』（信山社・平成26年）

商法学通論Ⅶ

2015年3月1日　第1版第1刷発行

著作者　　淺　木　愼　一
発行者　　今　井　　　貴
発行所　　信山社出版株式会社
　　　　　〒113-0033 東京都文京区本郷 6-2-9-102
　　　営業　TEL 03-3818-1019　FAX 03-3811-3580
　　　編集　TEL 03-3818-1099　FAX 03-3818-0344

印刷／製本　松澤印刷／渋谷文泉閣

©2015，淺木愼一．Printed in Japan.
落丁・乱丁本はお取替えいたします．
ISBN 978-4-7972-6075-5 C3332　p320
6075-060-050-010　325.023 商法・会社法 c009

商法学通論シリーズ

淺木愼一 著

私たちの生きる経済社会と、歴史的な経緯を意識し、
り良い未来の展望を拓く、商法全般を広く検討したテキスト

商法学通論Ⅰ

- ◆第1帖◆ 「商」の概念
  - ◆第1章 商法の意義
  - ◆第2章 商法の法源
  - ◆第3章 商人の概念
  - ◆第4章 会社の概念
  - ◆第5章 株式の概念
- ◆第2帖◆ 「商」への参入
  - ◆第1章 企業形態の選択
  - ◆第2章 企業の立上げ─総論
  - ◆第3章 株式会社の設立

商法学通論Ⅱ

- ◆第2帖◆ 「商」への参入（『商法学通論Ⅰ』より続く）
  - ◆第4章 持分会社の設立
  - ◆第5章 企業施設の整備
  - ◆第6章 企業情報の公示
- ◆第3帖◆ 「商」の管理・運営
  - ◆第1章 会社を除く商人の営業の管理・運営
  - ◆第2章 株式会社による株式・株主の管理

商法学通論Ⅲ

- ◆第3帖◆ 「商」の管理・運営（『商法学通論Ⅱ』より続く）
  - ◆第3章 会社の機関──総説
  - ◆第4章 株主総会および株主による会社運営の監視
  - ◆第5章 株式会社（委員会設置会社を除く）の業務執行およびその自浄化の体制

商法学通論Ⅳ

- ◆第3帖◆ 「商」の管理・運営（『商法学通論Ⅲ』より続く）
  - ◆第6章 株式会社（委員会設置会社を除く）の社内監査の体制
  - ◆第7章 株式会社の計算数値の正確性を期する体制
  - ◆第8章 委員会設置会社の体制
  - ◆第9章 株式会社の計算
  - ◆第10章 持分会社・外国会社の管理・運営
- ◆第4帖◆ 「商」の取引〔上の巻：商行為編〕
  - ◆第1章 商行為法総論
  - ◆第2章 商事売買の規整
  - ◆第3章 交互計算という決済制度
  - ◆第4章 物の流れ・人の流れ
  - ◆第5章 場屋営業者の責任

商法学通論Ⅴ

- ◆第4帖◆ 「商」の取引〔下の巻：有価証券編〕
  - ◆第1章 有価証券序論
  - ◆第2章 商行為編各論および会社法上の有価証券
  - ◆第3章 手形法序説
  - ◆第4章 手形行為および手形理論
  - ◆第5章 約束手形の振出し

――― 巻末に貴重な資料を掲載 ―――

〔資料・手形法旧法令集〕
【第1部】 商法（明治32年(1899年) 法律第48号）
【第4編 手形編全条文（明治44年(1911年) 法律第73号改正付記）
【第2部】 為替手形約束手形条例（明治15年(1882年) 太政官布告第57号）
【第3部】 旧商法（明治23年(1890年) 法律第32号）
【第1編 第12章 手形及ヒ小切手全条文（明治26年(1893年) 法律第9号改正付記）

商法学通論Ⅵ

- ◆第4帖◆ 「商」の取引〔下の巻：有価証券編〕（『商法学通論Ⅴ』より続く）
  - ◆第6章 約束手形の流通
  - ◆第7章 約束手形の支払い
  - ◆第8章 約束手形の遡求
  - ◆第9章 約束手形の喪失
  - ◆第10章 約束手形の実質関係
  - ◆第11章 約束手形の時効
  - ◆第12章 利得償還請求権

〈資料〉旧銀行取引約定書（ひな型）

信山社